영해지역의 반촌과 어촌

이 창 기

1949년 경북 김천 출생
고려대학교 사회학과와 동 대학원 수료
일본 고베대학(神戸大學) 문학박사
가톨릭의과대학(서울), 제주대학교, 영남대학교 교수
현 영남대학교 사회학과 명예교수

주요 논저

『제주도의 인구와 가족』(영남대학교출판부, 1999)
『울릉도·독도 동해안 어민의 생존전략과 적응』(공저, 영남대학교출판부, 2003)
『동해안지역 반촌의 생활구조와 문화』(공저, 경인문화사, 2008)
「동족집단의 기능변화에 관한 연구」(1977)
「한국 동족집단의 구성원리」(1991)
「지역적 통혼권 연구의 비판적 검토」(2008) 외 논문 다수

영해지역의 반촌과 어촌   값 26,000원

2015년 10월 28일 초판 1쇄 발행
2016년 7월 12일 초판 2쇄 발행

저　　자 : 이 창 기
발 행 인 : 한 정 희
발 행 처 : 경인문화사
　　　　　경기도 파주시 회동길 445-1 경인빌딩 B동 4층
　　　　　전화 : 031 - 955- 6900, 팩스 : 031 - 955- 6910
　　　　　E-mail : kyunginp@chol.com
　　　　　홈페이지 : http://kyungin.mkstudy.com
출판등록 : 406-1973-000003호

ISBN : 978-89-499-1153-3　93380
ⓒ 2015, Kyung-in Publishing Co, Printed in Korea
* 파본 및 훼손된 책은 교환해 드립니다.

영해지역의 반촌과 어촌

이 창 기

景仁文化社

머리말

영해지역은 한반도 동남부의 동해안 연안에 자리 잡은 해읍(海邑)이다. 거친 바다로부터 생존자원을 거두어들이는 어촌이 해안을 따라 분포해 있고, 드넓은 영해평야의 풍부한 물산을 바탕으로 골골이 유수한 반촌을 발전시켰다.

영해지역은 고려시대 이래로 동해안을 방어하는 군사적 요충지였다. 종3품의 도호부사(都護府使)가 오늘날의 영덕군 지역뿐만 아니라 청송, 영양, 울진 일부 지역까지 포괄하는 넓은 지역을 관할하였다. 흔히 '궁마지향(弓馬之鄕)'으로 일컬어질 만큼 무향(武鄕)으로서 명성이 높았다. 그래서 고려 후기와 조선 초기에는 이 지역에서 무과급제자가 많이 배출되었고, 이 지역에 정착한 주요 가문의 입향조나 현조들 중에는 무관출신이 많았다.

조선조에 들어와서는 유학이 전래되어 학문을 숭상하는 문풍이 진작되기 시작하였다. 특히 조선 중기 이후에는 퇴계의 학맥을 이은 많은 유학자들이 학문에 진력하여 다수의 문과 급제자를 배출하여 영해지역은 예향(禮鄕), 문향(文鄕)으로서 명성을 떨치게 되었다. 이들은 동해바다와 영해평야로부터 거두어들이는 풍부한 물산을 기반으로 각지에 집성촌을 형성하여 세거하였다.

이 책은 저자가 지난 15년 간 영해지역의 몇몇 어촌과 주요 반촌에 관심을 가지고 주민들의 생활과 마을 조직에 관해서 조사 발표했던 논문들을 모아서 엮은 것이다.

영해지역에 대한 저자의 학문적 관심은 한국학술진흥재단(현 한국연구재단)의 지원을 받아 진행한 동해안 어촌 주민에 관한 연구에 책임연구원으로 참여하면서 구체화되었다. 5명의 인류학자들과 함께 진행한 이 연구에서 영해지역의 한 어촌을 대상으로 인구이동, 제사분할, 지역적 통혼권 등을 깊숙이 관찰하게 되었다. 이 연구의 결과는 참여한 동료 연구자들의 연구업적과 함께 연구보고서 『울릉도·독도·동해안 어민의 생존전략과 적응』(영남대학교출판부)으로 발표하였다.

어촌 연구를 위해 영해지역을 드나드는 동안 이 지역이 해읍으로서는 드물게 반촌이 발달하고 유교문화의 뿌리가 깊은 지역적 특성을 지니고 있음을 알게 되었다. 평소 전통사회의 친족조직과 마을생활에 관심이 깊었던 저자의 학문적 호기심을 자극하였다. 이에 어촌 연구를 마무리하면서 다시 한국학술진흥재단의 지원을 받아 3명의 동료들과 함께 이 지역의 반촌문화에 관한 연구에 착수하였다. 이 연구를 통해 주요 종족의 정착과정, 삼성종족마을의 혼인연대, 종족구성과 마을조직 등을 깊숙이 들여다 볼 수 있었고, 3명의 동료들의 연구업적과 함께 보고서 『동해안지역 반촌의 생활구조와 문화』(경인문화사)로 간행하였다.

두 차례의 공동연구를 통해서 미처 관찰하지 못했던 통혼권의 비교연구, 주요 종족의 문중활동 등에 대해서는 개별연구를 통해서 보완하였다.

이 책은 두 차례의 공동연구보고서에 수록된 논문과 그에 뒤이어 진행한 개별연구의 논문들을 하나로 묶은 것이다. 제11장의 어촌새마을운동에 관한 글은 원래 순수한 학술논문으로 작성된 것은 아니었다. 경북학의 정립을 모색하던 경상북도와 한국국학진흥원의 위촉을 받아 어촌새마을운동의 사례를 조사해서 발표했던 것인데 비록 학술논문으로서의 체계는 미흡하다고 하더라도 동해안 어촌 주민들의 삶의 모습을 들여다 볼 수 있는 좋은 자료가 될 것으로 판단되어 말미에 수록하였다.

동일한 지역을 대상으로 주제를 달리하면서 개별적으로 발표한 논문들을 한 권의 책으로 묶은 것이기 때문에 전체적으로 구성이 통일되지 못하고 내용이 중복된 부분이 여러 곳에서 나타나고 있다. 원고를 다시 정리하면서 많은 부분을 삭제하거나 조정하기는 하였지만 각 장을 선택해서 읽는 독자들의 이해를 위해서 어떤 부분은 중복을 무릅쓰고 그대로 살려둔 부분도 적지 않다. 이 점은 독자 여러분들께서 너그럽게 이해하여 주실 것을 기대한다.

이 책이 출간되기까지 많은 분들의 도움이 있었다. 두 차례의 공동연구와 한 차례의 개별연구에 재정을 지원해 준 한국학술진흥재단, 개별연구를 지원해 준 영남대학교와 한국국학진흥원, 연구의 진행에 행정적 지원을 아끼지 않은 영남대학교 민족문화연구소에 깊은 감사를 드린다. 수시로 찾아가 장시간 면담하는 조사과정에 변함없이 협조해 주신 여러 마을과 주요 문중의 어른들, 두 차례의 공동연구를 함께 진행하면서 격의 없이 토론하고 의견을 교환했던 동료들(여중철, 유명기, 박성용, 이창언, 김태원, 전혜숙)의 진솔한 증언과 조언은 이 연구를 더욱 풍성하게 만들어 주었다.

학문의 길로 인도해 주시고 이 연구의 시작에서부터 마무리까지 시종일관 관심을 가지고 격려와 지도를 아끼지 않으신 은사 최재석 선생님, 장거리 조사여행이 항상 안전하기를 간절하게 축수해 주신 부모님, 늘 곁에서 말없이 건강을 챙겨주는 아내에게도 이 자리를 빌어서 고맙다는 인사를 드린다.

어려운 출판 여건에도 쾌히 출판을 허락해주신 경인문화사의 사장님과 예쁘게 책을 다듬어주신 편집진에게도 깊은 감사를 드린다.

2015년 8월
저자 이창기 씀.

목 차

제1장

영해지역의 역사문화적 배경과 주요 종족의 정착과정

Ⅰ. 영해지역의 역사문화적 배경

이 연구의 대상이 되는 영해지역은 경상북도 영덕군의 일부를 이루고 있는 영해면, 축산면, 창수면, 병곡면 일원이다. 영덕군은 경상북도의 동쪽에 위치하여 동해안에 연해있는 지역으로서, 남쪽으로 포항시, 북쪽으로 울진군, 서북쪽으로 영양군, 서남쪽으로 청송군과 접해있다. 총 면적 741km^{2}에 2010년 11월 1일 현재 인구 36,428명(남자 16,831명, 여자 19,597명)이 거주하고 있다.[1] 영덕군은 1읍 8면으로 구성되어 행정적으로 하나의 자치단위를 이루고 있으나 주민들의 생활과정은 영덕읍을 중심으로 강구면, 남정면, 달산면, 지품면이 하나의 생활권을 이루고(元盈德), 영해면을 중심으로 축산

---

1) 통계청, 국가통계포털, 국내통계, 경상북도 영덕군.

면, 창수면, 병곡면이 또 하나의 생활권을 이루어(元寧海) 두 개의 권역으로 나누어져 있다. 이는 영덕지역과 영해지역 사이에 해발 510m의 국사봉 줄기가 가로놓여 두 지역을 지리적으로 갈라놓았기 때문이기도 하지만 역사적으로 통합과 분리를 거듭하여 사회문화적으로도 상당한 차이를 보이고 있다.

영덕군은 태백산에서 남으로 흐르는 낙동정맥이 영양군, 청송군과 경계를 이루어 서고동저의 지형을 형성하고, 북쪽에는 칠보산(810m)·등운산(767m) 자락이 울진군과, 남쪽에는 동대산(791m)·내연산(710m)이 포항시와 경계를 이루고 있다. 군내에도 낙동정맥에서 동으로 뻗은 크고 작은 산줄기들이 산재하여 산지가 많고, 해안은 단조롭지만 경사가 심하여 곳곳에 가파른 절벽을 이루고 있다.

이러한 지형 하에서는 긴 강과 하천이 발달하기 어려운 조건이 되지만 등운산과 울치(울령)에서 발원하여 창수면과 영해면을 가로지르는 송천과 달산면, 지품면, 영덕읍, 강구면을 관통하는 오십천이 비교적 넓은 평야지대를 형성하여 이 지역의 문화를 발전시키는 경제력의 원천이 되었다.

영해지역은 삼한시대에 우시국(于尸國)이란 소국이 터전을 일구었던 지역으로 알려져 있으나 서라벌(경주지역)을 중심으로 성장한 사로국(신라)이 세력을 확장함에 따라 신라에 복속되어 우시군으로 부르다가 통일신라 경덕왕 16년(757)에 지방제도를 정비하고 종래의 토착식 지명을 한자식으로 바꿀 때 유린군(有隣郡)으로 고쳐 부르게 되었다(이완섭 2004). 이 지역은 한 때 고구려의 세력권에 편입되기도 하였으나 그 기간이 그렇게 길지는 않았던 것으로 보인다.

고려초 중앙집권적인 행정체제를 구축하기 위하여 지방행정제도를 개편하면서(태조 23년: 940) 유린군은 주(州)로 승격되어 예주(禮州)라 고쳐 부르게 되었고, 현종 9년(1018)에는 방어사를 파견하여 동해안 일대를 방어하는 중요한 역할을 담당하도록 하였다. 이 때 예주방어사가 관할하는 지역은 영덕군(盈德郡), 보성부(甫城府: 지금의 청송군 일부 지역), 영양군(英陽郡), 평해군(平海郡), 청부현(靑鳧縣: 지금의 청송군 일부 지역), 송생현(松生縣: 지금의 청송군 일부 지역) 등 1부, 3군, 2현에 걸쳐 있어서 오늘날의 영덕군 지역뿐만 아니라 영양군, 청송군, 울진군의 일부 지역에 이르는 넓은 지역을 포괄하고 있었다. 이로써 영해지역은 동해안 일대의 행정, 문화, 경제, 군사의 중심지가 되었다. 고려초에 예주라 불리던 영해지역은 고종 46년(1259)에 위사공신(衛社功臣) 박송비(朴松庇 ?~1278)의 고향이라 하여 덕원소도호부(德元小都護府)로 승격되었으며, 충선왕 2년(1310)에 여러 지방의 행정구역을 정비하면서 영해부(寧海府)로 개편하여 부사영(府使營)을 두게 되었다. 영해는 붉은 해가 처음 떠오르는 곳이라 하여 단양(丹陽)이란 별칭으로 부르기도 하였다.

조선시대에 들어와서 전국을 8도로 나누고 그 아래에 부, 대도호부, 목, 도호부, 군, 현으로 지방행정 구역을 개편할 때(태종 13년: 1413) 영해는 도호부로서 종3품의 도호부사가 파견되어 인근의 여러 지역을 관할하였다. 그러나 주현(主縣)을 정비하고 속현(屬縣)과 부곡(部曲)을 대대적으로 주현화 함에 따라 영덕현, 진보현, 청송군, 평해군 등이 독립해 나가고 『세종실록 지리지』(1432)의 영해도호부조에는 영양현과 청기현(靑己縣: 지금의 청송군 지역)이 속현으로, 석보(石保)와 수비(首比)가 임내 부곡으로 남게 되었다. 조선초기의 이러한 체제는 17세기 이후 영양현과 청기현이 영해부로부터 점차 분리되어 나가는 등 다소의 변경은 있었지만 대체로 조선 말기까지 그대로 지속되다가 1895년 행정구역 개편시에 영해부와 영덕현은 각각 영해군과 영덕군으로 독립되었다. 그러나 1914년 일제에 의해서 행정구역이 다시 개편될 때 영해는 면으로 강등되어 영덕군에 편입되었다(영덕군 2002a: 159~166).

한편 영덕지역(원영덕)은 삼한시대에 야시홀(也尸忽)이란 소국이 자리 잡고 있었다고 하는데 신라가 강성함에 따라 영해지역과 함께 신라에 복속되어 야시홀군이 되었다가 경덕왕 16년에 야성군(野城郡)으로 고쳐 부르게 되었다. 이 지역도 한 때 고구려의 변방으로 편입되기도 하였다.

고려조에 들어와서 유린군이 예주로 개편될 때(태조 23년: 940) 야성 군도 영덕군으로 군명을 고치게 되었으나, 현종9년(1018) 예주방어사의 관할구역이 되면서 영덕군은 관장(官長)이 파견되지 않는 예주의 속현이 되었다. 영덕군에 지방관을 두게 된 것은 이보다 훨씬 후의 일로서 예종 1년(1106)에 감무(監務)를 파견하였고, 인종대에는 현령을 두게 되었다 (이완섭 2004; 영덕군 2002a: 161; 영덕문화원 2004: 19~20).

고려말과 조선초에 걸쳐 왜구를 비롯한 외적의 침입이 빈번해지자 조 선 조정에서는 종래의 도 단위 병마절제사를 폐하는 대신 도내에 2~4개 의 진(鎭)을 설치하여 첨절제사(僉節制使)를 두고 좌우익에 해당하는 군 현을 배속시켜 비상시에 첨절제사가 이들을 지휘하도록 하는 거진(巨鎭) 중심의 군사제도로 개편하였다. 이러한 방침에 따라 태조 6년(1397)에 영해부에 진을 설치하고 첨절제사(僉節制使: 영해부사 겸임)를 두어 영 덕현령과 청하현감을 좌우익으로 삼아 비상시 외적을 물리치도록 하였 다. 영덕현령이 비상시에 첨절제사인 영해부사의 지휘를 받도록 한 것이 다. 영덕현은 바닷가에 위치하고 있다하여 태조 15년(1415)에 지군사(知 郡事)를 두었다가 세조 12년(1466)에 다시 고쳐 현령을 두었다. 이러한 체제는 조선 말기까지 큰 변동 없이 지속되었다(이완섭 2004; 영덕군 2002a: 166~167; 영덕문화원 2004: 19~20).

이와 같이 영해지역은 1914년 일제에 의해서 행정구역이 다시 개편될 때 면으로 강등되어 영덕군에 편입될 때까지 오랜 세월 동안 동해안의 정치군사적 중심지로서 중요한 기능을 담당해 왔으며, 이러한 영해지역 의 역사적 위상은 문화적으로도 영덕, 청송, 영양, 평해 등의 주변지역에 커다란 영향을 미쳤을 것으로 보인다.

앞에서 살펴본 바와 같이 영해지역은 오랜 역사 과정을 통해서 동해안을 방어하는 군사요충지로서 중시되었다. 고려 후기와 조선 초기에 걸쳐서 잦은 왜구의 침입이 영해지역을 궁마지향(弓馬之鄉)으로 인식하게 한 것이다. 그래서 이 시기의 인물들 중에는 무관 출신이 많고 다른 지역에 비해 무과급제자를 많이 배출하였다(남훈 2004: 199).

무를 숭상하던 영해지역에도 일찍이 유학이 전래되어 문풍을 진작시켰다. 영해도호부의 사록(司錄)으로 부임한 역동 우탁(易東 禹卓: 1263~1342), 호지말의 함창김씨 가문에 장가든 가정 이곡(稼亭 李穀: 1298~1351)과 목은 이색(牧隱 李穡: 1328~1396) 부자, 공민왕의 세자 사부가 된 담암 백문보(淡庵 白文寶: 1303~1374), 영해에서 귀양살이를 한 양촌 권근(陽村 權近: 1352~1409) 등이 고려말에 영해지역과 인연을 맺어 유학을 전파한 주요 인물들이다.

영해지역의 문풍은 조선 중기 이후 퇴계의 학통을 이어받은 많은 유학자들이 학문에 진력하여 다수의 과거급제자를 배출함으로써 명성을 더욱 크게 떨치게 되었다.

퇴계의 학문을 영해지역에 전수한 인물로는 퇴계의 제자인 유일재 김언기(惟一齋 金彦璣: 1520~1588)를 들 수 있다. 그는 영해향교의 교수로 부임하여 백인국(白仁國: 1530~1613), 백현룡(白見龍: 1543~1622), 박의장(朴毅長: 1555~1615), 남의록(南義祿: 1551~1620) 등에게 유학을 전수하고 영해의 사족들을 퇴계의 문하로 연결하는 통로를 마련하였다.

영해지역의 유학은 17세기 중엽에 이르러 더욱 성숙된다. 특히 존재 이휘일(存齋 李徽逸: 1619~1672)과 갈암 이현일(葛菴 李玄逸: 1627~1704) 형제는 퇴계 이황(退溪 李滉)－학봉 김성일(鶴峯 金誠一)－경당 장흥효(敬堂 張興孝)로 이어지는 퇴계의 학맥을 계승한 영남 유학의 대표자로서 명성이 높았다.

이 시기에 영해지방은 토착 성씨들이 점차 퇴조하고 새로이 이주해

온 재령이씨, 무안박씨, 영양남씨, 대흥백씨, 안동권씨2) 등 새로이 이주
한 사족들이 영해평야와 동해안의 풍부한 물산을 바탕으로 강력한 사회
경제적 기반을 구축하고 영남학파의 일원으로 정치사회적 활동을 전개
해 나갔으며(이수건 2001; 이수환 2003), 안동권과 중첩적인 혼인관계를
맺는 동시에 향촌 내 여러 곳에 집성촌을 이루어 동해안 지역에서는 보
기 드물게 유수한 반촌을 형성 발전시켰다. 이로부터 영해지방을 소안동
(小安東)이라 부르게 되었다. 이러한 역사적 과정과 문화적 배경이 영덕
과 영해를 각기 정체성을 지닌 독자적 생활영역으로 의식하게 한 것으로
보인다.

오늘날도 영해지역 주민들은 이 고장을 원영덕과 구별하여 원영해라
부르고 있으며, 예향, 문향, 양반고을로서의 긍지를 지니고 있다. 군청,
경찰서, 법원, 농협 등의 관공서가 영덕읍에 소재하고 있음에도 불구하
고 행정업무 이외에는 영덕읍에 크게 의존하지 아니하고 영해면 소재지
인 성내리를 중심으로 독자적인 생활권을 이루어 사회경제적인 일상생
활을 영위하고 있다.

영해지역은 동해안의 군사요충지로서 일찍부터 방어사 등 외관이 설
치되어 사족들의 왕래가 잦았고, 조선시대의 왕위찬탈과 빈번한 사화에
연루된 기성 사족들의 이주가 많아져 해읍으로서는 드물게 재지사족이
폭넓게 자리 잡게 되었다(이수환 2003: 172~173). 이들은 풍부한 물산을
바탕으로 경제적 기반을 구축하여 향촌사회에서 지배력을 확고히 하면

---

2) 『세종실록』「지리지」에 영해부의 토성(土姓)으로 박(朴)·김(金)·황(黃)·이(李)·
임(林)·신(申)의 6성을 기록하고 있다. 영해박씨(寧海朴氏), 수안김씨(遂安金氏)
혹은 함창김씨(咸昌金氏), 평해황씨(平海黃氏), 한산이씨(韓山李氏), 평산신씨(平
山申氏-이 지역에서는 영해신씨라고도 한다), 평택임씨(平澤林氏)를 지칭한 것
이 아닌가 한다. 그러나 17세기 이후 토성들의 세가 크게 약화되고 외래 성씨인
안동권씨(安東權氏), 영양남씨(英陽南氏), 무안박씨(務安朴氏), 대흥백씨(大興白
氏), 재령이씨(載寧李氏) 등이 이 지역의 5대성씨로서 자리잡게 되었다.

서 17세기 이후 향내 여러 곳에 저명한 반촌을 성장시켰다.

영해지역의 저명 반촌들 가운데 저자가 관심을 가지고 관찰하였던 마을은 다음의 네 마을이다.

창수면 인량2리 웃나라골
영해면 원구1리 원구마을
영해면 괴시1리 호지말
축산면 도곡1리 도곡마을

이 마을들은 영해지역을 대표하는 주요 종족들이 집성촌을 이루어 세거하면서 많은 인물을 배출하여 영해지역의 대표적인 반촌으로 평가되는 마을들이다

Ⅱ. 저명 반촌의 주요 종족 입촌과정

1. 웃나라골(창수면 인량2리)

창수면 인량2리 웃나라골은 영해면 소재지에서 영양으로 통하는 918번 지방도를 따라 약 2km 가다가 원구마을 입구에서 우회전하여 북쪽으로 약 2km 더 들어간 지점에 위치하고 있다. 인량리는 남북으로 가로지르는 조그만 개울을 경계로 하여 동쪽의 인량1리(아랫나라골)와 서쪽의 인량2리(웃나라골)로 구분되는데 이 연구에서 저자가 관심을 가지고 관찰한 마을은 인량2리 웃나라골이다(이후 인량2리만을 지칭할 때는 웃나라골이라 부르기로 한다).3)

---

3) 과거 기록에는 웃나라골과 아랫나라골을 구분하지 않고 인량으로만 기록하여 여

인량(웃나라골과 아랫나라골)은 영해지역의 열두 종족의 입향지이며, 여덟 종가가 터를 잡은 곳으로 유명하다. 영해지역 5대성씨로 불리는 安東權氏, 載寧李氏, 英陽南氏, 大興白氏, 務安朴氏를 비롯하여 咸陽朴氏, 寧海朴氏, 平山申氏, 永川李氏, 野城鄭氏(野城은 영덕의 고명이다), 一善(善山)金氏, 新安朱氏 등이 이 마을을 거쳐서 영해지역에 입향한 것으로 전해지고 있다. 여러 자료들을 종합하여 인량리로 입향한 주요 종족의 입촌과정을 간단하게 정리하면 다음과 같다.

대흥백씨(大興白氏)는 영해 5대성씨 중 영해지역에 가장 먼저 입향한 성씨이다. 대흥백씨로서 영해지방에 처음 입향한 이는 고려말 승평부사(昇平府使)를 지낸 백견(白堅)과 그의 장남 백문보(白文寶: 1303~1374, 號 淡庵)이다. 백견은 영해박씨인 시중평장사(侍中平章事) 박감(朴瑊)의 사위가 되어 병곡면 각리에 정착하였다가 수재로 창수면 인량리로 이거하였다고 한다. 백견의 아들 백문보는 광주목사(廣州牧使), 전리사판서(典理司判書), 밀직제학(密直提學)를 거쳐 공민왕의 세자 우(禑)의 사부가 되었으며, 정당문학(政堂文學)에 이르러 직산군(稷山君)에 봉해졌으며 충간(忠簡)의 시호를 받은 인물이다(백상태 2014). 이때부터 백견의 5대손 계성(繼性), 계원(繼元), 계근(繼根)에 이르기까지 인량리를 중심으로 터전을 일구었다.

안동권씨의 영해입향조는 권책(權策: 1444~?, 號 五峯)인데 종숙부 권자신(權自愼: ?~1456, 단종의 외숙)과 부친 권자홍(權自弘), 백형 권저(權箸), 중형 권서(權署) 등이 단종복위 사건에 연루되어 일족이 모두 화를 당할 때 13세의 나이로 홀로 영해에 유배되어 인량에 정착하게 되었다고

기에서도 인량1리와 인량2리를 함께 다루었다. 인량에 정착한 여러 성씨들에 관해서는 다음의 자료들을 참고하여 종합 정리하였다. 영덕군, 『盈德郡鄕土史』, 1992; 영덕군, 『盈德郡誌(下)』, 2002; 남훈, 『寧海遺錄』, 2004. 각 문중의 족보. 한국정신문화연구원, 『한국인물대사전』, 1999.

한다. 권책 이후 안동권씨는 오래 동안 숨어 살다시피 하다가 숙종대에 이르러 신원(伸寃)되었는데, 3대 독자로 이어오다가 권책의 현손대에 5개파로 분파되어 인량, 가산, 관어대, 송천, 옥금 등에 집성촌을 이루고 많은 인재를 배출하였다.

영양남씨의 영해 입향조는 세종조에 감찰어사(監察御使), 용담현령(龍潭縣令)을 지낸 남수(南須: 1395~1477, 號 松亭)이다. 남수는 울진에서 태어났으나 인량에 거주하고 있던 대흥백씨 백승(白昇)의 여식과 혼인하여 인량에 정착하였다. 남수의 후손들은 인량, 원구, 괴시, 가산, 옥금, 묘곡, 거무역, 칠성 등지에 집성촌을 이루고 세거하면서 많은 인재를 배출하였다.

재령이씨(載寧李氏)의 영해 입향조는 울진현령을 지낸 이애(李曖: 1480~1561)이다. 이애는 성종 때 중부인 이중현(李仲賢)이 영해부사로 부임할 때 16세의 나이로 책방으로 따라왔다가 당시 영해 대성인 진성백씨 전서공 백원정(白元貞)의 따님과 혼인하여 인량에 정착하게 되었다. 그의 후손들 중에는 뛰어난 학자들이 많이 배출되어 손자 운악 이함(雲嶽 李涵), 증손 석계 이시명(石溪 李時明), 현손 존재 이휘일(存齋 李徽逸)과 갈암 이현일(葛菴 李玄逸) 형제 등 3대 4명이 불천위로 봉해지는 영예를 얻었다. 그의 종택 충효당(忠孝堂)은 국가지정 중요민속자료 제168호로 지정되어 있다.

무안박씨(務安朴氏)의 영해 입향조는 증 사복시정(贈 司僕寺正) 박지몽(朴之蒙: 1445~?)이다. 박지몽은 일찍이 부모를 여의고 백부 박이(朴頤)가 영덕 현령으로 부임할 때 따라와서 이 지역 토성인 야성박씨(野城朴氏) 박종문(朴宗文)의 여식과 혼인하여 인량리에 정착하였다. 박지몽은 연산조 권신인 임사홍의 고종사촌인데 임사홍의 전횡이 장차 자신에게 화를 불러올 것으로 염려하여 원지에 정착하였다고 한다. 박지몽이 인량에 터를 잡은 후 자손이 번성하고 훌륭한 인물이 많이 배출되어 영해지방의 5대성씨로 평가받게 되었으나 그 자손들이 인량을 떠나 원구, 도곡리, 갈천리, 인천리, 삼계리 등지에 세거한 것으로 보아 인량에서 오래 거주하지는 않은 듯하다.

일선김씨(一善金氏/善山金氏)의 영해 입향조는 김석(金碩)인데 최초 영해 목골에 입향하였다가 후손 김익중(金益重)이 인량에 처음 거주하게 되었다. 김익중은 무과에 급제하고 선전관, 우수영 진관, 전행첨사를 역임하고 이인좌의 난에 공을 세워 양무원종공신(揚武原從功臣)으로 책록되었으며 증직으로 병조참의를 제수받았다. 종택이 경상북도 민속자료 제61호로 지정되어 있다.

함양박씨(咸陽朴氏)의 영해 입향조는 부사직 박종산(副司直 朴從山)인데 성주에서 인량으로 이거하여 영해박씨 박성간(朴成侃)의 딸과 혼인하였다. 아들 경보(景輔), 손자 순수(舜壽), 증손자 언룡(彦龍) 4형제가 모두 효행으로 읍지에 기록되어 있으며, 마을에 소택정(小澤亭), 원모재(遠慕齋)가 있다.

야성박씨(野城朴氏)의 인량 입향조는 도사(都事) 박종문(朴宗文) 장군이다. 당시 영해지역의 호족인 야성박씨의 막강한 세도를 조정에서 염려하여 이를 처리하라는 특임을 받고 영해지역에 파견되어 왔다가 박씨 실세들을 살상하지 아니하고 울령 밖으로 이거시킨 후 인량에 정착하였다고 전한다. 이로 인해 영해지역에 야성박씨 거주자가 드물게 되었다고한다. 박종문은 이시애의 난에 충절이 있어 고을 사람들이 향현사(鄕賢祠)를 세워 야성정씨 정담(鄭湛) 장군과 함께 제향하였다.

평산신씨(平山申氏 – 영해신씨 또는 단양신씨라고도 한다)의 인량 입향조는 고려말에 문과에 급제하고 예빈시 판례 태복정(禮賓寺 判禮 太僕正)을 역임한 신득청(申得淸: 1332~1392)으로 알려져 있으나(남훈 2004: 116, 203) 그 후손들은 일찍이 마을을 떠났고, 현재 인량에 거주하고 있는 평산신씨의 입촌조는 만괴헌 신재수(晚槐軒 申在洙: 1798~1855)이다.

신재수는 역경 속에서 재력을 쌓아 영해향교와 여러 서원의 운영을 뒷받침하고 구휼사업에 거재를 출연하여 조정으로부터 효력부위 용양위 부사용(効力副尉 龍驤衛 副司勇)의 직첩을 받았다(『平山申氏仁良門中世系事蹟』, 2010: 105~129). 종택 만괴헌(晩槐軒)이 경상북도 문화재자료 제209호로 지정되어 있다.

영천이씨(永川李氏)의 영해 입향조는 이사민(李士敏)이다. 퇴계 문인인 병절교위 이영승의 아들인데 조부가 영해부사로 재임하고 있을 때 재령이씨 입향조인 이애의 손녀와 혼인하여 예안에서 인량으로 이거하였다. 종택인 삼벽당(三碧堂)이 경상북도 문화재자료 제458호로 지정되어 있다.

야성정씨(野城鄭氏)의 영해 입향조는 진사 정진(鄭溍)인데 무안박씨 박붕(朴鵬)의 여식과 혼인하여 평해에서 인량으로 이거하였다. 그의 후손 정담(鄭湛: ?~1592)은 무과에 급제하고 임진란 때 김제군수로서 곰재(熊峙)에서 전사하여 병조참판에 증직되었다. 고을 사람들이 향현사(鄕賢祠)를 세워 박종문 장군과 함께 제향하였다. 숙종조에 내린 정려비가 마을 앞에 세워져 있으며 경상북도 문화재자료 제380호로 지정되어 있다.

신안주씨(新安朱氏)의 인량리 입향과정은 상세히 고증할 수 없으나 9대째 살고있는 종택(재령이씨 가옥을 현 종손의 9대조가 매입)이 마을에 있으며, 종택 소장의 고문서 7점이 경상북도 유형문화제 제347호로 지정되어 있다.

이처럼 인량리는 영해지역에 거주하고 있는 여러 가문들이 입향하여 시거한 특이한 전통을 지니고 있다. 이러한 전통은 오늘날까지도 이어져서 여러 종족의 종택과 종가터가 남아있으며, 주민들도 여러 성씨로 구성되어 있다.

일제강점기인 1930년의 인량리(仁上과 仁下) 호구 총수를 보면 재령

이씨 35호(180명), 영양남씨 30호(158명), 안동권씨 25호(130명), 영천이
씨 20호(108명), 대흥백씨 8호(46명), 기타 44호(125명)로 총 162호에
747명이 거주하고 있는 것으로 기록되어 있다(朝鮮總督府 1935: 826). 이
기록은 웃나라골과 아랫나라골을 합한 것이지만 여러 성씨가 혼재하고
있음을 보여주고 있다. 1992년에 발간 된『영덕군 향토사』(p.564)에는
재령이씨 20호, 안동권씨 24호, 영천이씨 12호, 영양남씨 12호, 함양박씨
24호, 일선김씨 20호, 평산신씨 9호, 영해박씨 7호, 무안박씨 6호, 파평윤
씨 5호(인량1리와 2리를 합한 기록이며, 기타 성씨는 집계하지 않았다)
로 성씨구성과 가구수에는 변동이 있지만 여전히 여러 성씨가 함께 거주
하고 있는 모습을 보여주고 있다.

여러 종족이 공존하고 있는 모습은 최근에도 여전히 나타나고 있다.
저자가 조사한 2004년 말의 웃나라골 거주자의 성씨 분포를 보면 함양박
씨 14호, 재령이씨 13호, 안동권씨 10호, 평산신씨 10호, 신안주씨 4호,
파평윤씨 3호, 나주임씨 3호, 영양남씨 2호, 평해황씨 2호, 영천이씨 2호,
기타 10호(미상 3호 포함)로 총 73호에 147명이 거주하고 있다.

이런 점에서 웃나라골은 반촌이면서도 전형적인 각성촌락의 성격을
지니고 있다. 대체로 한국의 반촌은 한 성씨나 두 성씨가 지배적인 종족
촌락을 형성하고 있는 일반적인 경향에 비추어 보면 웃나라골은 특이한
사례에 속한다고 할 수 있다.

2. 원구마을(영해면 원구1리)

원구마을은 영해면 소재지에서 영양방면으로 통하는 918번 지방도로
변에 위치하고 있는 자연촌락이다. 이 마을은 영양남씨 종사랑 남준(從
仕郞 南晙: 1474~1550)이 개척하였다고 하나 남준의 후손들은 6대를 거
주하다가 다른 지역으로 모두 이주한 것으로 알려지고 있으며, 그 후 진

성이씨 영모당 이선도(永慕堂 李善道 1544~?)가 안동에서 처가를 따라 창수면 신기동을 거쳐 원구리로 이주하였다고 하나 그 후손들도 마을을 떠나고 지금 이 마을에 진성이씨는 아무도 살지 않는다(영덕군 1992: 458). 현재 이 마을에는 15세기 말에서 16세기 중엽에 입촌한 영양남씨, 무안박씨, 대흥백씨들이 세거하고 있다.

영양남씨(英陽南氏)로서 원구에 처음 입촌한 이는 영해 입향조 남수(南須)의 손자인 남비(南秠)와 그의 아들 남한립(南漢粒) 부자로 알려지고 있다. 영양남씨대동보에 의하면 남비는 1507년에 무과에 급제하여 훈련원 참군(訓練院 參軍)을 역임하였고 충무위 부사직을 제수받은 것으로 기록되어 있다(원구리 영양남씨들은 남비를 사직공이라 부른다). 이로 미루어보면 남비 부자는 1500년을 전후한 시기에 원구리로 이주하지 않았을까 짐작된다. 오늘날 원구에 거주하고 있는 영양남씨는 모두 이들의 후손이다.

남한립의 증손인 난고 남경훈(蘭皐 南慶薰 1572~1612)이 임진왜란과 정유재란에 의병장으로 공을 세우고 그의 학덕과 효행이 널리 알려져 지역 유림에서 불천위로 모시게 하였다. 그의 후손들 중에서 8명의 문과급제자를 위시하여 많은 학자들이 배출되었고 150여 책에 달하는 많은 저술을 남겨 원구의 영양남씨는 지역사회에서 확고한 위치를 확보하게 되었다. 난고 종택은 경상북도 민속자료 제29호로 지정되었으며, 전적 고문서 등 〈난고종가문서〉 일습은 경상북도 유형문화재 148호로 지정되었다(영덕군 2002b: 148; 남훈 2004: 90~95).

무안박씨(務安朴氏)로서 원구에 처음 입촌한 이는 1500년대 초반 영해 입향조 박지몽의 차남 양기(良基)로 알려져 있으나(남훈 2004: 89) 삼남 영기(榮基)의 자녀들이 원구에서 태어났다고 하는 것으로 보아(권순일 1992: 45~47) 형제가 함께 이거한 것으로 보인다. 그러나 양기의 후손들은 원구를 떠나 8km 정도 떨어진 남천 상류의 대동으로 이거하여 원

구에는 양기의 후손들이 남아있지 않다. 원구에는 영기의 사남 경수당
박세순(慶壽堂 朴世淳: 1539~1612)의 자손들이 대대로 세거하였다.

박세순은 임진왜란 때 800석의 사재를 군량미로 조달하여 승전에 크
게 기여한 공으로 선무원종공신(宣武原從功臣) 2등에 녹훈되었으며, 절
충장군 첨지중추부사 겸 오위장(折衝將軍 僉知中樞府事 兼 五衛將)을 역
임하고 사후에 공조참의에 추증되었다. 원구 무안박씨의 종택인 경수당
(慶壽堂)은 1997년에 경상북도 유형문화재 297호로 지정되어 있다(권순
일 1992: 50; 영덕군 2002b: 147; 남훈 2004: 96).

대흥백씨(大興白氏)로서 원구에 처음 입촌한 이는 영해 입향조 백문보
(白文寶)의 8세손인 백인국(白仁國: 1530~1613)으로 1566년에 인량에서
원구로 이주한 것으로 알려져 있다(영덕군 1992: 458). 그는 퇴계의 학통
을 이어받아 영해지역에 성리학을 펼치는데 크게 기여한 인물로서 퇴계
의 제자인 유일재 김언기(惟一齋 金彦璣)의 문하에서 수학하고 6읍교수
를 역임하였다. 임란시에는 의병을 규합하여 축산포에서 적을 격파하는
한편 외아들 민수(民秀)를 곽재우의 휘하에 보내 참전케 하였다. 민수는
이 공으로 선무원종공신 3등에 올라 내자시 직장(內資寺 直長)의 관직을
제수 받았다. 그의 후손들 중에 뛰어난 인물들이 많이 배출되어 영해지
역의 대표적인 가문으로 평가받게 되었다(남훈 2004: 97~98).

이처럼 원구는 조상의 사회적 위세가 매우 높고 모두 지역사회로부터
명문가문으로 평가받는 세 종족이 500년 가까이 세거하고 있는 마을이
다. 이러한 전통은 근세에까지 이어져서 1930년의 자료에도 영양남씨 40
호(212명), 무안박씨 45호(245명), 대흥백씨 31호(154명), 기타 타성 35호
(108명)로 세 종족이 나란히 한 마을에 공존하고 있으며(朝鮮總督府
1935: 825), 1987년에도 성씨별 주거분포가 영양남씨 43호, 무안박씨 39
호, 대흥백씨 42호로 거의 비슷하게 나타나고 있다(영덕군 1992: 458).
저자가 조사한 2004년 말에도 영양남씨 28호, 무안박씨 23호, 대흥백씨

21호, 타성 34호로 나타났다.

3. 호지말(영해면 괴시1리)

영해면 괴시1리 호지말은 영해면 소재지인 성내리의 동북쪽에 성내리와 연접해 있는 마을이다.

호지말은 고려말(1360년 경)에 함창김씨(咸昌金氏)가 입주하여 세거하였다고 하며, 16세기 명종 연간에 수안김씨(遂安金氏)와 영해신씨(寧海申氏)가 입주하였고, 1630년경에 영양남씨(英陽南氏)가 입주하여 이후 영양남씨의 집성촌이 되었다.

호지말 영양남씨의 입촌조에 대해서는 두 가지 설이 있다. 영해 입향조 남수(南須)의 7세손인 남벌(南橃 1576~1636)이 자녀들을 솔거해서 호지말로 이거했다는 설과 남벌의 차남 두원(斗遠 1610~1674)이 처음 거주하였다는 설이 있다. 영양남씨의 입촌시기가 1630년이 확실하다면 남벌이 생존 중인 시기이고, 장남 두건(斗建 1604~1651)의 자손들이 마을에 거주한 것으로 보아 남벌이 자녀들을 거느리고 입주한 것으로 보는 것이 보다 사실에 가까운 것이 아닌가 한다. 그러나 장남 두건의 자손들은 번성하지 못하여 마을에 거주하는 이는 몇 집 되지 않는다. 호지말에 거주하는 영양남씨는 대부분 차남 두원의 자손들이다.

호지말 영양남씨의 중심인물은 두원의 장남 남붕익(南鵬翼: 1641~1687)이다. 붕익은 1672년 문과에 급제하고 영산현감과 예조좌랑을 역임하였다. 마을 뒤 계곡에 입천정(卄川亭)을 짓고 현존하는 영양남씨 괴시파 종택(경상북도 민속자료 제75호)을 건축하였다. 남붕익 이후 호지말 영양남씨에는 생원이나 진사과에 급제한 인물은 몇 명 있지만 문과급제자는 더 이상 배출되지 못하였다. 남붕익이 유일한 문과 급제자이다.

일반적으로 한국의 종족집단은 정치적 위세(관직), 학문적 성취(명

현), 도덕적 품격(충신, 효자, 열녀)이 두드러진 현조(顯祖)가 있을 때 결합력이 공고해지고 사회적으로 높은 평가를 받는다. 그런데 호지말 영양남씨는 이 지역의 다른 저명 반촌에 비해서 조상의 위세가 그렇게 강하지 않은데도 지역사회의 대표적 반촌으로 평가받고 있다. 이러한 평가는 넓은 영해평야를 바탕으로 구축한 튼실한 경제력을 바탕으로 명문가와 지속적으로 혼인을 맺음으로써 가능했던 것이 아닌가 한다. 과거 호지말 영양남씨들의 경제력을 보여주는 30여 동의 고가옥들이 아직도 마을 중심부에 남아있어서 호지말은 영해지역의 대표적인 전통마을로 평가되고 있다.

17세기 초중엽에 호지말에 이주한 영양남씨는 이 지역의 토착세력(土姓)이나 먼저 정착해서 기반을 다진 5대성씨들과 혼인망을 넓히고 멀리 안동, 영양 등지의 명문가와 통혼하면서 18세기 중엽 이후 영양남씨가 주도하는 종족마을을 형성한다.

영양남씨가 주도하는 호지말의 모습은 근대에까지도 이어지고 있어서 1930년 조사에 의하면 139가구 중 영양남씨가 72가구(432명), 타성이 67가구(275명)로 나타나고 있다(朝鮮總督府 1935: 830). 전체 마을 호수의 절반 이상을 영양남씨가 점하고 있는 것이다. 그러나 60년대 이후 도시화과정에서 영양남씨들이 많이 이촌하고 대신 타성들이 많이 이주해 와서 90년대 말에는 158가구 중 영양남씨는 61가구, 타성이 97가구로 영양남씨의 비중이 현저하게 줄어들었으며(이세나 1999: 53), 2004년말 저자의 조사에 의하면 126가구 중 영양남씨는 37가구(타성 89가구)로 더욱 감소하였다.4) 이렇게 타성이 다수를 점하게 되면서 마을생활에도 다소의 변화가 나타나고 있지만 이들의 대부분은 외부에서 유입된 가구들이

---

4) 2000년부터 2007년까지 진행되는 유교문화권 개발사업의 일환으로 호지말의 전통가옥을 전면적으로 해체 복원하는 공사가 진행 중이어서 영양남씨가 더욱 많이 마을을 떠난 것으로 보인다.

고, 또 일부 토착주민들이 있다고 하더라도 과거 영양남씨들과 연고를 가진 자들이기 때문에 마을생활에 주도적인 영향을 미치지는 못한다.[5]

4. 도곡마을(축산면 도곡1리)

도곡마을은 영덕읍에서 영해면으로 향하는 7번국도변에 위치한 자연 촌락으로 영덕읍에서 약 12km, 영해면사무소에서 약 5km 정도 떨어진 거리에 있는 축산면사무소 소재지이다. 주민들은 이 마을을 '번계' 라 부르기도 한다. 신라시대에 축산항의 포구가 여기까지 이어져 배의 왕래 가 많았다 하여 번포(樊浦)라 불렀다가 그 후 점차 주민들이 늘어나고 산야를 개척하여 폭우 때마다 토사가 몰려와 포구를 메우고 개울이 되어 버리자 고려시대에 마을 이름을 번계(樊溪)라 부르게 되었다고 한다. 조 선 후기에는 포구를 반납하였다 하여 마을 이름을 반포(反浦)라 하고 영 해부 남면에 속하였으나 1914년 행정구역 개편으로 영덕군 축산면 도곡 동(陶谷洞)이 되었다. 도곡이란 동명은 옛날 이 마을 주변에서 독(옹기) 을 구운데서 유래하였다고 한다(영덕군 1992: 359; 영덕군 2002b: 667).

도곡마을은 임란 때 경주성 탈환에 공을 세워 선무원종공신(宣武原從 功臣) 1등에 녹훈된 무의공 박의장(武毅公 朴毅長: 1555~1615)의 후손들 이 세거하는 무안박씨 집성촌이다. 무의는 사후에 조정에서 박의장에게 내린 시호(諡號)이다.

박의장은 의주관관을 지내고 병조판서에 추증된 박세렴(朴世廉, 1535~1593)의 장남으로 원구리에서 태어나 사망 시까지 원구리에 거주 하였으나 그의 사후 사남인 박선(朴璿)이 도곡마을에 터전을 잡아 종택 을 건립하고 1644년경에 박의장의 유족들을 도곡으로 이주하였다고 한

---

5) 호지말에 외지인의 유입이 많은 것은 시가지화한 면소재지에 인접해 있기 때문 이다.

다. 이후 도곡마을은 박의장의 후손들이 세거하는 무안박씨들의 집성촌
이 되었다. 원구리에 세거한 무안박씨 경수당파의 파조인 박세순은 박의
장의 숙부가 된다.

　박의장은 퇴계의 제자인 유일재 김언기(惟一齋 金彦璣 1520~1588) 문
하에서 수학하고 1577년에 무과에 급제하여 병조의 여러 관직을 두루 거
치고 경주판관이 되어 임란 때 경주성을 탈환하는데 혁혁한 공을 세웠
다. 임란 후 박의장은 성주목사, 경상도수군절도사 등을 역임하였는데
사후에 병조판서에 추증되고(1622), 무의(武毅)의 시호를 받아 불천위에
봉해졌다(1784).

　1992년에 발간 된『영덕군 향토사』(p.385)에는 도곡마을에 무안박씨
86가구, 기타 19가구(총 105가구)가 거주하고 있는 것으로 기록하고 있
으나, 2013년 8월 30일 현재 면 사무소의 주민등록부에는 112가구, 183
명(남자 96명, 여자 87명)이 거주하고 있는 것으로 등재되어 있다. 이들
은 거의 대부분이 무안박씨 집안의 사람들이며, 타성은 마을 동쪽 군부
대 사택과 마을 앞 버스정류소에 있는 가게 운영자 등 4~5가구에 지나지
않는다.

　이 마을에는 무의공 종택(경상북도민속자료 제74호)과 무의공의 사남
도와공 선의 종택인 충효당(경상북도민속자료 제83호)이 경상북도민속
자료로 지정되어 있으며, 홍교당(興敎堂), 경염정(景濂亭) 등의 고건축물
과 도계정사(陶溪精舍)의 옛터가 남아있다.

참고문헌

권순일, 1992, 『務安朴氏寧海派研究』.

남훈(南渾), 2004, 『寧海遺錄』, 향토사연구회.

박상태, 2014, 『담암 백문보 평전: 단군기원을 말하다』; 주류성.

영덕군, 1992, 『盈德郡 鄕土史』.

영덕군, 2002a, 『盈德郡誌(上)』.

영덕군, 2002b, 『盈德郡誌(下)』.

영덕문화원, 2004, 『영덕의 지명유래』.

이세나, 1999, 괴시마을 당신화의 성립과 변화에 관한 연구, 안동대석사학위논문.

이수건, 2001, 密菴 李栽 家門과 嶺南學派, 『密菴 李栽 研究』, 영남대학교출판부.

이수환, 2003, 조선후기 영해지역 재지사족의 향촌지배, 『울릉도·독도·동해안 주
　　　민의 생활구조와 그 변천 발전』, 영남대학교출판부.

이완섭, 2004, 영덕군의 연혁과 성리학의 융성, 『영덕문화의 원류』, 영덕군.

朝鮮總督府, 1935, 『朝鮮の 聚落(後篇)』.

『世宗實錄』, 地理誌(寧海都護府條).

『平山申氏仁良門中世系事蹟』, 2010, 편찬위원회.

제2장

주요 반촌의 사회경제적 특성
─웃나라골·원구리·호지말─

영해지역은 동해안에 연한 해읍이지만 조선 중기 이후 많은 인물을 배출하여 도처에 저명한 반촌을 형성하여 발전시켜왔다. 창수면의 인량리(열두 종족의 입향지)와 오촌(재령이씨), 영해면의 원구(영양남씨·무안박씨·대흥백씨)·옥금(안동권씨)·호지말(영양남씨)·관어대(안동권씨), 병곡면의 송천(안동권씨), 축산면의 도곡(무안박씨) 등이 이 지역의 대표적인 반촌으로 꼽히고 있다.

이 반촌들 중에서 인량1리(웃나라골), 원구1리(원구), 괴시1리(호지말) 등 세 마을은 2004년에 실시한 〈동해안지역 반촌의 사회구조와 문화〉 연구의 대상마을로 선정되어 집중적인 조사를 실시하였다. 2004년 말 기준으로 조사된 이 자료들은 영해지역의 대표적인 반촌으로 평가되는 세 마을 주민들의 사회경제적 특성을 이해하는데 크게 도움이 될 것으로 생각한다. 이 자료에 의하면 도시화한 영해면 소재지로부터 떨어진 거리에 따라서 마을의 인구분포와 직업구성 등에 상당한 차이를 보이고 있다.

I. 웃나라골(창수면 인량2리)

1. 마을개황

창수면 인량2리 웃나라골은 영해면 소재지에서 영양으로 통하는 918번 지방도를 따라 약 2km 가다가 원구마을 입구에서 우회전하여 북쪽으로 약 2km 더 들어간 지점에 위치하고 있다. 멀리 등운산에서 뻗어내린 산자락이 마을을 감싸고, 마을 앞에는 창수면의 깊은 계곡에서 발원하여 동해로 흘러들어가는 송천 주변에 넓은 들(인량들)이 펼쳐져 있어서 전형적인 배산임수의 남향 마을이다. 이러한 마을의 입지가 일찍부터 사람들이 삶의 터전을 일구어 오게 한 것으로 보인다. 인량리는 남북으로 가로지르는 조그만 개울을 경계로 하여 동쪽의 인량1리(아랫나라골)와 서쪽의 인량2리(웃나라골)로 구분되는데 이 연구의 대상이 된 마을은 인량2리 웃나라골이다.

인량은 삼한시대에 우시국(于尸國)이라는 부족국가의 도읍지여서 나라골, 국동(國洞)으로 부르게 되었다는 설이 있으나, 마을 뒷산의 지형이 마치 학이 날개를 펴고 날아갈듯 한 형국과 같다하여 조선 초에는 비개동(飛蓋洞), 조선 중엽에는 익동(翼洞)으로 부르다가 광해2년(1610년)에 명현이 많이 배출되는 마을이라 하여 인량(仁良)으로 명명하게 되었다고 한다. 그러나 주민들은 '나라골' '나래골'이란 지명에 익숙해 있다(영덕군 1992: 564 2002b: 688; 영덕문화원 2004: 556; 남훈 2004: 109).

2. 성별/연령별 인구구성

웃나라골에는 2004년말 현재 73가구 143명의 인구가 거주하고 있다. 이 중 남자는 62명, 여자는 81명으로 성비는 77로 나타나고 있다. 세 마을 중에서 성비가 가장 낮은 구조를 보이고 있다. 웃나라골의 성비가 이처럼 낮게 나타나는 것은 15세 미만의 소년인구의 비중이 낮고 65세 이상의 노년인구 비중이 매우 높은 연령별 인구구성에 크게 영향을 받은 것으로 보인다. 웃나라골의 소년인구는 단 3명(2.1%)에 지나지 않는다. 그 대신 65세 이상 노년인구의 비율은 전체 인구의 절반에 해당하는 49.6%에 이르고 있다. 남녀 평균수명의 차이로 인해서 대체로 고령층에서는 여성인구가 많은 구조를 보이는 것이 일반적인 경향인데 웃나라골은 그 비율이 현격하게 높기 때문에 마을 전체의 성비가 매우 낮게 나타나는 것이다.

 세 마을의 연령별 인구구성을 비교해 보면 마을의 지리적 입지와 밀접하게 관련되어 있음을 볼 수 있다. 시가지화한 면소재지에 인접해 있는 호지말은 생산연령인구의 비율이 59.3%로 가장 높게 나타나는데 비해 면소재지에서 가장 멀리 떨어진 웃나라골은 생산연령인구가 46.9%로 가장 낮은 비율을 보이고 있다. 두 마을의 중간에 위치한 원구마을은 생산연령인구도 50.0%로 중간 수준을 유지하고 있다. 이와는 반대로 노인인구의 비중은 면소재지에서 가장 멀리 떨어진 웃나라골이 가장 높은 비율인 49.6%를 기록하고 있는데 비해 원구마을은 36.5%, 호지말은 28.8%로 면소재지와의 거리에 비례하고 있다. 도시화한 지역과 멀리 떨어져 있을 경우에는 도시적 직업에 종사하는 인구가 거주하기 불편한 점 때문일 것이다. 이러한 특징은 직업구성에서도 뚜렷하게 나타나고 있다.

<표 2-1> 웃나라골의 인구구성

연령구분	남	여	계(%)	
0-4	1	0	1	
5-9	1	1	2	3(2.1)
10-14	0	0	0	
15-19	2	2	4	
20-24	2	4	6	
25-29	0	1	1	
30-34	1	1	2	
35-39	3	1	4	
40-44	3	2	5	67(46.9)
45-49	3	2	5	
50-54	7	8	15	
55-59	3	5	8	
60-64	9	8	17	
65-69	9	15	24	
70-74	7	12	19	
75-79	6	6	12	71(49.6)
80이상	5	11	16	
미상	0	2	2	2(1.4)
계	62	81	143(100.0)	

3. 가구와 가구주

웃나라골에는 2004년말 현재 73가구가 거주하고 있다. 이 중 남자가구주는 52명, 여자가구주는 18명으로 세 마을 중에서 여자가구주의 비율이 가장 낮다. 가구주의 성씨분포를 보면 웃나라골이 전형적인 각성마을임이 드러난다. 10가구 이상 거주하고 있는 성씨로서는 함양박씨가 14가구로 가장 많고, 재령이씨 13가구, 평산신씨 10가구, 안동권씨 10가구로이 네 성씨가 마을 전체의 2/3를 점하고 있다. 네 성씨 이외에 신안주씨 4가구, 파평윤씨 3가구, 나주임씨 3가구, 영양남씨 2가구, 평해황씨 2가구, 영천이씨 2가구가 거주하고 있고, 한 가구만 거주하고 있는 성씨도 7사례가 있다.[1] 3가구는 조사가 불가하였다.

<표 2-2> 웃나라골 가구주의 성씨분포

성씨	남	여	계
함양박씨	11	3	14
재령이씨	10	3	13
평산신씨	8	2	10
안동권씨	7	3	10
신안주씨	1	3	4
파평윤씨	3	0	3
나주임씨	1	2	3
영양남씨	2	0	2
평해황씨	2	0	2
영천이씨	1	1	2
기타	6	1	7
미상			3
계	52	18	73

---

1) 여자가구주는 남편의 성에 따라 가문을 분류하였다.

가구주의 연령분포를 보면 30대 1명과 40대 5명이 있지만 대부분 50대 이상에 분포되어 있어서 다른 마을에 비해 가구주의 연령이 고령화되어 있다. 특히 여성가구주는 전체 18명 중 13명이 70대 이상이다.

〈표 2-3〉 웃나라골 가구주의 연령분포

연령	남	여	계
20대	0	0	0
30대	1	0	1
40대	5	0	5
50대	10	2	12
60대	18	3	21
70대	13	8	21
80이상	5	5	10
미상			3
계	52	18	73

웃나라골 가구주의 직업분포를 보면 호지말이나 원구마을에 비해서 매우 단순한 구성을 보이고 있다. 무직자 10명을 제외하면 대부분이 농업에 종사하고 있고, 비농업적인 직업에 종사하는 가구주는 3명에 불과하다. 이들은 레미콘운전기사와 트렉타운전기사 그리고 마을교회의 목사 1명 등이다. 공무원이나 교사, 회사원, 자영업자 등은 한 명도 보이지 않는다. 농업을 영위하면서 일용직으로 노동을 제공하는 2명과 초등학교 등하교시 수송차량을 운전하는 운전기사 2명 등 겸업자가 4명이 있다. 비농업적 가구주가 매우 적은 것은 도시화된 면소재지로부터 비교적 멀리 떨어져 있는 지리적 여건이 크게 작용하고 있는 것으로 보인다.

웃나라골에서도 가구주 가운데 무직자가 비교적 많은 비율을 차지하고 있어서 전체 70가구 중 15%에 해당하는 10가구가 무직자로 나타나고 있다. 그러나 호지말의 30%, 원구마을의 34%에 비하면 매우 낮은 수준이다. 면소재지로부터 비교적 멀리 떨어져 있고 교통이 불편하기 때문에 무직자의 거주가 적은 것으로 보인다. 이들 중 남자 2명은 공직에서 은퇴하여 연금으로 생활하는 자이고, 남자 1명과 여자 3명은 기초생활보호자로서 정부의 지원금으로 생활하고 있다. 나머지 남자 2명과 여자 2명은 자녀들의 지원에 의존하고 있다.

〈표 2-4〉 웃나라골 가구주의 직업분포

직업	남자가구주	여자가구주	계
공무원			
교사			
회사원			
자영업			
농업	44	13	57
기능공	2		2
노동			
신앙인	1		1
무직	5	5	10
미상			3
계	52	18	73

가구주들 중에는 외지에서 유입된 경우도 적지 않다. 조사가 불가한 3가구를 제외한 전체 가구주 70명 중 15명이 결혼 후에 웃나라골로 이주하였다. 약 20%에 이른다. 이들 중 3명은 이 마을에서 출생했지만 객지생활을 하다가 결혼 후 입촌한 경우이고, 2명은 결혼 후 외가마을을 찾아 입주하였으며, 1명은 입양으로 이 마을에 정착하게 되었다. 마을에 있는 인량교회에 시무하는 목사 1명과 인접한 아랫나라골에서 이주한 여성 가구주 1명도 포함되어 있다. 나머지 이주자들은 농사를 짓기 위해서 인근지역에서 이주해 온 자들이다.

4. 농업가구의 영농규모

웃나라골은 주로 농업을 영위하고 있지만 영농규모는 원구마을에 비해 영세한 모습을 보이고 있다. 다른 직업을 가지고 농업을 겸업하는 4가구를 포함해서 농업을 영위는 57가구의 영농규모를 보면 70% 이상이 (42가구) 3000평 미만의 작은 규모이고 중농에 해당하는 3000평~5000평 정도를 경작하는 농가13가구)는 20%를 약간 상회하는 정도에 지나지 않는다. 5000평 이상을 경작하는 농가는 과수원 5000평과 논 1000평을 경작하는 단 한 가구뿐이다. 웃나라골의 영농규모가 비교적 영세한 것은 과수를 재배하는 농가가 적기 때문이다. 원구마을에서는 55가구 중 19가구가 과수를 재배하고 있었고, 이들 중 다수가 3000평 이상을 경작하고 있었는데 웃나라골에서는 57가구 중 과수재배자는 11가구에 불과하였고 이들 중 6가구가 3000평 이상을 경영하고 있었다. 과수는 주로 복숭아와 사과를 재배하고 있다.

〈표 2-5〉 웃나라골의 영농규모

영농규모	남자가구주	여자가구주	계
1000평 미만	8	8	16
2000평 미만	8(1)	4	12(1)
3000평 미만	14(2)	0	14(2)
5000평 미만	13(1)	0	13(1)
10000평 미만	1	0	1
10000평 이상	0	0	0
계	44(4)	13	57(4)

* ( )안의 숫자는 다른 직업에 종사하면서 농사를 겸업하는 농가의 농지규모이다.
* 농지규모는 소유규모와 경작규모가 다를 수 있다. 여기에서 영농규모는 자기토지와 임차토지를 합한 실제 경작규모를 중심으로 정리하였으며, 논과 밭의 면적을 합한 규모이다. 농지를 소유하고 있지만 임대해주고 소작료로 생활하는 가구는 비농가로 간주하였다.

II. 원구마을(영해면 원구1리)

1. 마을개황

원구마을은 영해면 소재지에서 영양방면으로 통하는 도로변에 위치하고 있는 자연촌락이다. 창수면 골짜기에서 흘러 마을 북쪽을 돌아나가는 서천(송천)과 대리에서 발원하여 묘곡저수지를 거쳐 마을 남쪽 용당산을 끼고 흐르는 남천이 마을 앞을 돌아서 합류하여 넓은 들(미례들)을 형성하고 있다. 제방이 부실했던 예전에는 홍수의 피해를 자주 입었다고 하나 지금은 제방을 튼실하게 축조하고 수리시설을 정비하여 안전하게 농사를 지을 수 있어서 미례들은 원구마을 주민들의 삶의 터전이 된다. 이 마을은 둔덕진 곳에 있는 넓은 들이란 의미에서 원두들, 원구(元邱), 원파(元坡) 등으로 불렸다.[2]

이 마을은 조선 성종 연간인 15세기 후반에 영양남씨가 입주하고, 16세기 초에 무안박씨, 16세기 중엽에 대흥백씨가 입촌하여 오늘날까지 세 성씨가 나란히 세거하고 있다. 영양남씨 종택에서 소장하고 있던 고문서 일습과 무안박씨 종택이 경상북도 유형문화재로 지정되어 있고, 영양남씨 종택은 경상북도 민속자료로 지정되어 있다. 대흥백씨 종택은 오래전에 대형화재로 소실되어 별당만 남아있다(영덕군 1992: 458 2002b: 676; 영덕문화원 2004: 466; 남훈 2004: 86~88).

---

2) 원구마을에 대한 보다 자세한 내용은 〈안동대학교대학원민속학과BK21사업팀, 『셋이면서 하나인 원구마을』, 민속원, 2007〉을 참조.

2. 성별/연령별 인구구성

원구마을에는 2004년말 현재 244명의 인구가 거주하고 있다. 이 중 남자는 117명, 여자는 127명으로 성비는 92로 나타나고 있다. 여자가 다소 많기는 하지만 호지말에 비해서 성비가 어느 정도 균형을 이루고 있다. 그러나 연령계급별에 따라 크다란 차이를 보이고 있다. 15세 미만의 소년인구층에서는 남자 23명에 여자 10명으로 남자가 여자의 배가 넘는다. 이러한 경향은 20대 후반까지 지속되고 있다. 30대에서 50대까지는 성비가 거의 균형을 이루고 있다. 그러나 65세 이상의 고령층에서는 남자 26명에 여자 63명으로 여자인구가 남자의 2배를 넘고 있다.

<표 2-6> 원구마을의 인구구성

연령구분	남	여	계	
0-4	4	4	8	
5-9	12	3	15	33(13.5)
10-14	7	3	10	
15-19	9	2	11	
20-24	7	0	7	
25-29	2	1	3	
30-34	4	7	11	
35-39	11	4	15	
40-44	5	8	13	122(50.0)
45-49	6	5	11	
50-54	9	9	18	
55-59	5	3	8	
60-64	10	15	25	
65-69	9	22	31	
70-74	11	8	19	
75-79	3	16	19	89(36.5)
80이상	3	17	20	
계	117	127	244(100.0)	

이들의 성별/연령별 분포를 보면 노인인구의 비중이 매우 높고 소년 인구의 비중이 매우 낮은 농촌마을의 일반적 경향을 보이고 있으나 웃나 라골이나 호지말과 비교해 보면 원구마을은 두 마을의 중간적인 위치를 보이고 있다. 즉 노인인구의 비율이 웃나라골보다 낮고 호지말보다는 높게 나타나고 있으며, 생산연령인구는 웃나라골보다 약간 높고 호지말보다는 다소 낮게 나타나고 있다. 이러한 차이는 세 마을의 지리적 입지가 영향을 미친 것으로 보인다. 즉 도시화된 면소재지에 가까울수록 생산연령인구가 다소 높게 나타나고 있는 것이다. 원구마을은 면소재지로부터 약 2km 정도 떨어져 있고, 웃나라골은 약 4km 정도 떨어져 있다. 이러한 특징은 직업구성에서 더 뚜렷하게 나타나고 있다.

3. 가구와 가구주

원구마을에는 2004년말 현재 106가구가 거주하고 있다. 이 중 남자가구주는 69명, 여자가구주는 37명으로 역시 여자가구주의 비율이 매우 높은 비율을 보이고 있다. 106가구 가운데 영양남씨는 28가구, 무안박씨 23가구, 대흥백씨 21가구, 타성 34가구로 세 성씨가 균형을 이루고 있다.

〈표 2-7〉 원구마을 가구주의 성씨분포

성씨	남	여	계
영양남씨	13	15	28
무안박씨	16	7	23
대흥백씨	14	7	21
타성	26	8	34
계	69	37	106

가구주의 연령분포를 보면 30대에서 80대까지 고루 분포되어 있다. 그러나 남자가구주와 여자가구주의 연령분포는 크게 다른 모습을 보여

주고 있다. 남자가구주는 60대가 가장 많지만 30대부터 70대에 이르기까지 고루 분포되어 있으나 여성가구주는 거의 60대 이상에 집중되어있으며, 이들 중 다수는 여성 단독가구주들이다.

<표 2-8> 원구마을 가구주의 연령분포

연령	남	여	계
20대	-	-	-
30대	10	-	10
40대	11	1	12
50대	14	2	16
60대	19	7	26
70대	12	16	28
80이상	3	11	14
계	69	37	106

원구마을 가구주의 직업분포를 보면 농업과 무직이 가장 많지만 농업으로 단순화된 웃나라골에 비해서는 노동, 기능공, 자영업 등 도시적 직업에 종사하는 가구주가 적지 않게 나타나고 있다. 그러나 면소재지에 인접한 호지말에 비해서는 그 수가 매우 적다. 공무원과 교사는 한 명도 없다. 기능공이나 노동에 종사하는 가구주가 적지 않은 것은 오토바이와 같은 교통수단을 이용해서 주변 공사장에 쉽게 출퇴근할 수 있기 때문이다.

<표 2-9> 원구마을 가구주의 직업분포

직업	남자가구주	여자가구주	계
공무원	-	-	-
교사	-	-	-
회사원	2	-	2
자영업	3	1	4
농업	41	6	47
기능공	5	-	5
노동	8	2	10
신앙인	1	-	1

무직	8	28	36
미상	1	-	1
계	69	37	106

전체 106가구 중 무직이 36가구로 매우 많은 비율을 점하고 있는데 이들은 도시로 전출한 자녀들의 송금에 의존하거나 기초생활보호자로서 정부의 지원금으로 생활하는 자들이다. 원구마을에는 기초생활보호자가 특히 많아서 18명이나 된다. 이 중 남자가구주는 2명뿐이고 나머지 16명은 모두 여성가구주들이다. 여성가구주의 절반 이상이 기초생활보호자인 것이다.

원구마을에도 외지에서 유입된 가구가 적지 않지만 호지말에 비해서는 훨씬 적다. 혼인 후 이 마을에 들어와 정착한 가구는 모두 19가구인데 영양남씨 집안이 4가구, 대흥백씨 집안이 2가구, 무안박씨 집안이 2가구, 그 외 타성이 11가구이로 타성이 다수를 점한다. 호지말에 비해서 유입인구가 매우 적은 것은 읍내(영해면 소재지)로부터 2km이상 떨어져 있기 때문이다.

4. 농업가구의 영농규모

다른 직업을 가지고 농업을 겸업하는 8가구를 포함해서 농업을 영위는 55가구의 영농규모를 보면 웃나라골이나 호지말에 비해서 영농규모가 다소 크게 나타나고 있다. 약 절반 정도는 3000평 미만을 경작하고 있지만 중농에 해당하는 3000평~5000평도 12가구나 되고, 5000평 이상도 15가구나 된다. 10000평 이상의 대규모 영농자도 4가구나 있다. 영농규모가 이렇게 크게 나타나는 것은 도시적 직업에 종사하기가 어렵고 농업에 크게 의존하고 있다는 것을 의미하지만 과수를 재배하는 농가가 많은 것이 주된 요인이 되고 있는 듯하다. 과수재배자는 3000평 이상을 경작하는 농가에 집중되어있는데 과수를 전업으로 하는 농가도 있지만 대개는 벼농사를 겸하고 있다. 주로 복숭아를 재배한다. 전체 농가 55가구 중 19가구가 과수를 재배하고 있다. 1가구는 6000평의 비닐하우스에 여러 가지 채소를 재배하고 있다.

<표 2-10> 원구마을의 영농규모

영농규모	남자가구주	여자가구주	계
1000평 미만	4(3)	1	5(3)
2000평 미만	13(4)	4(1)	17(5)
3000평 미만	4	2	6
3000~5000평	12		12
5000~10000평	11		11
10000평 이상	4		4
계	48(7)	7(1)	55(8)

* ( )안의 숫자는 다른 직업에 종사하면서 농사를 겸업하는 농가의 농지규모이다.
* 농지규모는 소유규모와 경작규모가 다를 수 있다. 여기에서 영농규모는 자기토지와 임차토지를 합한 실제 경작규모를 중심으로 정리하였으며, 논과 밭의 면적을 합한 규모이다. 농지를 소유하고 있지만 임대해주고 소작료로 생활하는 가구는 비농가로 간주하였다.

Ⅲ. 호지말(영해면 괴시1리)

1. 마을개황

영해면 괴시1리 호지말은 영해면 소재지인 성내리에 인접해 있는 마을이다. 성내리에서 대진해수욕장으로 통하는 도로변에 위치하고 있다. 시가지화한 면소재지에 인접해 있어서 세 마을 중 도시화의 영향을 가장 많이 받고 있는 마을이다. 원구마을이나 웃나라골과 비교해 보면 인구구성이나 주민들의 직업분포에서 도시적 특성을 상당히 많이 보여주고 있다.

서향으로 자리 잡은 호지말의 전면에는 동해안 삼대평야 중 으뜸으로

치는 영해평야가 펼쳐져 있다. 이 평야를 기반으로 형성한 경제적 토대가 호지말을 저명한 종족마을로 성장시킨 실질적인 힘이 된 것으로 보인다.

이 마을을 호지말(濠池村)이라 부르게 된 것은 마을 앞 넓은 평야를 관통하여 동해로 흘러드는 송천 주위에 많은 늪이 있었기 때문이라 한다. 지금은 제방을 정비하여 늪의 흔적은 찾아볼 수 없다.

호지말은 목은 이색(牧隱 李穡 1328~1396)이 태어난 출생지로서 유명한데 부친인 가정 이곡(稼亭 李穀)이 이 지역 토성인 함창김씨(咸昌金氏)와 혼인하여 이 마을에 정착하였기 때문이다. 이색은 이 마을에서 태어나서 유년시절을 보냈을 뿐만 아니라 말년에도 일시 기거한 것으로 전해지고 있다. 이러한 연유로 두 분을 기리는 〈가정목은양선생유허비(稼亭牧隱兩先生遺墟碑)〉가 마을 앞에 세워져 있으며, 최근에 〈목은기념관〉을 건립하고 격년으로 〈목은문화제〉를 개최하고 있다. 고려말에 이색이 중국에 사신으로 다녀와서 자기의 고향인 호지말이 중국의 괴시촌과 닮았다고 하여 이때부터 괴시라 부르게 되었다고 한다.

호지말은 고려말(1260년 경)에 함창김씨가 입주하여 세거하였다고 하며, 16세기 명종 연간에 수안김씨와 영해신씨가 입주하였고, 1630년경에 영양남씨가 입주하여 이후 영양남씨의 집성촌이 되었다(영덕군 1992: 431 2002b: 672; 영덕문화원 2004: 438; 남훈 2004: 75).

현재 이 마을에는 경상북도 민속자료와 문화재자료로 지정된 고가옥들이 많이 남아 있어서 전통마을을 답사하고자 하는 관광객들의 발길이 끊이지 않고 있다.

2. 성별/연령별 인구구성

호지말에는 2004년말 현재 278명의 인구가 거주하고 있다. 이 중 남자는 125명, 여자는 153명으로 여자가 매우 많은 구조를 이루고 있다. 이들의 성별/연령별 분포는 다음 〈표 2-11〉과 같다.

〈표 2-11〉 호지말의 인구구성

연령구분	남	여	계	
0-4	4	2	6	
5-9	3	8	11	33(11.9)
10-14	8	8	16	
15-19	9	6	15	
20-24	11	6	17	
25-29	4	3	7	
30-34	3	4	7	
35-39	8	8	16	165(59.3)
40-44	9	8	17	
45-49	10	13	23	
50-54	12	11	23	
55-59	11	8	19	
60-64	7	15	22	
65-69	11	14	25	
70-74	7	22	30	80(28.8)
75-79	4	7	11	
80이상	4	10	14	
계	125	153	278(100.0)	

호지말의 성비(여성인구 100에 대한 남성인구의 비)는 81.7로 매우 낮게 나타나고 있다. 특히 65세 이상 고령층에서는 49.1로 남성이 여성의 절반에도 미치지 못하고 있다.

연령별 구성에 있어서도 소년인구와 생산연령인구의 구성비가 매우 낮고 노인인구의 비율이 매우 높게 나타나고 있다. 2004년말 현재 전국의 소년인구가 약 20%를 점하고 있는데 호지말에서는 12%에 불과하며, 생산연령인구도 전국이 70%를 상회하는데 호지말은 60%에도 미치지 못하고 있다. 반면에 노인인구는 전국이 8.7%인데 호지말은 30%에 육박하고 있다. 인구의 노령화가 심화된 인구구조를 보여주고 있다. 그러나 웃나라골이나 원구마을과 비교해 보면 노인인구가 다소 낮고 생산연령인구가 다소 높은 경향을 보여주고 있다. 도시화된 면소재지와 연접해 있어서 도시적 직업에 종사하는 인구가 많기 때문인 것으로 보인다.

3. 가구와 가구주

호지말에는 2004년말 현재 126가구가 거주하고 있다. 이 중 남자가구주는 83가구, 여자가구주는 43가구로 여자가구주의 비율이 매우 높다. 126가구 가운데 영양남씨는 37가구(남자가구주 21, 여자가구주 16)로서 전체의 29%에 지나지 않는다.

〈표 2-12〉 호지말 가구주의 성씨분포

성씨	남	여	계
영양남씨	21	16	37
타성	62	27	89
계	83	43	126

타성은 89가구(남자가구주 62명, 여자가구주 27명)로서 수적으로는 다수를 점하고 있으나 이들 대부분이 외지에서 유입된 가구들일 뿐만 아니라 일부 토착주민들이 있다고 하더라도 이들은 과거 영양남씨 집안에 예속되어 있던 신분적 배경을 지니고 있어서 마을생활에서 별 영향을 미치지 못한다.

〈표 2-13〉 호지말 가구주의 연령분포

연령	남	여	계
20대	1	0	1
30대	10	1	11
40대	18	2	20
50대	23	3	26
60대	17	14	31

70대	10	15	25
80이상	4	8	12
계	83	43	126

　가구주의 연령분포를 보면 30대에서 80대까지 고루 분포되어 있다. 그러나 남자가구주와 여자가구주의 연령분포는 크게 다른 모습을 보여주고 있다. 남자가구주는 50대가 가장 많지만 30대부터 70대에 이르기까지 고루 분포되어 있으나 여성가구주는 거의 60대 이상에 집중되어있으며, 이들 중 다수는 여성 단독가구주들이다.

　가구주의 직업분포를 보면 호지말의 특성이 좀 더 뚜렷하게 나타난다(〈표 2-14〉). 전체 126가구 중 무직이 38가구로 가장 많다. 이들은 도시로 전출한 자녀들의 송금에 의존하거나 기초생활보호자로서 정부의 지원금으로 생활하는 자들이다. 농촌지역임에도 농업을 영위하는 가구는 37가구(29.4%)에 지나지 않는다. 반면에 자영업(18가구)이나 노동(16가구)에 종사하는 가구주가 많아서 직업분포에 있어서는 도시적 특색을 많이 지니고 있다. 도시적 성격을 지니고 있는 영해면 소재지에 인접해 있기 때문이다. 자영업은 매우 다양하다. 개사육, 고물상, 물수건제조판매, 중국음식점, 이발소, 콩나물재배, 통닭집, 옷가게, 생선가게, 공구수리업, 화물차나 포크레인 영업, 주점이나 노점상 등이다. 미술학원운영과 사법서사도 자영업에 포함시켰다. 신앙인은 사찰 주인, 승려, 무당을 포함시켰다. 회사원은 병원직원, 수협직원, 버스기사, 시외버스영업소장 등이다.

〈표 2-14〉 호지말 가구주의 직업분포

직업	남자가구주	여자가구주	계
공무원	2		2
교사	2		2
회사원	5		5
자영업	15	3	18
농업	26	11	37

기능공	3		3
노동	16		16
신앙인	1	3	4
무직	12	26	38
미상	1		1
계	83	43	126

　가구주들의 거주 역사를 보면 현재 이 마을에 살고 있는 타성 주민들의 다수가 외지에서 유입된 인구임이 여실히 드러나고 있다. 영양남씨 남자가구주 21명 중 20명은 이 마을에서 태어난 사람들이다. 나머지 1명은 이 마을 출신이 아니고 결혼 후 이주해 온 사람이다. 영양남씨 집안의 여자가구주 16명 중 15명은 이 마을로 시집와서 계속 거주하고 있는 사람들이다. 1명은 다른 마을로 출가했다가 친정마을에 와서 거주하고 있는 영양남씨 딸네이다. 집성촌을 이루고 있던 영양남씨들은 거의 전부가 토착주민들이라 할 수 있다.

　남씨 이외의 성씨들은 대부분 결혼 후에 이 마을로 이주한 사람들이다. 이 마을에서 태어났거나 결혼 전에 이 마을에 이주한 가구주는 89명 중 남자가구주 11명과 여자가구주 9명 등 20명에 지나지 않는다. 과거 영양남씨들 집에 예속되어 있던 많은 사람들은 거의 다 이 마을을 떠난 것으로 보인다.

　호지말에 외지에서 이주한 주민이 이렇게 많은 것은 가구주의 직업에서 살펴본 바와 같이 도시적 성격을 강하게 띠고 있는 면소재지에 인접해 있기 때문인 것으로 보인다. 오랜 세월 집성촌을 이루어 온 영양남씨가 매우 적은 것은 이촌자들이 매우 많다는 것을 의미하기도 하지만 2002년부터 시작된 전통마을 정화사업의 영향도 크게 작용하고 있는 듯하다. 많은 고가가옥을 해체해서 복원하는 대규모 공사가 3년째 진행되고 있어서 2004년 현재 마을을 떠나 생활하고 있는 영양남씨들이 많았던 것이다. 이 정화사업은 2007년에 마무리되었다.

4. 농업가구의 영농규모

다른 직업을 가지고 농업을 겸업하는 6가구를 포함해서 농업을 영위
는 가구의 영농규모를 보면 대개 3000평 미만의 소농들이다. 중농으로
볼 수 있는 3000평 이상의 경작자는 3가구에 불과하다. 이들은 대부분
벼농사를 주로 하거나 비닐하우스에 채소를 재배하고 있다. 과수나 특용
작물을 재배하는 농가는 거의 보이지 않는다. 양봉을 전문으로 하는 농
가가 1가구 있을 뿐이다.

〈표 2-15〉 호지말의 영농규모

영농규모	남자가구주	여자가구주	계
1000평 미만	7(3)	6	13(3)
2000평 미만	9(3)	1	10(3)
3000평 미만	7	3	10
3000~5000평	3		3
양봉		1	1
계	26(3)	11	37(6)

* ( )안의 숫자는 다른 직업에 종사하면서 농사를 겸업하는 농가의 농지규모이다.
* 농지규모는 자기소유토지와 임차토지를 합한 실제 경작규모를 중심으로 정리하였으며, 논과 밭
  의 면적을 합한 규모이다. 농지를 소유하고 있지만 임대해주고 소작료로 생활하는 가구는 비농
  가로 간주하였다.

참고문헌

남훈(南壎), 2004, 『寧海遺錄』.
안동대학교대학원민속학과 BK21사업팀, 『셋이면서 하나인 원구마을』, 2007, 민속원.
영덕군, 1992, 『盈德郡 鄕土史』.
영덕군, 2002a, 『盈德郡誌(上)』.
영덕군, 2002b, 『盈德郡誌(下)』.
영덕문화원, 2004, 『영덕의 지명유래』.

제3장

삼성종족마을의 혼인연대
-원구마을의 사례-

Ⅰ. 서 론

한국의 종족집단은 부계 조상의 혈통을 계승하였다고 인식하는 가계 계승의식을 정신적 기초로 하여 조직화되었기 때문에 혈통의 순수성을 강조하고 비부계나 비혈연자를 경원시하는 혈연적 배타성을 강하게 지니고 있다. 또한 가계계승은 혈통의 계승뿐만 아니라 조상의 사회적 지위의 계승과 신분의 세습이라는 의미를 내포하고 있어서 타 종족에 비해 자신들의 신분적 지위가 우월하다는 점을 과시하고자 하는 특성을 지닌다(최재석 1966). 이러한 혈연적 배타성(血緣的 排他性)과 신분적 우월감(身分的 優越感)은 배타적 족결합의식(排他的 族結合意識)으로 표출된다(이창기 1991). 배타적 족결합의식은 안으로는 종족집단의 결속을 다지는 정신적 기초가 되지만 밖으로는 타 종족과 경쟁하고 타성을 배척하는 심리적 기제로 작용하여 심각한 갈등을 유발하기도 한다.

종족집단 간의 대립과 갈등은 한 마을에 신분적 지위가 비슷한 여러 성씨들이 장기간 공존하기 어렵게 만든다. 두 성씨나 세 성씨가 한마을에 함께 거주하는 경우가 있다하더라도 시간이 지나면 세력이 강한 어느 한 성씨가 마을을 석권하게 되고, 세력이 약한 성씨들은 점차 마을에서 밀려나게 마련이다. 그래서 대부분의 종족마을은 한 성씨가 지배적인 지위를 점하는 집성촌을 이루게 된다. 두 성씨나 세 성씨가 한 마을에 장기간 세거하는 경우가 있기는 하지만 이 경우에는 대개 서로 첨예하게 대립하거나 심각한 갈등을 경험하게 된다.[1]

---

1) 양동의 월성손씨와 여강이씨의 갈등이 대표적인 예라 할 수 있다(여영부 1970; 최재석 1975: 505~512; 강신표 외 1979; 이창기 1990).

그런데 영덕군 영해면 원구마을에는 지역사회에서 대표적인 양반 가
문으로 인정받는 영양남씨(英陽南氏), 무안박씨(務安朴氏), 대흥백씨(大
興白氏)[2]가 종족집단의 정체성을 유지하면서도 수백 년 간 나란히 공존
하고 있어서 주목된다. 이 세 성씨는 마을에 입주한 시기도 비슷하고,[3]
조상의 위세나 경제적 지위도 서로 우열을 가리기 어려울 정도로 비슷하
며, 마을 내에 거주하고 있는 주민의 수도 거의 비슷하다. 그런데도 특별
한 마찰이나 갈등 없이 오랜 세월 동안 한 마을에서 세거하고 있을 뿐만
아니라 마을의 중요한 공동체의례로 행해진 동제나 줄다리기에서 세 종
족집단이 긴밀하게 협동하여 마을의 통합에 기여하는 모습도 찾아볼 수
있다. 배타적 족결합의식을 바탕으로 자신들의 사회적 위세를 대외적으
로 과시하고자 하는 한국 종족집단의 일반적 특성에 비추어 보면 원구마
을의 세 종족집단이 장기간에 걸쳐 공존하면서 마을의 통합을 지속하고
있는 것은 매우 특이한 사례에 속한다.

영해지방의 대표적인 양반가문으로 인정받는 세 성씨가 자신들의 신
분적 정체성을 유지하면서 한마을에서 500년 동안이나 공존할 수 있었
던 요인은 무엇인가? 이 점은 한국의 종족마을을 이해하는데 매우 흥미
로운 화두가 아닐 수 없으며, 종족집단의 기본 속성을 규명하는데 매우
중요한 과제가 될 것이다.

배타적 족결합을 특성으로 하는 종족집단이 장기간 공존하려면 배타
적 족결합을 뛰어넘는 강한 연대가 형성되지 않으면 안 된다. 배타적 족
결합을 넘어서는 종족간의 연대로서는 여러 가지를 상정해 볼 수 있다.

생활의 기반이 되는 물적 토대를 유지하고 확장하기 위해서 경제력이

---

2) 영해지역에서는 안동권씨, 재령이씨, 영양남씨, 대흥백씨, 무안박씨를 이 지방의
   대표적인 가문으로 인정하여 흔히 영해 5대성씨라 부르고 있다.
3) 세 성씨가 원구마을에 정착한 시기는 영양남씨가 1500년 전후, 무안박씨가
   1520~1530년, 대흥백씨가 1566년으로 추정된다(영덕군 2002: 676; 남훈 2004:
   89).

강성한 가문들 사이에 상호의존관계를 형성할 수도 있을 것이다. 정치권력을 유지하기 위해서 정치적 이해를 같이하는 가문들 사이에 결합이 이루어질 수도 있을 것이다. 때로는 정치권력을 유지하는데 필요한 재정을 지원하고 그 대신 경제적 이익을 보장받는 정경유착의 형태로 가문간의 결합이 이루어질 수도 있을 것이다. 그러나 이러한 정치적, 경제적 요인들은 좁은 지역사회에서는 중요한 요인으로 부각되기 어려운 점이 있다. 실제로 원구마을의 세 종족집단 사이에서도 정치적 요인이나 경제적 요인을 바탕으로 긴밀하게 결합하는 모습은 발견되지 않는다.

유학을 학습하고 과거(科擧)를 거쳐 관계에 출사하는 조선사회에서는 동일한 스승 밑에서 수학한 학통의 공유가 사회적 유대를 강화시키는 중요한 요인이 될 수도 있다. 영해지역은 고려 이래로 동해안을 방어하는 군사요충지로서 무(武)가 성한 무향이었으나, 16~17세기 이후 유학이 보급되면서 퇴계 이황(退溪 李滉)의 학맥을 잇는 문향으로 성장하여 많은 관인과 유학자를 배출하였다. 이런 점에서 영해지방은 학통이나 학맥의 동질성을 유지하였다고 볼 수 있다.[4] 그러나 이러한 학통의 동질성은 영해지역 전반에 공통되는 요소로서 원구마을의 세 성씨의 유대강화에 특별히 작용하는 것은 아니었다.

좁은 지역사회, 특히 마을과 같은 소규모 공동체에서는 혼인을 통한 유대가 종족 상호간의 결합을 촉진하는 보다 실제적인 결합요인이 되지 않을까 한다. 한국의 종족집단이 부계혈통을 중시하여 사돈관계나 인척관계가 상대적으로 소원하지만 정서적인 면에서는 부계혈연에 버금가는 긴밀한 유대관계를 형성한다. 특히 중요한 조상들(종손이나 현조 등)의 혼인은 그 자손들이 서로 내외손관계로 의식하여 특별한 유대감을 가지게 한다.

---

4) 영남사림파의 형성과 영해지역 성리학의 계보에 대해서는 이수건(1979, 2001), 조강희(1996), 이동환(2001), 이수환(2003) 참조.

혼인을 통해서 종족집단 간에 특별한 유대관계가 형성되는 모습은 전남 화순군 쌍봉리의 제주양씨와 하동정씨 사이에서도 찾아볼 수 있고(박정석 2006), 영덕군 인량리의 재령이씨와 원구마을 무안박씨 사이에 결성된 양촌계(兩村契)[5]도 대표적인 사례로 꼽을 수 있다.

이 논문은 바로 이러한 인식을 바탕으로 경북 영덕군 영해면의 원구마을에 약500년 동안 큰 마찰 없이 세거하고 있는 영양남씨(英陽南氏), 대흥백씨(大興白氏), 무안박씨(務安朴氏)의 유대관계를 혼인을 중심으로 살펴보고자 한다.

II. 세 성씨의 원구마을 정착과정과 종족정체성

배타적 족결합의식은 자신들의 신분적 지위가 높다고 인식할수록 강하게 나타나며, 마찰과 갈등이 발생할 가능성도 그만큼 커지게 된다. 따라서 신분적 위세가 강하지 않은 한미한 종족들 사이에서는 경쟁의식이나 갈등의 소지가 상대적으로 낮아질 수 있다. 그러나 원구마을의 영양남씨, 무안박씨, 대흥백씨는 15세기 말에서 16세기 중엽에 걸쳐 차례차례 이 마을에 입촌하여 약 500년 동안 이 마을에 세거하면서 이 지역의 어느 가문에도 뒤지지 않을 출중한 인물들을 배출한 명문 종족이다. 원구마을은 문과, 무과, 생원, 진사 등 각종 과거급제자와 학행으로 이름난 인물들을 영해지역에서 가장 많이 배출한 마을로 손꼽히고 있다. 주민들은 이러한 조상의 위세를 바탕으로 자신의 가문과 마을에 대한 강한 긍지를 지니고 있다.

---

5) 인량리의 재령이씨와 원구마을의 무안박씨가 윗대 조상들의 중첩된 혼인을 계기로 양촌계를 결성하고 상호 긴밀한 관계를 유지하고 있다.

　종족집단은 조상의 혈통을 계승한 집단일 뿐만 아니라 조상의 사회적
지위를 세습한 집단이기 때문에 저명한 인물을 공동 조상으로 하는 종족
성원들은 숭조의식(崇祖意識)과 동조의식(同祖意識)이 강하고 신분적 우
월감도 매우 강하여 족결합을 더욱 촉진시키게 되는 것이다(이창기
1991)

　이 자리에서는 세 종족의 원구마을 정착과정을 살펴보고 종족 성원들
이 자랑으로 삼고 있는 중요한 인물들을 통해서 종족정체성의 일면을 검
토해 보고자 한다.

1. 영양남씨(英陽南氏)

　영해지역의 영양남씨는 중시조 영양군 남홍보(南洪輔)의 8세손 남수
(南須: 1395~?)가 울진에서 영해의 인량리로 이거 함으로써 이 지역에 터
를 잡게 된다. 남수는 1395년(태조 4)에 울진에서 태어나 사헌부 감찰어
사, 용담현령을 역임하였으나 단종이 폐위되자 벼슬을 버리고 낙향하여
영양남씨의 80%를 차지하는 송정공파(松亭은 남수의 호)의 파조가 되었
다(남훈 2004: 212~214). 남수가 영해로 이거한 정확한 연대는 알 수 없
으나 당시 인량(현 창수면 인량리)에 터전을 잡고 있던 대흥백씨 백승(입
향조 백문보의 손자)의 딸과 혼인한 것으로 보아 혼인 후 처향(인량리)으
로 이주한 것으로 보인다. 아들과 딸을 차별하지 아니하고 재산을 균분
하는 상속제도와 혼인 후 처가에서 장기간 거주하는 서류부가(壻留婦家)
의 혼인 풍습에 따라 물질적 토대가 튼실한 처가쪽에서 생활하게 되는
것은 당시의 일반적 관행이었다. 정착시조가 대흥백씨와 혼인함으로써
영양남씨와 대흥백씨는 혼인을 통해서 깊은 유대를 맺게 된다.

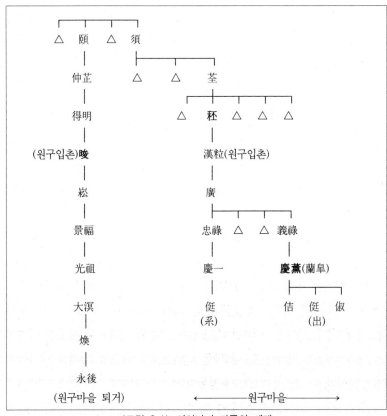

〈그림 3-1〉 영양남씨 가문의 세계

　인량리에서 원구마을로 처음 이주한 영양남씨는 남수의 손자인 남비
(南秠)와 그의 아들 남한립(南漢粒) 부자이다. 이들의 생몰연대가 명확하
지 않고(족보에도 기록되어 있지 않다) 원구마을에 이거한 과정도 분명
한 기록이 없어 원구마을에 입촌한 시기를 정확하게 알 수는 없지만 영
양남씨 족보에 남한립이 아버지를 모시고 처음 원구에 거주하였다는 기
록(陪司直公始居元皇里)으로 미루어 한립이 장성한 후에 인량리에서 원
구마을로 이거한 것이 아닌가 한다. 남비는 1507년에 무과에 급제하여

훈련원 참군(訓練院 參軍)을 거쳐 충무위부사직(忠武衛副司直)을 제수 받은 것으로 보아 1500년을 전후하여 원구마을에 정착하지 않았을까 짐작된다. 오늘날 원구마을에 거주하고 있는 영양남씨는 모두 이들의 후손이다.

남비의 아들 남한립은 무안박씨 영해 입향조인 박지몽의 딸과 혼인하여 영양남씨와 무안박씨 사이의 혼인망을 형성한다. 남비와 남한립 부자가 원구마을로 이주하기 전에 인량리에 거주하였고, 박지몽 또한 인량리에 터를 잡아 정착하였으므로 양가는 한 마을에서 익히 잘 아는 사이였을 것으로 보이며, 박지몽의 두 아들(良基와 榮基)이 원구마을로 이거한 정황으로 미루어 남한립의 원구마을 이주는 박지몽가와의 혼인이 중요한 계기가 되지 않았을까 짐작된다. 원구마을과 인량리는 원구들을 사이에 두고 약 2km 떨어져 마주보고 있는 마을이다.

세 성씨 중에서 원구마을에 제일 먼저 정착한 영양남씨는 입촌조 남비의 현손인 난고 남경훈(蘭皐 南慶薰: 1572~1612)을 중심 조상으로 하고 있다. 난고는 1572년 원구마을에서 태어나 임진란에 부친 판관공 남의록(南義祿: 1551~1620)과 함께 의병을 일으켜 참전하였으며, 경주성과 영천성 탈환전, 문경 당교전투, 팔공산회맹, 화왕산성진회맹 등에 참여하여 공을 세웠다. 이 공으로 의록은 선무원종공신 3등에 책록되었으며, 1603년에 무과에 급제하여 군기시 판관(軍器寺 判官)을 역임하였다.

난고는 1606년 성균 진사가 되었으나 출사하지 아니하고 교학에 전념하여 『사례해의(四禮解義)』 2책과 시문집인 『난고선생유고(蘭皐先生遺稿)』 1책을 남겼다. 부친이 영해부사의 학정을 탄핵하다가 옥에 갇히자 순찰사에게 무죄방면을 주장하고 아버지 대신 감옥살이를 하였다. 이 사건은 결국 무죄로 판명되어 영해부사가 파직되었으나 난고는 옥중에서 병을 얻어 1612년에 사거하였다. 난고의 이러한 충절과 효행, 학덕을 높이 기려 1756년 유림에서 광산서원(光山書院)과 경덕사(景德祠)를 세우고 불천위(不遷位)로 모시게 하였다. 그의 후손들 중에서 문과에 8명, 생원과 진사에 20명 등 28명의 과거 급제자가 배출되었으며, 49명이 150여 책의 저술을 남겼다.

난고 종택은 1982년에 경상북도 민속자료 제29호로 지정되었으며, 전적 고문서 등 〈난고종가문서〉 일습은 경상북도 유형문화재 148호로 지정되었다(영덕군 2002: 148; 남훈 2004: 90~95).

남비 부자가 원구마을에 정착하던 비슷한 시기에 영해지역 영양남씨의 정착 시조 남수의 종증손(仲兄 南頤의 증손)인 종사랑(從仕郎) 남준(南晙: 1474~1550)이 원구마을에 들어와서 6대 동안 거주한 것으로 알려지고 있다. 여기에 대해서는 구체적인 기록이 남아있지 않아 남비 부자보다 먼저 입촌한 것인지 아니면 그 이후에 입촌한 것인지 알 길이 없다. 다만 남준의 후손들이 대흥백씨 집안과 빈번하게 혼인하였고 묘소가 인근지역에 산재한 것으로 보아 적어도 6~7대 동안 이 지역에 거주한 것은 사실인 듯하다.

2. 무안박씨(務安朴氏)

무안박씨의 영해 입향시조는 증 사복시정(贈 司僕寺正) 박지몽(朴之蒙: 1445~?)이다. 박지몽은 일찍이 부모를 여의고 백부 박이(朴遹)가 영덕 현감으로 부임할 때 따라와서 이 지역 토성인 야성(영덕)박씨 박종문(朴宗文)의 여식과 혼인하여 인량리에 정착하였다. 박지몽은 연산조 권신인 임사홍의 고종사촌인데 임사홍의 전횡이 장차 자신에게 화를 불러올 것으로 염려하여 원지에 정착하였다고 한다. 박지몽이 인량에 터를 잡은 후 자손이 번성하고 훌륭한 인물이 많이 배출되어 영해지방의 5대 성씨로 평가받게 되었다. 그러나 아들 5형제와 그 자손들이 인량을 떠나 여러 곳에 터전을 일구어 온 것으로 보아 인량에서 오래 거주하지는 않은 듯하다.

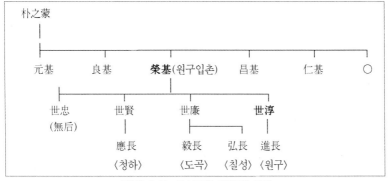

〈그림 3-2〉 무안박씨 가문의 세계

　원구마을에 처음 자리를 잡은 것은 1500년대 초반 박지몽의 차남 양기(良基)로 알려져 있으나(남훈 2004: 89), 삼남 영기(榮基)의 자녀들(삼남 世廉: 1935~1593, 사남 世淳: 1539~1612)이 원구마을에서 태어났다고 하는 것으로 보아(권순일 1992: 45~47) 1530년경에 영기도 함께 원구마을로 이거한 것으로 보인다. 그러나 양기의 후손들은 일찍이 원구마을을 떠나 현재 원구마을에는 양기의 후손들이 남아있지 않다.

　영기의 장남 세충은 무후하고 차남 세현의 후손들은 영일군 청하면 지역으로 이거하였다. 삼남 세렴은 무과에 급제하여 연일현감, 의주판관을 지냈으며 사후 병조판서에 추증되었다. 특히 그의 장남 의장(毅長)은 임란 때 경주성 탈환에 혁혁한 공을 세워 선무원종공신(宣武原從功臣) 1등에 서훈되었고, 사후 무의(武毅)의 시호를 받고 호조판서에 증직되었으며 불천위로 봉해졌다. 박의장의 후손들은 원구마을에서 약6㎞ 떨어진 축산면 도곡마을에 정착하여 영해지역의 대표적인 반촌을 이루었다.[6)

　원구마을에는 영기의 사남 경수당 박세순(慶壽堂 朴世淳)의 자손들이 대대로 세거하였다. 원구마을 무안박씨의 중심인물인 박세순은 일찍이 무과에 급제하여 절충장군 첨지중추부사 겸 오위장(折衝將軍 僉知中樞府事 兼 五衛將)을 역임하였으며 사후 공조참의에 추증되었다. 임란 당시에는 군자감정(軍資監正)으로서 경주판관이었던 조카 의장을 도와 800석의 군량미를 조달하여 승전에 크게 기여하였으며 이 공으로 선무원종공신(宣武原從功臣) 2등에 녹훈되었다. 세순은 이재에 뛰어나 당대에 많은 재산을 일구고 원구마을에 99칸의 대저택(慶壽堂)을 건축하였다. 이 건물은 중간에 대화재로 소실되고 지금의 건물은 1713년에 다시 건축한 것이다. 원구마을 무안박씨의 종택인 경수당은 1997년에 경상북도 유형문화재 297호로 지정되어 있다(영덕군 2002: 147; 남훈 2004: 96).

3. 대흥백씨(大興白氏)

대흥백씨로서 영해지방에 처음 입향한 이는 고려말 승평목사(昇平牧使), 전리사판서(典理司判書)를 지낸 대흥군(大興君) 백견(白堅)과 그의 장남 백문보(白文寶: 1303~1374)이다. 백문보는 광주목사(廣州牧使), 전리사판서(典理司判書), 정당문학(正堂文學)을 거쳐 공민왕의 세자 우(禑)의 사부가 된 인물이다(백상태 2014). 백견은 영해박씨인 시중평장사(侍中平章事) 박감(朴瑊)의 사위가 되어 병곡면 각리에 정착하였다가 수재로 창수면 인량리로 이거하였다고 한다. 이때부터 백견의 5대손 계성(繼性), 계원(繼元), 계근(繼根)에 이르기까지 인량리를 중심으로 터전을 일구었다.

대흥백씨로서 원구마을에 처음 입촌한 이는 계근의 손자 족한당 백인국(足閒堂 白仁國 1530~1613)으로 1566년에 이주한 것으로 알려져 있다

---

6) 도곡마을 무의공 문중에 대해서는 이 책 제6장 참조.

(영덕군 1992: 458). 인국이 원구로 이거하게 된 과정은 명확하지 않으나 임진란 때에 많은 군량미와 함께 아들을 곽재우 장군 진영인 화왕산성으로 보낸 것으로 보아 누대에 걸쳐 세거하였던 인량리 부근에 조업의 기반이 튼실하였던 것으로 보인다. 인량리와 원구마을은 넓은 들을 사이에 두고 마주보고 있는 마을이다.

대흥백씨의 원구마을 입촌조인 백인국은 퇴계의 학통을 이어받아 영해지역에 성리학을 펼치는데 크게 기여한 인물이다. 퇴계의 제자인 유일

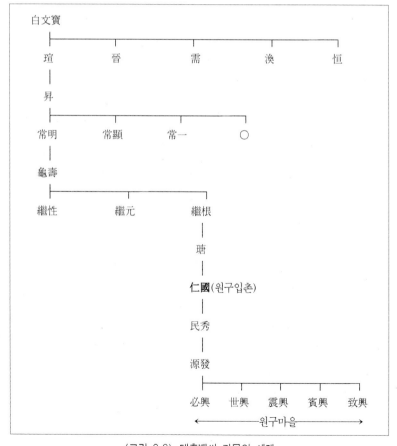

〈그림 3-3〉 대흥백씨 가문의 세계

재 김언기(惟一齋 金彦璣)의 문하에서 수학하고 학봉 김성일(鶴峯 金誠
一), 운악 이함(雲嶽 李涵), 무의공 박의장(武毅公 朴毅長), 성헌 백현룡
(省軒 白見龍) 등과 학문적으로 교유하면서 6읍교수를 역임하였다. 임란
시에는 향인을 솔병하여 축산포의 왜적을 방어했고, 독자인 민수(民秀:
1558~1612)에게 유서를 쓰게 하여 병량과 함께 화왕산성 곽재우 진영으
로 보내 참전케 하였다. 민수는 이 공으로 선무원종공신 3등에 올라 내
자시 직장(內資寺 直長)의 관직을 제수 받았다. 인국의 딸은 원구마을 영
양남씨 종손인 남경일에게 출가하였다.

　인국의 손자 원발(源發: 1597~1671)은 원구마을 영양남씨의 중심인물
인 남경훈의 문하에서 수학하고 그의 사위가 되어 양 가문의 유대를 더
욱 긴밀하게 다졌다. 원발의 아들 5형제(必興 世興 震興 賓興 致興)가 모
두 현달하여 그 명성이 향당에 회자되자 지역사회에서는 세칭 5흥가(五
興家)라 부르게 되었다. 영양남씨 문중에서도 이들 5형제가 남씨문중의
외손임을 큰 자랑으로 삼고 있다.

　이처럼 원구마을 세 종족의 중심 조상들은 임진란에 적극적으로 참전
하여 공신으로 책록되는 공통점을 지니고 있고, 그 후손들 중에서도 끊
이지 않고 인재가 배출되었다. 이러한 조상들의 충절과 학덕에 대해서
각 종족의 성원들은 매우 높은 긍지를 지니고 있으며, 신분적 정체성을
더욱 확고히 하고 대외적으로 드러내기 위해 꾸준히 노력하고 있다.

　원구마을의 세 성씨들은 경제적인 기반도 매우 튼실했던 것으로 보인
다. 무안박씨의 중심인물인 박세순은 임란시 800석의 군량미를 조달하
고 99칸의 대저택을 건축하여 대대로 유지할 정도로 많은 재산을 보유하
고 있었다. 대흥백씨도 입촌조인 백인국이 임란시에 많은 군량미와 함께
아들 민수를 곽재우 장군 진영으로 보냈고, 그의 후손 중에는 4~5대 천
석을 유지하기도 하였다. 진사 백기동(白基東: 1822~1898)은 이 재산을
기반으로 99칸의 대저택을 건축하였으나 대화재로 모두 소실되고 현재

는 별당채인 해산정(海山亭, 지금은 尙義堂으로 당호를 바꾸었다)만 남아있다. 영양남씨는 박씨나 백씨에 비해 재산상태가 다소 약하기는 하지만 남의록이 경주성 탈환 작전에 많은 군량미를 조달하여 복성에 기여하였으며 대대로 300석을 유지하면서 대묘와 별묘를 갖춘 규모있는 종택과 난고정(蘭皐亭)을 보유하고 있다.

세 성씨들은 조상의 신분적 위세가 모두 출중하고 경제적 기반이 튼실했을 뿐만 아니라 마을 내에 거주하는 성원의 수도 균형을 이루고 있었다. 일제시기 이전의 정확한 거주민 통계는 찾을 수 없지만 1930년대의 자료에 의하면 영양남씨 40호, 대흥백씨 31호, 무안박씨 45호, 기타 35호로 구성되어 있으며(朝鮮總督府 1935: 825), 1987년에는 영양남씨 43가구, 대흥백씨 42가구, 무안박씨 39가구, 기타 30가구로 나타나고 있다(영덕군 1992: 458). 2004년 말 저자의 전수조사에서는 각각 28가구, 21가구, 23가구, 34가구로 가구수가 많이 줄어들기는 하였지만 세 성씨가 비슷하게 거주하고 있다. 세 성씨가 수적으로 균형을 이루고 있는 경향은 과거에도 여전하였다고 한다.

Ⅲ. 세 성씨의 혼인관계

조상의 위세가 강하고, 경제적 기반이 튼실하며, 마을에 거주하는 성원의 수가 비슷한 명망있는 종족이 한 마을에 장기간 세거하게 되면 종족 상호간에 경쟁과 대립, 갈등과 마찰이 발생할 가능성이 그만큼 높아지게 마련이다. 그럼에도 원구마을의 세 종족이 약 500년 동안 공존할 수 있었던 배후에는 혼인을 통한 유대가 크게 작용하고 있는 것으로 보인다.

씨족내혼제가 엄격하게 지켜지는 사회에서는 자기가 소속한 씨족집단 외부에서 배우자를 맞아들여야 하기 때문에 혼인은 혈연성을 뛰어넘어 가문과 가문을 결합시키는 중요한 기제가 된다. 일성종족마을이 크게 확산되는 조선중기 이후에는 촌락 내에 배우자가 될 수 있는 대상이 극히 한정되기 때문에 혼인을 통한 연대는 마을의 범위를 넘어서게 되지만 원구마을과 같이 한 마을에 사회적 위세가 비슷한 세 종족이 공존하고 있고, 이들 사이에 빈번하게 혼인이 교환된다면 혼인을 통한 연대는 배타적인 성향을 가지는 종족집단 간의 갈등을 완화시키면서 마을의 통합에 직접적으로 기여하게 될 것이다.

전통사회에서 혼인은 개인과 개인의 결합이 아니라 가문과 가문의 결합이라는 의식이 강했기 때문에 혼인관계는 혈연적 유대를 넘어서 사회를 통합시키는 중요한 요인으로 크게 작용한다. 때로는 정치적 목적이나 경제적 이익을 공동으로 추구하기 위해서 정략적으로 혼인을 맺기도 했지만 그러한 의도가 전제되지 않더라도 특정한 가문과 가문 사이에서 혼인이 반복적으로 이루어진다면 그들 사이에 사회적 유대가 강화되는 것은 자연스러운 일일 것이다.

종족집단 간의 갈등을 완화시키고 마을통합을 강화시키는 데는 마을 내의 세 성씨들간의 혼인만이 기여하는 것은 아닐 것이다. 인근마을과 혼인하더라도 그 대상이 마을에 거주하는 종족과 같은 성씨라면 마을 안에서 혼인하는 경우와 유사한 기능이 있으리라 생각된다. 우리 사회의 혈연성은 지연성을 뛰어 넘는 특징이 있기 때문에 비록 다른 마을에서 거주하던 자라 하더라도 혈연적으로 거리가 멀지 않다면 촌락내혼에 질 바가 없다고 생각된다. 그래서 이 논문에서는 촌락내혼뿐만 아니라 인근마을과 혼인하더라도 성씨가 같은 경우에는 함께 살펴보기로 한다.

영해지방에 세거하고 있는 여러 성씨들의 족보를 검토해 보면 통혼하는 성씨들이 극히 제한되어 있다는 것을 알 수 있다. 대체로 조선 후기 이후 영해지역 5대성씨로 간주되었던 영양남씨, 대흥백씨, 무안박씨, 재령이씨, 안동권씨와 이들이 영해지역에 터를 잡기 이전부터 세거하였던 토성들 즉 평산신씨(영해신씨), 영해박씨, 평해황씨 사이에서 혼인이 빈번하게 이루어지고 있다.

원구마을에 세거하고 있는 세 성씨들도 대체로 이들 5대성씨나 영해지역 토성들과 혼인하고 있었다. 그 중에서도 세 성씨들 상호간에 빈번하게 혼인하여 특별한 연대를 형성하고 있다.

원구마을 세 성씨들 간의 혼인연대는 영양남씨를 중심으로 형성되고 있다. 영양남씨와 무안박씨, 영양남씨와 대흥백씨 사이에 혼인이 빈번하게 교환되고 있는 것이다. 무안박씨와 대흥백씨 사이에는 상대적으로 혼인빈도가 낮지만 영양남씨를 통해서 간접적으로 연결된다. 직접 혼인을 교환한 사례가 많지 않더라도 두 가문은 처가의 외가 또는 외가의 외가로 연결되는 것이다.

무안박씨와 대흥백씨가 영양남씨와 빈번하게 혼인하게 된 데에는 두 집안이 영양남씨와의 혼인을 통해서 원구마을에 입촌하게 되는 입촌과정과 밀접한 관련이 있는 것으로 보인다. 영양남씨로서 처음 원구마을에 입촌한 남한립이 무안박씨와 혼인하고 뒤이어 처남인 박양기와 박영기 형제가 원구마을로 이거한 과정이나, 대흥백씨로서 원구마을에 처음 입촌한 백인국이 영양남씨와 혼인하고 그의 딸과 손자가 영양남씨와 혼인한 정황들이 이를 뒷받침한다. 입촌초기의 이러한 혼인유대가 후대에까지 이어져서 영양남씨 집안을 '선호하는 혼인 대상' 즉 길반(吉班)으로 인식하게 된 것이다.

혼인을 통한 세 성씨간의 이러한 연대는 원구마을에 입촌하는 초기부터 17세기 중엽까지 특히 두드러지게 나타나지만 자손들이 늘어나고 주거지가 확산되는 17세기 중엽 이후에도, 빈도가 다소 떨어지기는 하지만, 지속되고 있음이 족보에 드러나고 있다.

이 자리에서는 영양남씨를 중심으로 형성된 영양남씨와 무안박씨, 영양남씨와 대흥백씨의 혼인관계를 각 문중의 족보 기록을 바탕으로 자세히 살펴보고 무안박씨와 대흥백씨의 간접적인 혼인관계(연비친척관계)도 함께 검토하기로 한다.

1. 무안박씨와 영양남씨의 혼인관계

무안박씨 영해 입향조인 박지몽(朴之蒙: 1445~?)은 영양남씨 입향조인 남수(南須)의 증손녀를 둘째 며느리(차남 양기의 처)로 맞아들이고, 딸을 남수의 증손자 한립(漢粒)에게 출가시킴으로써 영양남씨 가문과 혼인을 통해서 긴밀한 관계를 형성한다. 양기의 처와 남한립은 6촌 남매간으로 매우 가까운 혈족인데 혼인 후 친남매의 배우자(처남댁과 시누부 사이)가 됨으로써 더욱 밀접한 관계를 형성한다. 박양기(朴良基)는 무안박씨로서 원구마을에 처음 입촌한 자이고 남한립 또한 아버지를 모시고 원구마을에 처음 입촌한 것으로 보아 이들 두 집안의 원구마을 입촌 과정에 이들의 혼인이 직간접으로 관련되어 있는 것으로 보인다.

박지몽의 삼남 영기(1483~?)도 며느리(삼남 세렴의 처)와 손부(사남 세순의 아들 진장의 처)를 영양남씨 집안에서 맞아들였다. 세렴(1535~1593)의 처는 백모(양기의 처)의 친정 조카(시준)의 딸이며, 진장의 처는 백모(세렴의 처)의 친정질녀이다. 대고모(왕고모·고모할머니) 혹은 고모가 혼인 후 시백모가 된 것이다.

이처럼 원구마을에 정착한 무안박씨는 3대에 걸쳐서 영양남씨 집안과 네 차례나 혼인을 거듭하고 있는데 이들의 혈연의 거리도 각 집안에서 6촌 이내의 가까운 사이들이다. 가까운 혈족이 혼인 후에도 가까운 인척이 됨으로써 양가의 관계는 매우 밀접하게 연결되고 있는 것이다. 영기의 손자대 이후에는 영양남씨와의 혼인이 다소 뜸하지만 현손과 5대손

중에서 영양남씨가로 출가한 사례가 두 사례(증손 璿의 사위, 현손 文約
의 사위) 더 나타나고 있다.

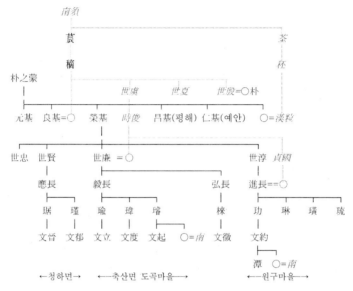

〈그림 3-4〉 무안박씨와 영양남씨 가문의 혼인①

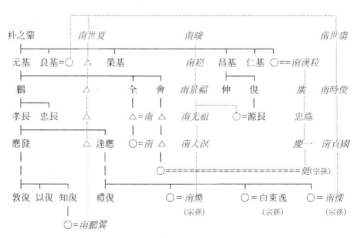

〈그림 3-5〉 무안박씨와 영양남씨 가문의 혼인②

박지몽의 장남 원기(元基)와 사남 창기(昌基)의 후손들 중에서도 영양 남씨와 혼인한 사례가 여러 건 나타난다(그림 3-5). 원기의 차남 전(全: 1514~1558)은 며느리를 영양남씨 집안에서 맞아들이고 손녀를 영양남씨 집안으로 출가시켰다. 삼남 회(會)의 증손녀도 영양남씨 남정(南侹: 1597~1676)과 혼인하였다. 남정은 남한립의 현손으로 원구마을 영양남 씨의 종손이다(생부는 난고 남경훈인데 당숙 남경일의 자로 입양). 특히 원기의 증손 달응(達應)은 세 딸 중 두 명을 영양남씨 집안으로, 한 명은 대흥백씨 집안으로 출가시켰는데 모두 해당 집안의 종부가 되었다. 남환 (南煥: 1605~?)은 원구마을에 6대를 거주하다 타지로 이거한 남준(南晙) 의 5대종손이고, 남율(南慄: 1571~1640)은 영양남씨 영해 입향조인 남수 의 대종손이며, 백동일(白東逸: 1600~?)은 영해 대흥백씨의 대종손이다. 가계계승을 중시하는 조선 중기에 여식을 종부로 출가시킨다는 것은 여 느 혼인보다 특별히 중요한 의미를 지니는 것이다. 원기의 현손 지복(知 復)도 호지말 영양남씨의 중심인물인 남붕익(南鵬翼: 1641~1687)을 사위 로 삼았다. 박지몽의 사남 창기의 손자 원장(源長: 1554~1645)도 원구마 을 영양남씨 남경복(南景福, 남준의 손자)의 사위가 되었다.

이후 무안박씨와 영양남씨 사이의 혼인은 빈도가 다소 떨어지고 있 다. 양가 사이의 혼인이 다소 줄어드는 것은 원구마을의 무안박씨 가문 과 나라골(인량)의 재령이씨 가문 사이에 혼인이 빈번하게 이루어짐으로 써 영양남씨와의 통혼이 다소 줄어들지 않았을까 짐작된다. 그러나 비록 혼인빈도가 다소 줄어들기는 하였지만 윗대에서 빈번하게 이루어진 거 듭된 혼인은 오래도록 양가의 관계를 긴밀하게 유지시키는 중요한 바탕 이 되었을 것으로 보이며, 후대에도 무안박씨와 영양남씨의 혼인은 빈번 하게 이루어지고 있다.

2. 대흥백씨와 영양남씨의 혼인관계

대흥백씨와 영양남씨의 혼인관계를 보면 영해입향조인 백문보의 손자 백승(白昇)이 영양남씨 영해입향조인 남수를 사위로 맞아들여 영양남씨와 혼인관계를 형성한다. 영양남씨의 입장에서 보면 입향조가 대흥백씨와 혼인하고 울진에서 영해지방으로 이주하게 됨으로써 대흥백씨는 특별한 인연을 가진 가문으로 인식되었을 것이다. 백승이 영양남씨를 사위로 맞아들인 이후 4대 동안 대흥백씨와 영양남씨 사이에는 혼인이 없었으나 백승의 현손 대에 와서 사촌간인 호(琥), 침(琛), 당(瑭)이 다시 원구마을 영양남씨와 혼인으로 깊은 인연을 맺게 된다.

백승의 현손 호는 두 딸을 영양남씨에게 출가시키고, 침은 남준의 딸을 며느리로 맞아들이며, 당은 남준의 외손녀를 며느리로 맞아들인다.

백호의 사위 남경복은 원구마을에 정착한 남준의 장손자이며, 남광은 현존 영양남씨의 원구마을 입촌조인 남비의 장손자이다. 침의 며느리는 남경복의 고모인데 고모가 혼인 후 6촌 처남의 아내가 된 것이다. 이때부터 대흥백씨와 영양남씨는 빈번하게 혼인을 교환한다. 특히 남준의 현손인 남대명(南大溟: 1578~1638)은 딸과 손녀를 대흥백씨 집안으로 출가시켰는데 딸은 백원발의 장남 필흥(必興: 1627~1687)의 처가 되고, 손녀는 백원발의 삼남 진흥(震興: 1632~1701)의 처가 되어 고모와 질녀 사이인 이들은 혼인 후 동서가 된다. 겹사돈혼인의 대표적인 사례라 할 수 있다. 백진흥은 남씨부인이 사망 한 후 다시 영양남씨(호지말에 입촌한 南斗建의 딸)를 후취로 맞아들인다. 백필흥의 장남 현(晛: 1650~1728)도 영양남씨(南國煥)를 사위로 맞았고, 백세흥의 삼남 흔(昕: 1661~1741)도 영양남씨와 혼인하였다. 이러한 연비친척(聯臂親戚) 간의 혼인은 원구마을 입촌조인 백인국(白仁國: 1530~1613)의 딸과 손자에서도 발견된다. 백인국의 딸은 남광의 장손자 남경일(南慶一: 1570~1648)에게 출가하여

원구마을 영양남씨의 종부가 되고, 손자 원발(源發: 1597~1671)은 남경
일의 사촌동생인 난고 남경훈(蘭皐 南慶薰: 1572~1612)의 딸과 혼인한
다. 친정 조카가 혼인 후 종질서(5촌조카사위)가 되는 것이다.

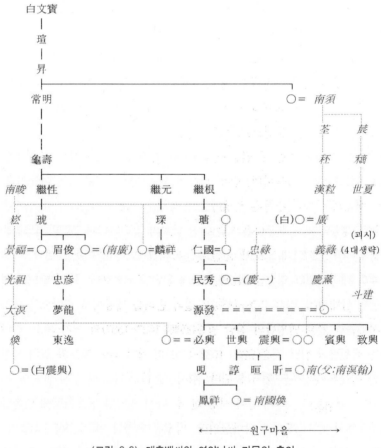

〈그림 3-6〉 대흥백씨와 영양남씨 가문의 혼인

입촌조 백인국의 장손인 백원발이 당대에 지역사회에서 학덕과 충절
로 명망이 높던 난고에게서 학문을 배우고 그의 사위가 됨으로써 원구마

을 대홍백씨와 영양남씨는 특별한 연고가 구축된다. 백원발과 영양남씨 사이에서 태어난 난고의 외손자 5형제(必興, 世興, 震興, 賓興, 致興)는 세칭 5흥가(五興家)라 부를 만큼 지역사회에서 모두 출중한 인물로 부각된 인재들이다. 영양남씨들은 이들이 남씨의 외손임을 큰 자랑으로 여겨 양가문의 관계를 더욱 확고하게 하였다. 원구마을의 대홍백씨와 영양남씨 사이의 이러한 혼인관계는 이후에도 지속되어서 두 가문 사이의 혼인은 최근까지도 빈번하게 이루어지고 있다.

원구마을 대홍백씨의 입촌과정에서도 영양남씨 집안과 혼인으로 긴밀하게 연결되고 있음을 알 수 있다. 1566년에 원구마을에 입촌하였다고 하는 백인국(1530~1613)은 이미 원구마을에 터를 잡고 있던 남준의 외손녀와 혼인하였는데 그의 연령과 입촌시기를 견주어 보면 혼인 후 처외가로 입촌하였을 가능성이 높다. 입촌 후에는 남준과 계보를 달리하는 영양남씨 집안(남수의 자손)의 종손인 남경일을 사위로 삼고, 남경일의 사촌인 남경훈의 딸을 손자며느리로 맞아들인다. 입촌 초기에 이렇게 혼인이 중첩된 데에다 남경훈의 외손자 5형제가 지역사회에 문명을 떨치게 됨으로써 대홍백씨와 영양남씨는 서로를 선호하는 혼반 즉 길반으로 의식하게 된 것으로 보인다. 서로를 길반으로 생각하는 이러한 의식은 현재에도 이 마을에 거주하는 두 가문의 성원들에게 강하게 남아 있다.

3. 무안박씨와 대흥백씨의 간접적 혼인관계

앞에서 살펴 본 바와 같이 원구마을 세 성씨들 사이의 혼인은 영양남씨를 중심으로 해서 무안박씨와 영양남씨, 대흥백씨와 영양남씨 사이에 혼인이 빈번하게 이루어졌다. 무안박씨와 대흥백씨 사이에는 상대적으로 혼인의 빈도가 떨어진다. 이 사실만으로 보면 양가 사이가 다소 소원한 것으로 보일 수도 있다. 그러나 박씨와 백씨 집안이 직접적으로 혼인이 빈번하게 교환된 것은 아니라 하더라도 영양남씨를 매개로 해서 외가의 외가, 처가의 외가, 또는 시가의 외가로 긴밀하게 연결되고 있다. 원구마을에 처음 정착한 남준과 남비의 종가 혼인관계에서 이러한 모습이 두드러지게 나타나고 있다.

〈그림 3-7〉의 朴a는 박지몽의 사남 창기의 손자 박원장으로 남준의 손녀와 혼인하였는데 맞처남댁이 대흥백씨이고 처고모부 또한 대흥백씨이다. 처가의 가까운 인척으로 대흥백씨와 연결되고 있다.

朴b는 남준의 종손 남환과 혼인하였는데 시매부와 사위가 대흥백씨이다. 딸을 백씨집안으로 출가시킴으로써 박씨부인은 대흥백씨와 안팎 사돈간이 되는 것이다.

朴c는 남비의 아들 남한립의 부인인데 며느리를 대흥백씨 집안에서 맞아들임으로써 무안박씨 부인와 대흥백씨 부인이 고부간이 되며 안팎 사돈으로 양가가 연결된다.

朴d는 남비의 종손인 남정(南侹)의 아내인데 시어머니가 대흥백씨이고 6촌시매부가 대흥백씨이다. 남정이 당숙 앞으로 입양되었기 때문에 생가로 따지면 친시매부가 되는 것이다.

이와 같이 무안박씨와 대흥백씨는 직접 혼인한 사례가 많지는 않지만 영양남씨를 통해서 연비친척(聯臂親戚)으로 연결된다. 한 세대 아래의 자녀들 입장에서는 외가의 인척들이 되는 것이다. 영양남씨를 통해서 무안박씨와 대흥백씨가 연비관계로 연결되는 사례는 남준과 남비의 종가뿐만 아니라 방계자손들 중에서도 여러 건이 발견된다. 관찰의 범위를 형제자매 관계에 한정하지 않고 더욱 확대한다면 더 많은 사례들이 관찰될 것이다.

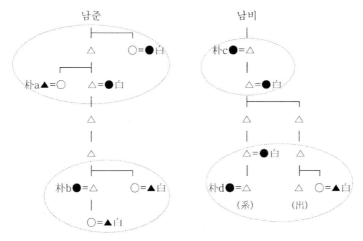

〈그림 3-7〉 무안박씨와 대흥백씨의 간접 혼인관계

Ⅳ. 동제와 줄다리기에서 나타나는 종족간의 경쟁과 협동

사회적 위세가 비슷한 두 세 종족이 한 마을에 집단을 이루어 거주하게 되면 배타적 족결합의식으로 인해 서로 경쟁하게 되고 나아가서는 대립과 갈등이 유발되기 쉽다. 그러나 원구마을의 세 종족집단은 조상의 위세를 바탕으로 신분적 정체성을 확고히 하고 있으면서도 갈등이나 마찰 없이 서로 긴밀하게 협동하는 모습을 보여주고 있다.

원구마을의 주민들은 타 문중에 대해 언급할 때는 매우 조심스럽고 신중한 태도를 견지한다. 과도한 경쟁의식이나 신분적 우월감이 표출되지 않도록 매우 자제하는 모습이 역력하다. 거슬러 올라가면 중요한 조상들이 혼인으로 맺어져 서로가 내외손의 관계에 있기 때문에 상대방에

대한 비하나 폄하는 곧 자신을 격하시키는 결과를 가져오게 되는 것이
다. 주민들은 이를 두고 '누워서 침 뱉기'라 표현하고 있다. 생활 과정에
서 개별적인 갈등이나 마찰이 전혀 없는 것은 아니지만 이러한 갈등이
집단적인 갈등으로 비화되지 않고 쉽게 조정될 수 있는 것은 누적된 혼
인으로 형성된 긴밀한 유대가 크게 작용하고 있는 것으로 보인다.

　원구마을 세 성씨의 유대관계는 마을 공동제의인 동제의 운행방식에
서 찾아볼 수 있다. 원구마을에서는 음력 정월 열 나흗날 자정(보름날
첫새벽)에 동제를 지내는데 세 명의 제관(祭官)과 한 명의 도가(都家)가
제물 준비와 제의 봉행 등 구체적인 업무를 전담한다. 제수 준비와 제관
접대 등 동제의 제반 실무를 담당하는 도가는 전통적으로 타성 중에서
선임하였지만(해방 이후에는 타성이 참여를 거부하여 세 성씨 중에서 선
임한다), 제관은 세 성씨에서 한 사람씩 선출되며 세 성씨 이외의 타성은
절대 제관이 될 수 없다. 정월 초하루나 초이튿날 각 종족집단에서 미리
제관을 선정해 두었다가 초사흗날 동민 모두가 모여서 회식하는 자리(이
날을 청단일〈淸壇日〉이라 한다)에서 세 종족집단의 대표들이 확정한
다.[7]

　대개의 동제는 전체 주민의 안녕과 풍농을 기원하는 마을공동체의 제
의로 행해진다. 그러므로 마을 주민이면 누구나 제관이 될 수 있는 자격
이 있다. 그러나 원구마을에서는 세 성씨를 중심으로 동제를 거행한다.
제의를 준비하는 도가(都家)에 타성이 참여한다거나 동제를 지낸 후 음
복을 할 때는 타성을 포함해서 모든 마을 주민들이 참여하는 것으로 봐
서 동제가 마을공동체의 제의임에 틀림이 없으나 동제를 주관하는 제관
은 세 성씨만이 담당하고 있다. 이런 점에서 세 성씨는 동제를 주관하는
제의공동체를 형성하고 있다고 할 수 있다. 동제운행에서 나타나는 이러

---

7) 원구마을의 동제 운행에 대해서는 이 책 제4장에서 보다 자세하게 살펴본다.

한 모습들은 세 성씨가 긴밀하게 협동하는 모습을 보여주는 사례이면서 동시에 세 성씨가 오랜 세월 갈등 없이 공존할 수 있게 만든 중요한 요인이 되기도 한다.

또 원구마을에서는 정월 대보름날 줄다리기를 행했다. 원구마을에서 줄다리기를 하는 날에는 인근 마을에서도 많은 사람들이 구경하러 몰려올 정도로 영해지방에서는 널리 알려진 민속놀이였다. 줄다리기는 두 편으로 나누어서 서로 힘을 겨루는 경기이기 때문에 대부분의 줄다리기는 마을을 지역에 따라 아랫마을과 윗마을, 동편과 서편, 양지마을과 음지마을 등으로 나누어서 경기를 진행한다. 그런데 원구마을에서는 세 성씨가 각각 한 팀을 이루어서 줄을 준비하고 경기에 임한다. 세 성씨 이외의 타성들은 각자 연고를 가진 종족집단의 성원이 되어 줄준비와 줄다리기에 참여한다. 설을 쇠고 나면 세 성씨가 각각 짚을 거두어서 줄을 준비한다. 보름날이 되면 각 성씨별로 준비한 줄을 들고 강변에 나와서 서로 줄을 걸기 위해 치열하게 경쟁한다. 두 팀만 할 수 있는 줄다리기에 줄을 걸지 못하면 그 팀은 탈락해야 하기 때문이다. 그러다가 어느 두 팀이 줄걸기에 성공하면 한 팀은 윗마을, 다른 팀은 아랫마을이 되어 지역 대결의 줄다리기가 진행된다. 탈락한 나머지 한 팀의 성원들은 거주지역에 따라 윗마을과 아랫마을로 나누어서 어느 한 편에 가담하여 줄을 당긴다. 이때부터는 종족집단의 성원이라는 혈연적 소속감을 버리고 마을 주민의 자격으로 줄다리기에 임한다. 마을의 안녕과 풍농을 기원하는 염원이 담긴 놀이이기 때문에 모두 열심히 참여한다. 근력만 있으면 노인들도 모두 줄다리기에 적극 참여한다. 일종의 의무감, 사명감을 가지고 참여하는 것이다.

이러한 원구마을의 줄다리기 의례는 혈연집단인 종족을 중심으로 줄을 준비하고, 줄걸기에서도 종족별로 치열하게 경쟁하지만 일단 줄을 걸고 나면 혈연성을 넘어서서 지역에 바탕을 둔 마을공동체의 축제가 된다. 혈연의식에 바탕을 둔 종족간의 경쟁으로 출발해서(줄준비와 줄걸기), 윗마을과 아랫마을의 지역대결(줄다리기)을 거쳐 주민 모두가 하나되는 마을공동체의 축제(뒤풀이)로 승화시키는 절묘한 메카니즘을 연출한다. 종족집단의 경쟁이 대립과 갈등을 불러오는 것이 아니라 줄다리기를 통해서 전체 마을을 하나로 통합하는데 크게 기여하고 있는 것이다.

V. 맺는 말

한국의 종족집단은 혈연적 배타성과 신분적 우월감을 바탕으로 하는 특유의 족결합의식을 형성한다. 이러한 배타적 족결합의식은 조상의 위세가 강할수록 더욱 강화되며, 주변에 위세가 비슷한 종족집단이 자리잡고 있을 때는 치열한 경쟁의식과 대립감정으로 표출된다. 이러한 경쟁과 대립의식은 한 마을에서 위세가 비슷한 종족집단이 장기간 거주하기 어렵게 만드는 요인이 된다. 우리나라 대부분의 종족마을이 한 성씨가 오랜 세월 세거하는 일성종족마을을 이루고 있는 이유가 여기에 있다. 드물게 두 종족이나 세 종족이 함께 세거하는 경우가 있긴 하지만 그런 경우에는 대개 심각한 갈등을 야기하게 된다.

그런데 경북 영덕군 영해면 원구마을에는 세 성씨가 약 500년 동안 마찰 없이 나란히 세거하고 있다. 우리나라 종족마을의 일반적 경향에 비춰보면 매우 이례적인 사례에 속한다. 조상의 사회적 위세가 약한 것도 아니고 성원들의 종족의식이 약한 것도 아니다. 지역사회에서 대표적인 가문으로 평가될 만큼 집단 정체성이 뚜렷한 종족이다. 성원의 수도 비슷하고, 경제적인 수준도 비슷하여 경쟁과 대립, 갈등과 마찰을 일으키기 쉬운 여건을 갖추고 있다고 할 수 있다.

그럼에도 불구하고 서로 협동하여 마을의 통합을 이루어가고 있는 요인은 어디에 있는 것일까.

저자는 이 세 종족이 배타적 족결합을 넘어서서 오랜 세월 공존할 수 있었던 요인을 찾아보기 위하여 이들의 혼인관계를 추적해 보았다.

그 결과 앞에서 살펴본 바와 같이 원구마을에 세거하고 있는 세 성씨들은 혼인을 통해서 긴밀하게 결합하고 있었다. 혼인의 빈도가 높을 뿐만 아니라 각 종족의 중심적인 인물들이 혼인으로 연결되어 개인과 개인의 결합 혹은 가족과 가족의 결합을 넘어서서 보다 넓은 범위에 걸친 가문과 가문의 결합으로 확대시켰으며, 가까운 인척이 혼인을 통해 다시 결합하는 연비혼인, 더 나아가서는 겹사돈혼인을 이루어 결합의 강도를 더욱 견고하게 다지고 있었다.

원구마을 세 성씨의 혼인을 통한 연대는 영양남씨를 중심으로 하고 있다. 영양남씨와 무안박씨, 영양남씨와 대흥백씨 사이에 혼인이 빈번하게 이루어지면서 세 성씨가 강한 연대를 형성하고 있었다. 무안박씨와 대흥백씨 사이에는 상대적으로 혼인빈도가 낮지만 영양남씨를 매개로 해서 처가의 외가, 외가의 외가, 또는 시가의 외가로 긴밀하게 연결된다.

이러한 혼인연대가 바탕이 되어 세 성씨가 공동으로 동제의 주체가 될 수 있었고, 종족간의 경쟁으로 출발한 줄다리기를 모든 주민들을 하나로 통합시키는 마을공동체의 축제로 승화시킬 수 있었던 것으로 보인다.

이광규(1989)는 한국의 전통문화와 사회체계를 이해하기 위한 설명틀로서 문중으로 대표되는 부계혈연적 종족 체계와 계로 대표되는 마을 단위의 공동체 체계를 제시한 바가 있으며, 김창민(2006)은 마을의 구성원리로서 혈연성과 지연성을 들고 있다. 이 두 체계는 상호 밀접히 연관되어 있지만 속성이 서로 다르기 때문에 항상 충돌의 가능성을 안고 있다. 마을 공동체 내의 종족 갈등은 바로 종족 체계(혈연성)와 공동체 체계(지연성)의 충돌로 볼 수 있는 것이다. 혼인은 이러한 두 체계를 조화롭게 연결시켜서 갈등을 완화하고 충돌을 예방함으로써 공동체적 결속을 다지는 중요한 기능을 수행한다고 볼 수 있다.

원구마을 세 종족집단이 보여주는 이러한 혼인연대와 마을통합의 사례는 한국의 종족집단과 종족마을을 새롭게 조명하는 계기가 될 수 있을 것으로 믿는다.

참고문헌

강신표·주남철·여중철·장철수, 1979, 『양동마을 조사보고서』, 경상북도.

권순일, 1992, 『무안박씨영해파연구』.

김창민, 2006, 마을조직과 친족조직에 나타난 혈연성과 지연성, 『민족문화논총』 33, 영남대민족문화연구소.

남 훈, 2004, 『영해유록』, 향토사연구회.

박정석, 2005, 마을내 동족집단간 혼인과 계(契)조직 ─화순군 쌍봉리의 사례─, 『지방사와 지방문화』 8권1호, 역사문화학회.

백상태, 2014, 『담암 백문보 평전: 단군기원을 말하다』, 주류성.

영덕군, 1992, 『영덕군 향토사』.

_____, 2002, 『영덕군지(하)』.

여영부, 1970, 한국 동족집단 갈등에 관한 사회학적 연구, 고려대석사학위논문.

이광규, 1989, 한국문화의 종족체계와 공동체체계, 『두산 김택규박사 화갑기념 문화인류학논총』, 간행위원회.

이동환, 2001, 하나의 갈암론 ─갈암집해제─, 『17세기 한 영남 도학자의 생애 ─ 갈암 이현일의 연보 외─』, 嶠文會.

이수건, 1979, 『영남사림파의 형성』, 영남대출판부.

_____, 2001, 밀암 이재 가문과 영남학파, 『밀암 이재 연구』, 영남대출판부.

이수환, 2003, 조선후기 영해지역 재지사족의 향촌지배, 『울릉도·독도 동해안 주민의 생활구조와 그 변천·발전』, 영남대출판부.

이창기, 1990, 양동의 사회생활, 『양좌동연구』, 영남대출판부.

_____, 1991, 한국 동족집단의 구성원리, 『농촌사회』 창간호, 한국농촌사회학회.

이창언, 2006, 동해안지역 반촌 동제의 지속과 변화에 관한 연구, 『비교민속학』 31, 비교민속학회.

조강희, 1996, 영남지방 양반가문의 혼인에 관한 연구, 영남대박사학위논문.

최재석, 1966, 동족집단의 조직과 기능, 『민족문화연구』 2, 고려대민족문화연구소.

_____, 1975, 『한국농촌사회연구』, 일지사.

한국정신문화연구원, 1999, 『한국인물대사전』.

朝鮮總督府(1935), 『朝鮮の 聚落(後篇)』.

務安朴氏寧海派世譜(2007)

南氏大同譜(1993)

白氏大同譜(1982)

제4장

종족구성과 마을조직
-호지말·원구·웃나라골-

I. 서 론

마을의 사회조직은 주민들이 일상생활에서 교환하는 사회관계가 누적되어 형성되는 관계망의 구체적 표현이다. 그러므로 마을조직의 구성양상은 주민들의 사회관계가 어떤 요인들에 의해서 영향을 받고 있는가에 따라서 그 성격을 달리하게 된다.

농촌사람들이 사회관계를 형성하는데 영향을 미치는 요소는 매우 다양하다. 최재율은 농촌사람들의 사회관계에 중요한 영향을 미치는 요소로서 지연적 요인, 혈연적 요인, 신분적 요인, 경제적 요인 등 네 가지를 들고 있다(최재율 1986: 29~31). 이러한 네 가지 요소는 농촌주민들의 사회관계에 보편적으로 영향을 미치는 요소로 볼 수 있지만 모든 마을에 똑 같이 작용하는 것이 아니라 마을에 따라서 영향을 미치는 정도가 각기 다르거나, 그 중에 어떤 요소는 주민들의 개별적인 사회관계에는 다소 영향을 미치더라도 마을조직의 형성에까지는 영향이 미치지 못하는 것도 있을 것이다.

촌락의 사회구조를 구체적으로 분석하는 여러 학자들은 마을을 구성하는 중요한 체계를 서로 대응되는 두 가지 체계의 상호작용으로 설명하는 경향이 있다. 한국문화의 중요한 특성을 음양(陰陽), 군신(君臣), 부자(父子), 남녀(男女), 예악(禮樂), 정형(政刑) 등과 같이 이원적 구조로 파악하는 강신표의 대대적 문화문법론(對待的 文化文法論)은 한국문화 일반에 대한 이론화의 시도라 할 수 있지만(강신표 1981) 이러한 이원적 설명틀은 마을의 구성체계를 설명하는 데서도 흔히 찾아볼 수 있다.

브란트(Vincent Brandt)는 충남 서해안 지역의 한 마을을 분석하면서 공식적이고 관념적이며 권위적인 '유교윤리'와 비공식적이고 실제적이며 평등적인 '공동체윤리'가 상호작용하면서 마을의 사회체계를 구성한다고 설명하였다(브란트 1975: 39~43).

전남 진도를 조사한 이토오(伊藤亞人)는 마을을 구성하는 주민들의 사회관계을 친족관계에 바탕을 둔 '가까운 사이'와 契나 이웃관계에 바탕을 둔 '친한 사이'로 유형화하고 있다(伊藤亞人 1982).

이광규는 이러한 이원적 설명틀을 종합해서 가족, 당내, 문중을 관통하는 '종족체계'와 계, 두레, 품앗이, 길흉사의 협동을 주요 내용으로 하는 '공동체체계'로 정리하고 성립 기반과 속성이 상이한 두 체계를 비교하고 있다(이광규 1989).

김창민은 이광규의 관점을 더욱 발전시켜서 마을의 중요한 두 가지 구성원리인 혈연성과 지연성을 단절적이고 대립적인 것으로 보지 않고 양자가 서로 밀접하게 연관되어 상호보완적인 체계가 되고 있음을 밝혔다. 즉 지연적인 마을조직 속에 혈연성이 중요한 요소로 작용하고 있으며, 혈연을 바탕으로 한 친족조직에도 지연적인 요소가 중요한 요소로 작용하고 있다는 것이다(김창민 2006).

이상의 논의들은 약간의 관점의 차이가 있기는 하지만 마을을 구성하는 중요한 체계로서 종족체계(혈연성)와 공동체체계(지연성)에 초점을 맞추고 있다는 공통점을 찾을 수 있다. 이러한 관점은 한국 농촌의 마을 구조를 이해하는데 매우 유용한 도구로서 가치를 지닌다.

그러나 관찰의 대상이 종족마을이나 반촌으로 구체화될 때는 종족집단의 구성원리에 대해서 좀 더 논의해 볼 필요가 있다. 그 중에서도 특히 종족성원들을 결속시키고 종족성원들의 사회관계에 중요한 영향을 미치는 종족의식에 대한 이해가 필요하다.

종족의식은 일정한 범위의 부계친족 성원들이 그 집단에 소속감을 느끼고 그 집단을 자기 자신과 동일시함으로써 성원 상호간에 형성되는 공동체적 일체감이라 할 수 있다. 종족의식은 부계의 가계계승의식이 기반을 이루고 있으며, 가계계승의식의 과거지향적 표현인 조상숭배의식(崇祖意識)과 동일한 조상으로부터 유래된 자손들 사이의 동류의식(同祖意識)을 중요한 내용으로 한다. 그러므로 조상이 다르거나 혈통을 달리하는 자는 절대 종족성원으로 인정하지 아니하는 혈연적 배타성을 중요한 특성으로 한다.

가계의 계승은 단순히 혈통의 계승만을 의미하는 것은 아니다. 조상의 사회적 지위와 조상이 물려 준 문화적 가치를 계승하고 발전시켜야 하는 보다 적극적인 의미를 내포하고 있다. 그런 점에서 종족집단은 조상의 사회적 지위와 신분 및 문화를 계승한 집단이라 할 수 있다. 조상이 물려준 신분적 지위와 문화적 품격을 자기 자신과 동일시함으로써 타인이나 타 집단보다 우월하다고 하는 신분적 자기 정체감을 확립해 간다.

종족의식은 이렇게 혈연적 배타성과 신분적 우월감을 핵심적 내용으로 하고 있으며 현실적으로는 배타적 족결합의식으로 표출된다(이창기 1991).

배타적 족결합의식으로 표출되는 한국인의 종족의식은 안으로 종족집단을 강하게 결속시키는 정신적 바탕이 되지만 밖으로는 타 종족과 경쟁하고 타성을 배척하는 심리적 기제로 작용하고 주위에 위세가 비슷한 종족이 있을 때에는 강한 경쟁과 대립의식으로 표출하여 심각한 갈등을 유발하기도 한다(여영부 1970).

종족집단 간의 대립과 갈등은 한 마을에 신분적 지위가 비슷한 여러 성씨들이 장기간 공존하기 어렵게 만든다. 두 성씨나 세 성씨가 한마을에 함께 거주하는 경우가 있다하더라도 시간이 지나면 세력이 강한 어느 한 성씨가 마을을 석권하게 되고, 세력이 약한 성씨들은 점차 마을에서 밀려나게 마련이다. 그래서 대부분의 종족마을은 한 성씨가 지배적인 지위를 점하는 집성촌을 이루게 된다. 두 성씨나 세 성씨가 한 마을에 장기간 세거하는 경우가 있기는 하지만 이 경우에는 대개 서로 첨예하게 대립하거나 심각한 갈등을 경험하게 된다.

배타적 족결합의식은 마을생활에도 영향을 미쳐서 주민들의 협동친화관계의 범주를 한정하거나 마을조직의 형태에 제약을 가할 수 있다. 농촌 주민들의 사회관계는 기본적으로 지역적 근린성(지연성)에 바탕을 두고 형성되지만 종족의식이나 신분의식이 강할 경우에는 혈연관계가 없거나 신분적 배경에 차이가 있는 자들과는 사회관계를 기피함으로써 혈연과 신분이 사회관계 형성의 기반이 되는 지연성을 크게 제약할 수 있는 것이다. 혈연적 요소와 신분적 요소가 마을 주민들의 사회관계에 미치는 영향은 종족구성과 그 종족의 신분적 배경에 따라서 다른 모습으로 표출될 수 있을 것이다.

이런 점에서 종족마을이나 반촌 주민들의 사회관계에는 혈연적 배타성과 신분적 우월감, 그리고 지역적 근린성이 중요한 영향을 미치는 요소로 간주될 수 있으며, 이러한 요소들이 주민들의 일상생활에도 영향을 미쳐서 협동친화의 범위를 구획하고 마을조직의 구성 양태를 변화시킨다. 신분적 요소는 혈연적 요소와 밀접히 관련되어 있지만 속성이 다르고 작용기제가 다르기 때문에 분리해서 인식할 필요가 있다. 혈연적 요소가 강하게 작용하면서도 신분의식이 별로 나타나지 않는 경우가 있을 수 있으며, 반대로 혈연적 배타성은 강하지 않으면서도 신분차별의식은 강하게 작용하는 경우도 있을 수 있기 때문이다.

이 장에서는 마을 사람들의 사회관계와 마을조직이 혈연적 배타성과 신분적 우월감, 그리고 지역적 근린성에 크게 영향을 받고 있으며, 이러한 요인들이 영향을 미치는 정도는 마을 내의 종족구성과 그들의 신분적 배경에 따라 다를 것으로 보고 종족구성이 각기 다른 영해지역의 세 반촌을 비교해서 마을의 동제조직과 장례조직, 노인들의 교유관계에 어떠한 차이가 있는지 밝혀보고자 한다.

이 연구의 대상이 된 마을은 경북 영덕군 영해면 괴시1리(호지말), 영해면 원구1리(원구마을), 창수면 인량2리(웃나라골)의 세 마을이다. 이 마을들은 영해지방에서 가장 잘 알려진 대표적인 반촌으로서 마을을 주도하는 양반종족의 구성이 각기 다르게 나타나고 있다.[1]

호지말은 영양남씨가 세거하는 일성종족마을이다. 고려 말에 함창김씨가 입주하고 16세기에 수안김씨와 영해신씨가 입주하였다고 전해지고 있으나 그 후손들은 오래 전에 마을을 떠났고, 지금은 1630년경에 입주한 영양남씨가 집성촌을 이루고 있다. 영해면 소재지에 인접하여 타성이 다수 거주하고 있으나 마을생활에는 큰 영향을 미치지 못한다.

원구마을은 16세기 이후 영양남씨·무안박씨·대흥백씨가 차례로 입촌하여 수백 년 동안 나란히 세거하는 삼성종족마을이다. 세 종족은 조상의 사회적 위세도 비슷하고 거주하는 종족성원의 수도 비슷하여 상호 경쟁하는 관계에 있지만 혼인을 통한 연대가 대립과 갈등의 소지를 완화시켜 협동과 균형을 증진시킨 것으로 보인다.

웃나라골은 명망있는 여러 성씨가 함께 거주하여 다성마을을 이루고 있다. 이 마을은 열 두 종족의 입향지이며 여덟 종족의 종가가 터를 잡은 것으로 유명한 마을이다. 지금도 여러 종족의 종택이 마을에 보존되고 있으며 그 후손들이 다수 마을에 거주하고 주민들의 성씨 분포도 매우 다양하게 나타나고 있다.

이처럼 세 마을은 종족구성에서 서로 다른 특성(일성마을, 삼성마을, 다성마을)을 지니고 있으며, 주민들의 사회관계와 마을조직의 결합양상도 세 마을이 각기 특징 있는 모습을 보여주고 있다.

---

1) 세 마을의 특성에 대해서는 이 책 제1장과 제2장 참조.

Ⅱ. 동제조직

한국의 농촌사회에서 마을의 공동제의로 행해지던 동제는 근대화 과정에서 많이 사라지기는 하였지만 동해안 지역에서는 아직도 거의 모든 마을에서 행해지고 있다. 동제는 지역에 따른 편차가 매우 커서 당(堂)의 형태, 당신(堂神)의 성격, 제의(祭儀)의 양식 등이 지역에 따라 매우 다양하게 나타나지만 이 자리에서는 마을 안에 동제조직이 어떻게 구성되고 있는가 하는 점에 초점을 맞추어 살펴보고자 한다.

1. 호지말

영양남씨 집성촌인 호지말의 동제[2]는 '작은 동신제'와 '큰 동신제'로 이원화되어 있다. 작은 동신제는 마을 남쪽의 끝자락(마을이 서향하고 있어서 마을 좌측의 가장자리 부분에 해당한다)에 위치한 당신목에서 음력 정월 14일 밤 자정 무렵(정확하게는 15일 첫새벽이다)에 지낸다. 이 자리는 사진리로 통하는 계곡인 스무나무골의 초입에 해당하는 곳으로 소수의 영양남씨가 살고 있기는 하지만 전통적으로 타성들이 주로 거주하던 지역이다. 따라서 작은 동신제는 이 부근에 살고 있는 타성들이 중심이 된다. 제관도 타성 중심으로 구성된다. 음력 초사흗날 세 명의 제관을 선정하는데 영양남씨가 한 명 제관으로 늘 참여하지만 두 명은 반드시 타성이 담당한다. 타성들의 동제라 할만하다.

여기에 비해서 '큰 동신제'는 영양남씨 중심의 동제임이 뚜렷하다. 큰

---

2) 호지말의 동제에 관해서는 이세나(1999)와 이창언(2006)의 논문 참조.

동신제는 마을 중앙의 앞쪽 정면(서쪽) 도로변에 위치한 석장승과 당신목에서 정월 보름날 자정 무렵(정확하게는 16일 첫새벽)에 지낸다. 초사흗날 일곱 명의 제관을 선정하는데 7명 전원을 영양남씨로 선임하였다.[3] 작은 동신제에 제관으로 참여했던 영양남씨는 큰 동신제에도 참여한다.

두 동신제의 제의절차는 유교식 의례절차에 따라 비슷하게 진행되지만 제수(祭需)의 조리상태와 제관의 역할분정에서는 현격한 차이를 보인다. 작은 동신제에서는 일반 가정의 제의와 같이 익힌 음식을 사용하고, 제관도 삼헌관만 선정한다. 이에 비해 큰 동신제에서는 메를 제외하고는 모두 날음식을 사용하고, 제관도 삼헌관뿐만 아니라 축관, 진설, 봉향, 봉로 등이 각각 선정된다. 향교나 서원에서 행하는 향사의 의례절차에 보다 충실하고자 하는 의지를 엿보게 한다.

이런 면에서 영양남씨 중심의 동제와 타성 중심의 동제로 이원화된 호지말의 동제는 외형상으로는 거주지역이나 혈연성에 의해서 분화된 것으로 보이기도 하지만 그 저변에는 양반과 상민이 함께 할 수 없다는 의식이 강하게 자리 잡고 있어서 신분격리의식이 동제조직을 분화시킨 근본요인이 된 것으로 보인다.

2. 원구마을

주도적인 집성 양반 중심의 동제와 주변적인 타성 중심의 동제로 이원화되어 있는 호지말과는 달리 세 종족이 정립(鼎立)하고 있는 원구마을에서는 동제가 하나로 통합되어 있다. 하나의 마을이 하나의 동제집단

---

3) 그러나 영양남씨의 인구가 크게 줄어들어서 7명의 제관을 선임하기 어려워지자 1998년부터 타성 1명을 제관으로 참여시키고 있다. 호지말 동신제가 변화하고 있는 한 모습을 보여주는 것이다.

을 형성하고 있는 우리나라 농촌의 일반적인 경향과 매우 흡사해 보인다. 그러나 제관의 구성에서는 원구마을의 독특한 모습을 보여주고 있다.

원구마을의 동제[4]는 정월 14일 밤 자정 무렵에 마을 입구의 느티나무 숲에서 봉행된다. 여기에는 원래 당집이 있었으나 건물이 낡아 허물어 버리고 최근에 '元邱洞神'이라 새긴 조그만 돌비석을 세워 신체로 모시다가 2006년에 '元邱洞神壇'이라 새긴 커다란 자연석을 안치하고 신단 앞에 상석까지 마련하여 제단을 새로 정화하였다.

원구에서는 제관을 세 명을 선임하는데 마을에 세거하고 있는 영양남씨, 무안박씨, 대흥백씨 문중에서 각각 한 명씩 선출한다. 타성은 절대 제관이 될 수 없다.[5] 원구마을 동제의 제관은 음력 정월 초사흗날 선임한다. 이날은 청단일(淸壇日)이라 하여 모든 동민들이 회집해서 회식을 하는 날이다. 각 문중에서 미리 제관을 내정해 두었다가 청단일 모임에서 확정한다. 선정된 제관들은 이때부터 금기를 수행하며, 정월 열 사흗날부터 동제가 끝날 때까지 도가에서 함께 생활한다. 제관들은 동제가 끝난 뒤에도 최소 3개월간은 금기를 수행해야 한다.

도가(都家)는 제관들이 장봐 온 제수를 장만하고, 삼일 동안 도가에 머무르는 제관을 접대하는 등 동제를 위한 제반 실무를 담당하는 자 또는 그 집을 말한다. 동제 외에도 청단일(정월 초사흘)에 마을 주민들이 회식할 음식을 준비하고 동회가 개최될 때 뒷일도 담당한다. 도가의 임기는 3년이다. 3년 동안 금기를 실천하고 동제와 마을 공동행사를 뒷바라지해야 한다. 삼 년 동안 흉사에 참여하지 않고 궂은일을 보지 않는 등 금기를 수행하기란 여간 힘든 일이 아니다. 도가의 임기 중에 금기사

---

4) 원구마을의 동제에 관해서는 이창언(2006)과 안동대학교대학원민속학과(2007) 참조.

5) 광복 이후 타성들이 제관으로 참여하기를 요구하였으나 세 종족이 단호히 거절하였다고 한다. 이 일이 있은 이후에 타성들은 동제에 참여하지 않게 되었다.

항을 지키기 어려운 일이 발생하면 즉각 교체한다. 그래서 마을에서는 세 마지기(600평)의 동답을 마련하여 도가가 경작하도록 한다. 동제의 제수와 청단일 회식의 음식은 이 동답의 소출로 충당한다. 도가의 임기가 3년이기 때문에 도가를 선정하는 권한도 세 종족집단이 삼 년씩 윤번제로 돌아가면서 행사한다. 대체로 해당 종족집단의 성원들과 특별한 관계(신분관계, 지주소작관계, 고용관계-머슴 등)에 있는 타성이 선정되었다.[6]

원구마을의 동제운행에서는 두 가지 중요한 시사점을 찾아볼 수 있다. 첫째는 신분적 격리의식을 엿볼 수 있는 것이고, 둘째는 세 종족집단이 각기 정체성을 지니면서 상호 협동하는 모습을 관찰할 수 있다는 것이다.

대개의 동제는 전체 주민의 안녕과 풍농을 기원하는 마을공동체의 제의로 행해지므로 마을 주민이면 누구나 제관이 될 수 있는 자격이 있다. 그러나 원구마을에서는 제의를 준비하는 도가(都家)에 타성이 참여하였고 동제를 지낸 후 음복을 할 때에도 타성을 포함한 모든 마을 주민들이 참여한 것으로 봐서 동제가 마을공동체의 제의임에 틀림이 없으나 제의를 주관하는 제관에는 신분적으로 지체가 낮은 타성들의 참여가 배제되고 있다. 원구마을 동제에서 나타나는 이러한 모습은 마을에 거주하는 모든 주민들이 하나의 동제집단으로 통합되어 있는 모습을 보여주고 있기는 하지만 제관의 선임에서는 신분격리의식이 작용하고 있음을 엿볼 수 있게 한다. 그러나 신분에 따라 동제집단이 확연히 분리된 호지말에 비해서는 신분격리의식이 훨씬 약화된 모습으로 나타나고 있다.

한편 마을의 중심을 이루는 세 양반 종족이 문중별로 동제의 제관을 선임하는 것은 각 종족집단이 자기 정체성을 뚜렷이 하고 있다는 점을

---

6) 타성들이 동제에 참여하지 않은 이후에는 세 성씨 중에서 경제적으로 어려운 자를 도가로 선정하게 되었다.

보여주는 것이면서, 오랜 세월 동안 갈등 없이 세 종족을 중심으로 동제를 주도해 온 과정은 마을 안에서 세 종족집단 간에 긴밀한 협동체계가 구축되어 있음을 반영하는 것이다. 혈연적 배타성이 강한 위세 있는 종족집단이 한 마을에 함께 거주하게 되면 대립과 갈등이 발생할 가능성이 매우 높지만 원구마을에서는 세 종족집단이 제의공동체를 형성하여 대립과 갈등의 소지를 크게 완화시키고 있는 것이다. 선대 조상들의 혼인연대와 더불어 협동적인 동제운행이 세 성씨가 한 마을에서 오랜 세월 갈등 없이 공존할 수 있게 만든 중요한 요인이 된 것으로 보인다(이창기 2006. 이 책 제3장).

원구마을 동제조직에서는 신분격리의식과 종족정체성이 뚜렷이 존재하면서도 매우 약화된 모습으로 나타나고 있다.

3. 웃나라골

웃나라골에서는 한 마을에 여러 개의 동제집단이 존재한다.[7] 지금은 두 곳으로 통합되었으나 1990년 이전에는 다섯 곳에서 동제를 모셨다.

웃나라골은 현재 행정적으로는 인량2리로 편제되어 있으나 과거 마을 인구가 많았을 때는 마을 중앙에 있는 도랑을 중심으로 동쪽을 인량2리(구2리라 부른다), 서쪽을 인량3리(구3리라 부른다)로 나누어져 있었다.

구2리에 거주하던 사람들은 마을 동쪽 뒤편의 골짜기 입구에 있는 뒷모티(뒷모퉁이) 제당에서 동제를 모신다.

구3리 지역에 거주하던 주민들은 네 곳에서 동제를 모셨다. 마을 앞 동쪽끝부분의 도로변에 위치한 팔풍정(행정구역상으로는 인량1리에 속한다), 충효당 남서쪽에 위치한 더운샘, 마을 서쪽 끝부분에 해당하는 새

---

7) 웃나라골의 동제에 대해서는 김순모(1993)와 이창언(2006) 참조.

원들, 새원들에서 서쪽으로 더 나간 새원모티 등에서 각각 동제를 모셨다. 구3리 주민들의 다수는 팔풍정의 동제에 참여하였지만 더운샘이나 새원들, 새원모티 주변에 거주하던 주민들은 5~6호 내지 7~8호가 독자적으로 동제를 지낸 것이다

이 외에도 마을 뒤편에 있는 여러 계곡 속에 있는 각 성씨들의 재실 관리인들이 외따로 살면서 이웃한 한 두 가구와 함께 당신을 모신 경우도 세 곳이 있었다.[8]

이렇게 여러 곳에서 행해지던 웃나라골의 동제는 주민이 감소하면서 차츰 사라지기 시작하였다. 재실 관리인들이 떠나면서 골짜기 마다 행하던 개별 당신제가 소멸되었고, 뒤이어서 1980년대 후반에는 더운샘, 새원모티, 새원들의 동제도 팔풍정으로 통합되었다. 구2리의 뒷모티 동제와 구3리의 팔풍정 동제로 이원화 된 것이다. 최근에는 뒷모티 동제와 팔풍정 동제를 통합하자는 의견이 대두되어 논의 중에 있다.

웃나라골 동제의 부분적인 소멸과 통합과정은 농촌사회의 변화 모습을 조명할 수 있는 의미 있는 사례로서 별도의 연구가 필요한 과제이지만,[9] 하나의 자연촌락에 이처럼 여러 위의 동신이 존재하고, 그에 따라 여러 개의 동제조직이 독자적으로 분립되어 있다는 것은 매우 흥미로운 사실이다. 성격이 서로 상이한 신(산신, 서낭신, 용왕신 등)을 함께 섬김으로써 공동제의가 복수로 존재하는 마을은 더러 있지만 웃나라골처럼 한 동네에서 거주하는 지역에 따라 비슷한 성격의 신을 따로 모시는 경우는 매우 드문 사례로 보인다.

명망있는 여러 종족이 혼재되어 있는 웃나라골의 동제조직에서는 혈

---

8) 김순모는 구2동과 구3동 주민들이 주로 참여하는 뒷모티 동제와 팔풍정 동제에서 모시는 신을 '원동신' 또는 '주동신'이라 하고 나머지를 '개골동신'이라 한다고 보고한 바가 있다(김순모 1993: 20).

9) 이창언(2006)의 연구가 바로 여기에 해당한다.

연적 배타성이나 신분적 격리의식이 거의 나타나지 않고 가까이에 거주하고 있는 지역적 근린성이 전면에 부각되는 특징을 보여주고 있다.

Ⅲ. 장례조직

한국의 농촌사회에서는 어느 마을에서나 장례시의 상호부조를 위한 조직을 운영해 왔다. 상중에는 상주가 자유롭게 활동할 수 없는 행동의 제약이 있었을 뿐만 아니라 운구와 매장 등에 많은 인력이 동원되어어야하기 때문에 이러한 필요에 의해서 자연발생적으로 형성된 조직이라 할 수 있다.

장례시의 상호부조를 위한 조직은 상포계, 상조계, 상여계, 초롱계 등등 그 명칭도 다양하고, 마을의 특성에 따라 조직의 형태나 운영방식도 매우 다르게 나타난다. 이 연구의 대상이 된 영해지역의 세 마을에서도 각기 다른 특징을 보여주고 있다.

1. 호지말

한 성씨의 집성촌인 호지말에서는 전통적으로 하나의 마을 단위 장례조직이 존재하였다. 그러나 그 조직은 공식화되지도 않았고, 특별한 명칭을 가지지도 않았다. 굳이 표현한다면 자연발생적이고 비공식적인 상호부조관행이 관습적으로 운영되었다고 할 수 있을 것이다. 과거에 이마을에 사는 타성들은 대개가 신분적으로나 경제적으로 영양남씨들에게 예속되어 있어서 동임(洞任)이 전갈만 하면 지체 없이 달려와 모든 일을 도와주었기 때문에 조직을 체계화하고 공식화할 필요성을 별로 느끼지 못하였던 것이다. 다만 마을 주민들이 많았을 때에 동임이 순번을 정해서 차례대로 동원하였다는 점에서 조직성의 일면을 엿볼 수 있었다. 영양남씨들의 상례에는 타성들이 이렇게 일종의 의무처럼 적극적으로 돕고 있었지만 타성들의 장례에는 영양남씨들이 적극적으로 참여하지는 않았다. 신분차별의식이 강하게 자리 잡고 있었음을 엿보게 한다.

그러나 다수의 주민들이 마을을 떠나고 외지인들의 입주가 늘어나면서 비공식적이고 관습적인 상호부조는 더 이상 유지하기가 어려워졌다. 시가지화한 면소재지에 인접해 있는 지리적 여건으로 마을 외곽에 연립주택이 들어서고, 새로 이주한 입주자들은 마을 바깥에 일터를 가지고 있어서 전통적인 방식으로 이들을 동원하고 통제한다는 것이 불가능해졌다. 이제 이들은 신분적으로는 말할 것도 없고 경제적으로도 더 이상 영양남씨들에게 의존하거나 예속되어 있는 것이 아니었다. 그래서 1980년대 중반에 마을회관 앞의 도로를 기준으로 북쪽지역과 남쪽지역으로 나누어서 장례조직을 두 개로 분할하였다. 북쪽지역은 전통적으로 호지말 주민들이 거주하던 지역으로서 '아랫마을'이라 부르고, 남쪽지역은 새로 입주한 주민들이 주로 거주하는 지역인데 '웃마을'이라 불러서 각각의 장례조직도 '아래상조회', '웃상조회'로 부르게 되었다.[10] 과거의 장례조직은 자연발생적으로 형성되고 관습에 의해 운영되었기 때문에 모든 주민들이 모두 관련되었다면 새로 조직된 상조회는 당사자의 자유의사에 의해서 참여하는 임의가입 조직이라는 점에서 차이가 있다. 대개 연로한 부모를 모신 자녀가 가입하고 있다. 회원은 각 조직이 14명으로 구성되

10) 원래 호지말에서는 마을 중앙(목은기념관 입구)에 있는 골목을 중심으로 북쪽을 '아랫마을', 남쪽을 '웃마을', 웃마을 외곽의 동사무소 뒤쪽을 '스무나무골'이라 불렀다. 그러나 전통적으로 호지말 주민들의 중심적인 거주지역에 주민수가 줄어들고 스무나무골에 외지인들의 입주가 늘어남에 따라 상조회를 분할하면서 과거의 아랫마을과 웃마을 지역을 합해서 아랫마을이라 부르고 스무나무골을 웃마을이라 부르게 되었다. 웃상조회 지역은 과거의 스무나무골에 해당된다.

어 있다. 상여를 운구하는데 좌우 각 7명씩 14명이 필요하기 때문에 여기에 맞춰 14명으로 구성한 것이다. 가입하지 않은 가정이 상을 당하였을 때에는 일정 금액을 지불하고 이 조직을 활용할 수가 있다.

하나의 조직으로 운영되던 관습적 장례조직이 두 개의 임의가입형 조직으로 전환된 것은 마을의 협동체계가 변화되고 있음을 보여주는 것이지만, 전통적인 호지말의 장례조직은 사회경제적으로 낮은 지위에 있는 타성들의 노동력을 적절하게 활용하면서 지배종족인 영양남씨를 중심으로 단일화되어 있었다.[11] 혈연적 배타성과 신분적 차별의식이 뚜렷하게 나타나고 있지만 그 중에서도 신분차별의식이 보다 강하게 작용하고 있었던 것으로 보인다.

2. 원구마을

일성 종족촌락인 호지말이 지배 종족을 중심으로 하나의 장례조직을 운영한 것과는 달리 원구리에서는 각 성씨별로 상포계(喪布契)가 조직되어 있었다. 주로 부모를 모신 장남들이 가입하였다. 장남의 가입이 여의치 않을 때에는 차·삼남이 가입하기도 하였다. 마을에 거주하는 자만이 가입할 자격이 있고 마을을 떠나게 되면 자격을 상실한다. 타성들은 종족별로 결성된 세 개의 상포계 중에서 선택해서 가입한다. 대부분 신분적으로나 경제적으로 의존관계에 있는 문중의 상포계에 가입하게 된다. 각 문중의 상포계에서 타성의 가입을 받아들이는 이유는 상사시에 잡역(운구와 산역은 제외)을 하는데 그들의 노동력이 필요하기 때문이다.

---

11) 이러한 현상은 양동의 사례에서도 보고된 바가 있다. 상민들의 노동력을 손쉽게 동원할 수 있었던 시기에는 양동에도 별도의 장례조직이 존재하지 않았지만 해방후 상민들의 동원이 어려워지자 종족과 신분에 따라 세 개(여강이씨, 월성손씨, 타성)의 상조계가 결성되었던 것이다(이창기 1990).

상을 당하면 상포계에서 막걸리 1말, 삼베 1필, 초롱 1개를 상가에 부조한다. 일반적으로 상포계는 운구와 매장을 위한 산역이 중요한 임무 중의 하나인데 원구리의 상포계에서는 운구와 산역 기능이 제외되어 있는 점이 특이하다. 원구리에서는 운구와 산역은 상포계 조직에 관계없이 마을에 거주하는 타성들(과거에는 '하동 사람들'이라 불렀다)이 전담하였다. 세 성씨의 초상이면 모든 타성들이 전원 출동하였다. 일 년에 몇 차례의 초상이 나도 항상 전원 동원되었다. 타성들을 동원하기 위한 통지는 동네 소임이 담당하였다.

원구리의 성씨별 상포계는 광복과 더불어 해체되었다. 상포계를 운영하기 위한 기본자산은 장리벼였는데 고율의 장리벼를 이용하는 사람들이 줄어들어 기금이 고갈되었기 때문이라 한다. 타성들이 동원되어 운구를 담당하던 관행도 광복 후 소멸되어 버렸다.

각 성씨별 상포계와 타성들의 운구관행이 사라지자 새로운 장례조직이 필요하게 되었다. 그래서 다시 각 성씨별로 장례를 치르기 위한 조직을 결성하게 되었다. 친목계(親睦契), 담여계(擔轝契), 송계(松契) 등으로 부르고 있지만 공식화된 명칭은 아니다. 종족별 조직이라는 점에서는 과거의 상포계를 계승한 것으로 볼 수 있지만, 이제는 운구와 산역에 타성들을 의무적으로 동원할 수 없기 때문에 계원들이 직접 운구와 산역까지 담당하지 않을 수 없게 되었다는 점이 과거의 상포계와 크게 다른 점이다. 담여계라 부르는 것도 상여운구가 주요한 역할임을 암시하고 있다.

이때에도 타성들은 세 개의 조직 중에서 자기와 연고가 있는 종족의 조직에 선택적으로 가입할 수가 있으며, 각 종족에서도 타성들의 노동력이 필요하기 때문에 소수의 타성을 가입시키고 있다. 그러나 각 성씨의 종족원들은 자기 문중의 장례조직에 당연 가입하게 된다.

원구리에는 산림자원을 공동으로 이용하기 위한 송계(松契)도 문중별로 조직되어 있는데 송계의 성원과 장례조직의 성원은 일치하고 있다.

송계에 가입되어 있는 타성들은 자연스럽게 그 종족의 장례조직 성원이 된다.[12] 양반 종족은 타성의 노동력이 필요하여 소수의 타성을 가입시키고 있고, 타성들은 소작이나 연료채취의 필요가 있어서 서로의 이해(利害)가 일치하는 것이다.

원구리의 장례조직은 혈연적 배타성을 기반으로 하여 종족별로 분리되어 있으면서 반상 간에는 서로의 이해가 합치되어 긴밀하게 결합하는 특성을 보여주고 있다. 혈연성은 다소 뚜렷하게 나타나지만 신분격리의식은 매우 약화되어 있는 모습이다.

3. 웃나라골

일성 종족마을인 호지말과 삼성 종족마을인 원구리가 혈연성과 반상 관계라는 두 가지 축을 중심으로 장례조직을 형성하고 있는데 비해서 여러 성씨가 혼재하고 있는 웃나라골에서는 마을 내의 거주 지역을 중심으로 복수의 장례조직을 결성해서 운영해 왔다.

앞서 소개한 바와 같이 웃나라골은 마을 중앙에 있는 도랑을 중심으로 동쪽 지역의 인량2리(구2동이라 부른다)와 서쪽 지역의 인량3리(구3동라 부른다)로 나누어져 있었는데, 구2동과 구3동은 다시 마을 안의 골목길을 중심으로 각기 2개 지역으로 나누어서 도합 네 개의 장례조직을 운영해 왔다. 단위 장례조직을 이 마을에서는 '통(統)'이라 부른다. 각 통에는 각각 전용 상여가 따로 준비되어 있고, 상여를 보관하는 상여집('고살집'이라 부른다)도 따로 마련되어 있었다. 하나의 통은 약 25명~30명으로 구성된다. 이 마을에서 사용하던 상여는 좌우 각 9명씩 18명이 메는 대형이기 때문에 이처럼 많은 인원이 필요했다고 한다.

---

12) 장례조직과 송계의 성원이 일치하기 때문에 장례조직을 송계라 부르기도 한다.

각 통에는 통수(統首)가 있어서 조직을 운영하고 재정을 관리한다. 통수는 통취회(統聚會)에서 선출한다. 통취회는 중복 때에 개최하는데 통수를 선출하고 결산을 보고한다. 회원의 역할은 운구와 산역이 중심이 되지만 부고전달, 장보기 등 상중의 모든 일들이 다 포함된다. 초상이 나면 회원들은 의무적으로 참여해야 한다. 불참한 자에 대해서는 벌금을 부과한다.

각 통의 재정은 초상시의 수익금과 궐석자의 벌금이 주가 된다. 상가에서 찬조금을 제공하기도 하고, 운상 도중에 상주들이 상여에 '저승 노잣돈'을 꽂아주기도 한다. 상주가 많으면 이러한 수익금이 상당한 금액에 이른다. 이 돈으로 그날 출역한 상두꾼들에게 얼마간의 노임을 지불하고 나머지는 적립한다. 참여한 회원이 상여를 운구하고 산역을 담당하는데 필요한 인원에 미달되면 다른 통이나 이웃 마을에서 노임을 주고 사람을 보충해야 한다. 이때의 노임은 회원들에게 지불하는 노임보다 훨씬 더 많이 주어야 한다.

그러나 주민들의 이촌이 늘어나면서 장례조직을 운영하는데도 어려움이 생기게 되었다. 가장 큰 어려움은 인원 부족이었다. 다른 통이나 이웃 마을에서 인력을 동원하는 일이 늘어나게 되었고, 그에 따라 지불해야 할 노임도 엄청나게 증가하였다. 마을에 젊은층이 줄어들면서 노임을 주고서 상두꾼을 동원하는 일도 쉽지 않았다. 다른 한편으로는 이와 때를 같이하여 농촌에도 점차 화장이 보급되고, 매장을 하는 경우에도 영구차를 이용하거나 포크레인으로 산역을 대신하는 사례가 늘어나게 되었다. 수입은 줄고, 기금은 고갈되고, 장례조직의 필요성 또한 감소하게 되었다.

이러한 내외의 환경변화에 따라 네 개 통으로 운영되던 장례조직이 1990년대 초반에 하나로 통합되었다가 2004년에는 그마저 해체되고 말았다. 그러나 전통있는 마을에 장례조직이 없어서야 되겠느냐는 일부 의

견이 있어 2004년 겨울에 11명의 회원으로 다시 상조회를 조직하였지만 앞으로 운영이 지속될 수 있을지에 대해서는 회원들 스스로 크게 걱정하고 있다.

웃나라골의 장례조직은 이처럼 마을의 인구변화, 특히 젊은 연령층의 인구감소에 따라 여러 차례 변화를 거듭하였고, 그나마 최근에는 존립 자체가 매우 어려운 상황에 직면하였지만 조직의 형성과정에서 혈연성이나 신분적인 요소는 거의 작용하지 않고 오로지 거주지역의 근접성에 의해 결합하는 특징을 보여주고 있다. 여기에는 물론 각 종족이 독자적으로 장례조직을 운영할 만큼 가구수가 충분치 않다는 현실적 여건도 작용하고 있겠지만 과거 주민수가 많았을 때도 종족별로 장례시의 협동조직을 운영한 흔적이 보이지 않는다. 주민수의 많고 적음에 따라 오로지 지역별로 분할되고 통합되는 과정을 보이고 있다. 여러 종족이 혼재함으로써 혈연적 배타성과 신분적 차별의식은 종족집단 내부로 잠재되고 밖으로 드러난 마을조직은 지역을 단위로 결합하는 모습을 뚜렷하게 보여주고 있는 것으로 해석된다. 다만 마을 내의 주거가 성씨별로 모여 있는 경향이 있어서 지역별 장례조직에 참여하고 있는 성씨 분포가 다르게 나타나는 것은 매우 자연스러운 일이라 생각된다.

IV. 노인들의 교유관계

한국의 가족은 전통적 규범에 의해 결속된 '제도적 가족'의 특성이 강하여 가족관계가 상하의 범절을 중시하는 권위적인 구조로 형성되기가 쉽기 때문에 가족성원들이 가족 내에서 편안한 마음으로 휴식과 오락을 즐기기에는 많은 제약이 따랐다. 이러한 불편을 해소하기 위하여 가족성원들은 가족을 벗어나서 성별·연령별 교유집단을 형성하고 그들끼리 일정한 장소에 모여서 담소하고 정보를 교환하는 '사랑방' 문화를 발전시켰다. TV가 보급되기 이전 한국 농촌사회에서는 어느 마을에서나 예외 없이 여러 개의 사랑방이 있어서 농한기에 농촌주민들이 정서적 욕구를 충족시키는 장소로 활용해 왔다. 그러나 매스미디어가 보급되고 사계절 영농이 확대되면서 이러한 사랑방 문화는 급격히 쇠퇴하였지만 최근 마을마다 마을회관이 건립되고 여기에 노인정이 부설되면서 마을회관이나 노인정이 노년층들에게 사랑방 기능을 대신하는 공간으로 활용되고 있다.

사랑방은 기능면에서는 농촌주민들의 관계욕구나 정보소통욕구를 충족시켜주는 역할을 하지만 사랑방에 모이는 사람들의 결합양태는 농촌주민들의 친화관계를 관찰할 수 있는 유용한 자료가 된다. 남녀 간의 내외관념과 연령에 따른 권위의식이 강하기 때문에 기본적으로는 성과 연령을 기준으로 동질적인 집단을 형성하지만 마을에 따라서는 혈연성과 신분의 격차도 크게 영향을 미친다. 이 연구의 대상이 된 세 마을에서도 노인들의 사랑방 운용양식이 서로 다르게 나타나고 있다.

1. 호지말

호지말에는 마을회관 옆에 노인회관이 건립되어 있고 '괴시1리 노인회'가 조직되어 있다. 노인회에는 마을에 거주하는 65세 이상 남녀 노인 68명이 모두 회원으로 등록되어 있다(2006년). 그러나 이것은 공식조직일 뿐 실제 노인들의 교유관계는 이와 별도로 형성된다.

노인회관에는 남녀별로 방이 따로 마련되어 있어서 전통적인 내외관념이 여기에도 그대로 반영되어 있다. 그런데 여기에는 영양남씨들만 모이는 것이 특이하다. 특별한 규칙이 있는 것은 아니지만 타성들은 노인정에 오지 않는다. 남성 노인들의 방에는 항상 영양남씨 노인들만 모여 있고, 여성 노인들의 방에도 영양남씨네 부인들만 모인다. 노인회관이 마을의 공공건물이고 공식조직으로서 노인회가 존재하지만 노인회관은 영양남씨들의 전유공간이 되어 버렸다. 전통적인 반상관념이 강하게 남아있음을 보여주는 모습이다. 오래 동안 영양남씨 집성촌을 이루어 살아왔고 그 시대에 타성들은 대개 영양남씨들에게 신분적으로나 경제적으로 예속적인 지위에 있었기 때문에 타성은 곧 상민이라는 의식이 아직도 강하게 잔존하고 있는 것이다.13)

호지말에는 공식적인 노인회와는 별도로 영양남씨 남성 노인들로 구성된 '노인소(老人所)'가 따로 결성되어 있다. 자체 기금을 확보해 두고서 입춘, 초복, 중복, 말복, 동지 등 절후마다 모여서 회식을 한다. 유사가 실무를 담당하는데 돌아가면서 맡는다.

이처럼 호지말 노인들의 교유관계는 성별분화를 기본으로 하면서 남녀 모두 종족의식과 반상관념이 강하게 나타나고 있다.

2. 원구마을

원구마을은 영양남씨와 무안박씨, 대흥백씨가 나란히 세거하는 마을로서 과거부터 세 성씨의 노인만으로 구성된 마을노인소가 있었다. 약 150평 정도의 대지를 마련하여 일 년에 한 차례씩 모여서 회식을 한다. 세 문중 합동의 노인소와는 별도로 각 문중별로도 노인소가 존재하여 각기 재원을 확보해서 일 년에 한 차례 회식을 한다. 물론 원구마을에도 마을의 모든 노인을 포괄하는 대한노인회 산하의 공식적인 노인회가 존재하지만 활동이 미미하다.

타성 노인들을 배제하고 세 종족의 노인들만 참여하는 노인소가 존재

---

13) 최근에 타성들이 이 문제에 대해서 이의를 제기하여 영양남씨와 타성들 간에 미묘한 갈등이 야기되고 있다. 마을의 변화 양상을 암시하는 부분이다.

하는 것은 마을 내에 신분격리의식이 잔존하고 있다는 것을 보여주는 것
이며, 각 문중별로 노인소가 운영된다는 것은 종족의식의 표현으로 볼
수 있다. 그러나 일상생활의 교유관계에서는 여성노인들 사이에서 종족
의식이 어느 정도 나타나고 있을 뿐 남성노인들 사이에서는 신분격리의
식이나 종족의식이 그렇게 강하게 나타나지 않고 있다. 남성노인들은 여
름철에 동제를 지내는 마을 앞 느티나무 숲에 모여서 담소도 하고 화투
도 치면서 소일한다. 여기에는 여성들은 전혀 참여하지 않고 남성노인들
만 모이는데 성씨나 신분을 별로 의식하지 않고 두루 모인다. 원구마을
의 남성노인들의 교유관계에서는 종족의식이나 신분의식이 크게 약화되
어 있는 모습을 보여주고 있다.

　남성노인들 사이에서 종족의식이나 신분의식이 두드러지지 않는데 비
해 여성노인들의 교유관계에서는 이러한 의식이 보다 뚜렷하게 나타난
다. 원구마을에는 낮시간에 안노인들이 모여 담소하는 사랑방이 각 성씨
별로 따로 따로 마련되어 있다. 영양남씨 안노인들은 종택 부근에 있는
독거노인 댁에 모인다. 비교적 마을 앞쪽에 위치하고 있는 지점으로서
이 부근에 영양남씨들이 많이 거주하고 있다. 무안박씨 안노인들은 박씨
종택(慶壽堂) 안채에 모였다. 종손이 외지로 나가고 연로한 족친이 종택
을 관리하면서 거주하고 있었기 때문이다. 백씨 집안의 안노인들은 마을
회관의 방 하나를 차지해서 사랑방으로 활용하고 있다. 회관 주변에 백
씨들이 많이 거주하고 있기 때문이다. 각 성씨별로 운영되는 이 사랑방
에는 타성 부인네들은 전혀 출입하지 않는다. 항상 같은 집안의 안노인
들이 적게는 4~5명에서 많을 때는 10여 명이 모여서 담소하고 있다. 이
처럼 남성노인들의 친화관계에서는 종족의식이나 신분의식이 매우 약화
되어 있는데 비해서 여성노인들의 친화관계는 종족별로 형성되는 모습
을 뚜렷하게 보여주고 있다. 어릴 때부터 함께 성장해 온 남성들과는 달
리 여성들은 특정 집안과 혼인을 함으로써 마을 사회에 참여하게 되기

때문에 같은 집안의 부인네들과 긴밀하게 교유하는 경향이 보다 강한 것 같다.

원구마을 노인들의 교유관계에서는 남성들은 종족의식이나 신분격리 의식이 매우 약화되어 있는데 비해서 여성들은 교유의 범위가 종족집단 내부에 한정되고 있는 특징을 보여주고 있다.

3. 웃나라골

여러 성씨가 혼재하고 있는 웃나라골에서는 호지말이나 원구마을에서 처럼 노인들의 교유관계가 성씨별로 분리하거나 신분에 따라 격리되는 모습이 별로 관찰되지 않는다.

웃나라골에도 마을 중앙부에 2층으로 된 마을회관이 있어서 주민들의 회집장소로 사용되고 있다. 1층은 주로 마을회의나 노인들의 사랑방으로 사용하고 있고, 2층은 정보화 시범마을의 컴퓨터 교육장소로 사용하였는 데 컴퓨터교실은 최근 전통문화와 농촌생활 체험학습을 위한 테마마을 이 조성되면서 폐교를 개조한 수련장으로 이전하여 지금은 비어있는 상 태다.

개별 사랑방이 소멸된 이후 노인들은 주로 이 마을회관을 이용해서 모이고 있다. 마을회관에 모이는 노인들은 대개 70대 중반 이하의 '비교 적' 연령대가 낮은 노인들이다. 70대 중반을 넘어선 고령층은 마을회관 출입이 별로 없다. 70대 중반까지가 비교적 연령이 낮은 층으로 인식되 는 것은 그만큼 농촌사회가 고령화되고 있음을 보여주는 것이다.

마을회관은 안노인들이 많이 이용한다. 안노인들은 계절에 관계없이 연중 마을회관에 모여서 소일한다. 농사일이 없는 독거노인들이 많기 때 문이다. 바깥노인들은 농사일이 비교적 적은 겨울철 농한기에 많이 이용 한다. 안노인들과는 달리 바깥노인들은 대개 농사를 짓고 있기 때문에 농사철에 마을회관에 모여서 한가하게 담소를 즐길 여유가 없다.

마을회관에 모인 노인들의 면면을 보면 여러 성씨들이 다양하게 섞여 있다. 남녀 간에 방을 달리하여 내외관념은 분명히 드러나고 있지만 특정한 성씨들만 모이거나 반상을 구별하는 현상은 발견되지 않는다. 지역사회에서 대표적인 가문으로 평가받는 성씨들이 거주하고 있어서 주민들의 의식 속에는 종족의식과 신분적 우월감이 적지 않으리라 짐작되지만 노인들이 교유하는 담소의 장소에서는 그런 의식이 별로 표출되지 않는다. 개인적으로 대화를 할 때는 자기 종족에 대한 긍지와 신분적 정체감이 뚜렷하게 나타나고 있는데도 교유의 현장에서 이러한 의식이 두드러지게 표출되지 않는 것은 오랜 세월 여러 성씨들이 한마을에서 함께 생활하는 동안 혈연적 배타성과 신분적 우월감이 많이 희석된 때문인 것으로 보인다.

윗나라골의 노인들의 교유관계에서 나타나는 이러한 모습들은 동제조직이나 장례조직에서 소속된 종족집단이나 과거의 출신성분이 별로 중시되지 않고 마을 내에서 거주하고 있는 지역을 단위로 결합하는 현상과 상통하고 있다.

V. 종족구성과 마을조직의 특징

이상에서 살펴 본 바와 같이 이 연구의 대상이 된 세 마을에서는 종족구성에 따라서 마을조직의 양상이 매우 다르게 나타나고 있다.

영양남씨 집성촌인 호지말에서는 지배 종족인 영양남씨와 신분적으로 현저하게 열세에 있는 타성들이 마을의 사회생활에서 확연히 구분된 모습을 보여주고 있다(〈그림 4-1〉 참조). 마을의 공동제의인 동제가 영양

남씨 중심의 동제와 타성 중심의 동제로 구분되어 있고, 노인들의 교유
관계에서도 남녀 모두 철저하게 남씨끼리만 어울리고 있다. 과거에 장례
조직을 하나로 운영하면서 운구와 산역을 타성(상민)들이 전담하였던 것
도 강한 신분차별의 징표로 해석된다. 남씨가 수적으로 크게 감소하고,
예속적 지위에 있는 타성들이 대부분 출향하고 새로이 전입한 이주민들
이 증가하여 남씨들의 지배력은 크게 약화되었지만 동제와 노인들의 교
유관계에서 신분적 차별의식은 아직도 강하게 남아있다. 한 성씨가 지배
적인 호지말에서는 마을 안에 상대가 되는 종족집단이 존재하지 않기 때
문에 영양남씨의 종족의식은 강한 신분적 차별의식으로 표출되고 있다.
신분적 요인이 마을조직에 크게 영향을 미치고 있는 것이다.

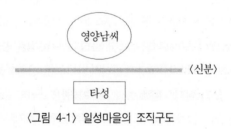

〈그림 4-1〉 일성마을의 조직구도

  세 성씨가 정립하고 있는 원구마을에서는 종족의 정체의식과 신분의
차별의식이 주민들의 사회생활을 구획하는 중요한 요소로 작용하는 이
중적인 모습을 보여주고 있다(〈그림 4-2〉 참조). 장례조직이 종족별로
분화되어 있고, 여성노인들의 사랑방이 성씨별로 운영되고 있는 모습은
폐쇄적 족결합을 상징적으로 보여주는 것이며, 동제의 제관을 세 성씨에
서 선임하고 타성의 참여를 철저하게 배제하는 것은 신분차별의 일단을
보여주는 것이다.

  그러나 원구마을의 세 종족은 자기정체성이 강하면서도 타 종족에 대
한 배타적인 모습은 강하게 나타나지 않는다. 세 종족이 나란히 제관을

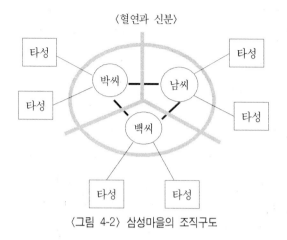

〈혈연과 신분〉

〈그림 4-2〉 삼성마을의 조직구도

맡아서 동제를 함께 모시는 데서 이들의 협력적 관계를 찾아볼 수 있다. 수백 년 동안 마을에 세거하면서 세 성씨가 마을의 실질적인 주인이라고 하는 강한 주체의식을 지니게 되었고, 반복된 혼인을 통해서 견고한 연대를 형성해 온 것이 오랜 세월 협력적 동반자로서 공존할 수 있었던 바탕이 된 것으로 보인다(이창기 2006).

　원구마을에서는 신분에 따른 차별의식이 분명히 존재하면서도 위세 있는 양반신분을 배경으로 한 세 성씨와 예속적 지위에 있던 타성들이 단절적이거나 대립적이지 않다. 타성들이 동제의 제관에 선임될 수 없다는 것은 신분차별의 일단을 보여주는 것이지만 타성을 완전히 배제하지는 않았다. 장례조직과 송계가 종족별로 나누어져 있지만 여기에도 연고가 있는 타성들이 함께 참여하고 있다. 남성노인들의 교유관계에서도 타성을 기피하는 모습은 두드러지게 나타나지 않는다. 신분차별의식이 존재하면서도 양반종족과 타성들이 기능적으로 결합하고 있는 모습을 보여주고 있다. 반상간의 이러한 기능적 결합은 타성들은 소작할 토지를 공급받고 양반들은 노동력을 활용할 수 있다는 현실적 이해가 서로 합치된 결과로 볼 수 있다. 타성들이 세 종족집단에 분산적으로 결합되어 있어서 타성들만의 강한 결합을 이루기가 어렵다는 점도 반상간의 대립을 약화시키는 요인으로 작용하고 있다. 광복 후 타성들이 세 성씨의 장례에 의무적인 운구를 거부한 것이나 동제의 제관으로 참여하고자 시도한 점은 반상 간에 존재하는 갈등의 한 단면을 보여주는 것이지만 새로이 결성된 장례조직에 함께 참여하거나 송계를 여전히 함께함으로써 갈등이 심각한 대립으로 발전하지는 않고 있다.

이러한 세 성씨의 협력적 연대와 반상간의 기능적 결합은 종족간의 갈등이나 반상간의 대립이 발생할 수 있는 구조적인 취약성을 극복하고 오랜 세월 마을의 통합을 유지할 수 있었던 바탕이 되고 있다. 그럼에도 불구하고 종족의식과 신분의식이 다소 약화된 모습을 보여주지만 마을 주민들의 사회생활은 혈연적 요소와 신분적 요소에 의해서 구획되는 이중적 모습을 뚜렷이 보여주고 있다.

여기에 비해서 명망 있는 여러 성씨가 혼재하고 있는 웃나라골은 영해지역에서 가장 대표적인 반촌이면서도 배타적 족결합의식이나 반상의 신분차별의식은 현저하게 약화된 모습을 부여주고 있다. 개인이나 문중 차원에서는 종족정체성이나 신분적 우월감을 매우 강하게 지니고 있으면서도 주민들의 사회관계나 마을조직에서는 이러한 의식이 두드러지게 표출되지 않는 것이다. 남녀를 불문하고 노인들의 교유관계에서 혈연이나 신분을 별로 의식하지 아니하고 두루 어울린다. 동제나 장례조직에서도 혈연이나 신분적 배경이 영향을 미치지 아니하고 마을 내의 거주 지역을 중심으로 분화되어 있다(〈그림 4-3〉 참조). 같은 지역의 반촌인 호지말이나 원구마을과는 매우 대조적인 모습이다.

지역사회에서 각기 위세 있는 종족으로 인정받는 다수의 성씨가 오래동안 한 마을에 공존함으로써 어느 특정 성씨에 의해서 마을이 주도되지도 못하고 여러 성씨들이 서로 강하게 통합하지도 못한 것으로 보인다. 또한 명망 있는 종족이 여럿이기 때문에 경쟁상대가 분산되어 종족간의 대립의식도 현저히 약화된 것으로 보인다. 이러한 요인들이 복합되어서 마을에 거주하고 있는 주민들은 마을 내의 거주지역을 중심으로 근린관계를 형성하고 지역단위로 사회집단을 조직화한 것으로 보인다. 특히 동제집단이 한 마을에서 지역을 중심으로 여러 개로 분화되어 있는 것은 매우 특이한 모습이다.

지금까지 우리 사회에서는 종족집단이나 종족마을을 보는 시각이 매우 단순화되어 있었다. 크게 종족마을과 각성마을로 나누고, 종족마을은 한 성씨가 지배적인 일성종족마을과 두 성씨가 각축하는 이성종족마을로 나누어서 각각의 구조적 특성을 정태적으로 관찰하여 문중조직과 문중활동의 현실태나 변화양상을 기술하는 것이 주된 관심사였다. 세 성씨가 공존하는 삼성 종족마을의 존재, 종족집단과 타성과의 관계, 종족집단과 마을조직과의 관계 등과 같은 동태적인 과정에 대해서는 상대적으로 관심이 저조하였다.

농촌사회가 빠르게 변화함에 따라 종족집단과 종족마을도 급격한 변화를 경험하고 있다. 종족마을이 점차 소멸되고 있고, 종족조직도 농촌의 종족마을을 기반으로 하는 계보조직에서 도시지역을 근간으로 하는

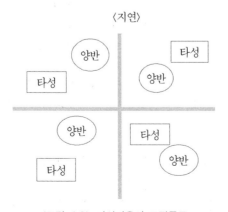

〈그림 4-3〉 다성마을의 조직구도

지역조직으로 개편되고 있다(이창기 2004). 변화되는 사회에서 혈연집단이 어떻게 재적응하게 될 것인지에 대한 새로운 연구과제가 부각되고 있다.

이 연구는 한 지역의 사례연구에 지나지 않기 때문에 이 연구의 결과를 한국 농촌의 종족마을이나 반촌에 일반화할 수는 없다. 앞으로 더 많은 연구가 축적되어서 종족마을과 반촌을 연구하는 시각을 확대하고 연구의 지평을 넓히는데 일조가 되기를 기대한다.

참고문헌

강신표, 1981, 한국 전통문화에 나타난 待對的 認知構造, 『金香文化』 1.

김순모, 1993, 나라골 팔종가의 연대에 관한 연구, 안동대석사학위논문.

김창민, 2006, 마을조직과 친족조직에 나타난 혈연성과 지연성, 『민족문화논총』 33, 영남대민족문화연구소.

안동대학교대학원민속학과 BK21사업팀, 2007, 『셋이면서 하나인 원구마을』, 민속원.

여영부, 1970, 한국 동족집단 갈등에 관한 사회학적 연구, 고려대석사학위논문.

이광규, 1989, 한국문화의 종족체계와 공동체체계, 『두산 김택규박사 화갑기념 문화인류학논총』

이세나, 1999, 괴시마을 당신화의 성립과 변화에 관한 연구, 안동대석사학위논문

이창기, 1990, 양동의 사회생활, 『양좌동연구』, 영남대출판부.

_____, 1991, 한국동족집단의 구성원리, 『농촌사회』 1, 한국농촌사회학회.

_____, 2004, 대도시지역 부계혈연집단의 조직, 『민족문화논총』 29, 영남대민족 문화연구소.

_____, 2006, 삼성(三姓) 종족마을의 혼인연대, 『사회와 역사』 71, 한국사회사학회.

이창언, 2006, 동해안지역 반촌 동제의 지속과 변화에 관한 연구, 『비교민속학』 31, 비교민속학회.

최재율, 1986, 『농촌사회학』, 유풍출판사.

이토오(伊藤亞人), 1982, 契조직에 나타난 '친한 사이'의 분석, 최길성 편, 『한국의 사회와 종교』, 아세아문화사.

Brant, Vincent(김관봉 역), 1975, 『한국의 촌락』, 시사문제연구소.

제5장

원구마을 영양남씨의
문중조직과 종족활동

I. 서 론

한 종족이 하나의 마을에 오래 거주하거나 수 개 마을 내지 한 지역에 집합하여 집단생활을 영위하게 되면 많은 종족 성원들을 규합 통제하고 공동의 사업을 추진하기 위한 조직체가 구성된다. 이 조직체는 종족집단에 따라 다양한 이름으로 불리지만 흔히 '문중(門中)' 혹은 '종중(宗中)'이라 한다(최재석 1965).

종족집단 혹은 문중조직에 관한 연구는 1960년 최재석의 '동족집단의 결합범위'가 발표된 이후 사회학자와 인류학자들에 의해서 꾸준히 진행되어 왔다. 1960년 이후 1980년대 후반에 이르는 시기의 종족집단에 관한 관심은 한국 종족집단의 특성을 구명하기 위하여 사례조사를 통해서 종족집단의 실태를 기술하는 연구에 집중되어 있었다. 그러나 1980년대와 1990년대 중반에 이르는 시기에는 산업화와 도시화가 빠른 속도로 진행되고 정치 경제 사회 전반에 걸쳐 많은 문제가 노출되면서 종족집단에 관한 관심과 연구 열기가 다소 침체하는 모습을 보이다가 1990년대에 들어서 지방사와 지방문화에 대한 관심이 고조되고 문중 소장 자료들이 많이 발굴되면서 문중과 종족마을의 형성 과정, 종족활동의 전개와 그 변화 등에 관한 구체적이고도 심층적인 연구가 활발하게 이루어지고 있다. 특히 이 시기에는 종족집단 연구에 역사학자들의 참여가 증가하여 주목되고 있다.

1960년 이후 종족집단과 문중에 관한 연구가 다양하게 이루어졌음에도 불구하고 연구의 대상이 지역적으로 한정되어 있을 뿐만 아니라 몇몇 마을에 집중되는 경향이 있었다. 문중조직의 운영방식과 종족활동의 양상이 지역적으로 많은 차이가 있고, 또 가문에 따라 매우 다양한 모습을 보여주고 있기 때문에 이러한 연구의 지역적 편중현상은 한국 종족집단의 조직과 종족활동의 양상을 조감하고 일반적 경향을 파악하는데 제약요소가 되지 않을 수 없었다. 더 많은 사례조사가 축적되고 연구의 지역적 범위가 확대되어야 할 필요성이 여기에 있다.

이 연구는 문중조직의 연구 사례를 축적하고 연구대상의 지역적 범위를 확대하는데 일조하기 위하여 경북 동해안에 위치한 영덕군 영해면 원구마을의 영양남씨 문중을 대상으로 종족조직의 특징과 종족활동의 양상을 정리한 것이다. 영해지역은 동해안에 접해있는 해읍이지만 일찍부터 안동 및 영양지역과 교류하면서 유학을 발전시켜 왔고, 역내의 여러 곳에 유수한 종족촌락을 형성하여 스스로 '소안동(小安東)'이라 칭할 만큼 '예향(禮鄕)'으로서의 긍지를 지니고 있는 지역이지만 지금까지 문중조직과 종족활동에 대한 구체적인 연구는 별로 이루어지지 못하였다. 그러므로 이 연구는 영해지역의 문화적 특성을 밝히고 더 나아가서는 한국 종족집단의 연구 지평을 확대하는데 일조할 수 있으리라 믿는다.

영해지역 반촌연구의 일환으로 진행된 이 연구는 반촌연구에 착수하던 2004년부터 수시로 현지를 방문하여 자료를 수집하였으며, 반촌연구가 일차 마무리된 2009년 8월부터 2011년 11월까지 집중적인 조사가 이루어졌다.

연구방법은 제사와 문중행사 등에 연구자가 직접 참여하여 관찰하는 참여관찰법과 종손을 비롯한 문중의 중요 인물들을 면담하여 자료를 수집하는 면접법을 주로 사용하였으며 영양남씨족보, 동원계 계안(同源稧稧案), 1996년부터 2011년까지 광산회(光山會) 총회에서 보고한 재정 및 사업보고서 등의 문헌자료도 활용하였다.

II. 난고 남경훈(蘭皐 南慶薰)

원구마을의 영양남씨는 1500년을 전후한 시기에 영해 입향조 남수(南須)의 증손자인 남한립(南漢粒)이 아버지를 모시고 인량에서 원구로 이거한 이후 그 후손들이 약 500여 년 동안 원구마을에 세거하게 되었다.[1]

원구의 영양남씨가 지역사회에서 명문가문으로 확고한 위치를 확보하게 된 것은 난고 남경훈(蘭皐 南慶薰: 1572~1612)이란 훌륭한 인물을 배출하였기 때문이다.

난고는 1572년 원구마을에서 태어나 1612년 40세의 젊은 나이로 사망하였다. 1592년 임진왜란이 발발하자 부친 판관공 남의록과 함께 의병을 일으켜 경주성 수복 전투에 참전하여 성을 탈환하는데 큰 공을 세웠다. 이후 문경 당교회맹(唐橋會盟), 팔공산 상암회맹(上庵會盟), 정유재란 시의 화왕산 산성진회맹(山城陣會盟) 등에 참여하여 전쟁을 승리로 이끄는데 크게 기여하였다. 임란 때 세운 이 공으로 남경훈은 경주임란의사창의록, 경주황성공원 동도복성비, 대구 망우공원 영남호국충의단기념비 등에 부친과 함께 이름이 오르고 위패가 봉안되었다.

남경훈은 임란 참전 공훈으로 음직을 받을 수도 있었으나 같은 마을의 백현룡(白見龍)과 함께 끝까지 출사하지 아니하고 자력으로 성균 진사에 입격한 후 향리에서 학문에만 진력하여 『사례해의(四禮解義)』 2책과 시문집인 『난고선생유고(蘭皐先生遺稿)』 1책을 남겼다. 부친이 영해부사의 학정을 탄핵하다가 옥에 갇히자 순찰사에게 무죄방면을 주장하

---

1) 영양남씨의 원구마을 정착과정과 난고 남경훈에 대해서는 앞에서 이미 상세히 기술하였으나 문중활동과 관련하여 이해를 돕기 위해 이 자리에 다시 중복해서 소개한다.

고 아버지 대신 옥살이를 하기도 하였다. 이 사건은 결국 무죄로 판명되어 영해부사가 파직되었으나 난고는 옥중에서 병을 얻어 사거하게 된다.

남경훈의 이러한 충절과 효행, 학덕을 높이 기려서 영해지방 및 영남의 유림들이 뜻을 모아 1752년(영조32년)에 영해면 묘곡리에 광산서원(光山書院)과 경덕사(景德祠)2)를 건립하고 광해군의 인목대비 폐비를 반대한 그의 장남 안분당(安分堂) 남길(南佶)과 함께 봉향하였다. 이 때 유림의 공의에 의해 남경훈을 불천위로 모시게 되었다.

남경훈의 후손들은 학문에 진력하여 문과급제 8명, 생원진사 20명 등 다수의 과거급제자를 배출하였으며, 49명이 150여 책의 저술을 남겼다. 난고종택은 1982년에 경상북도민속자료 제29호로, 난고종택 고문서 일습은 경상북도무형문화재 제148호로 지정하여 보호하고 있다(영덕군 2002: 146; 남훈 2004: 90~95).

다음 〈그림 5-1〉은 원구리 영양남씨의 세계를 남경훈을 중심으로 간략히 정리한 것이다. 난고의 후손들은 그의 증손자 대에 이르러 영양, 경주, 청송, 영주 등 여러 지역으로 이거하여 터전을 일구었고, 영해지역 내에서도 원구리를 비롯하여 창수면 인량리, 가산리, 축산면 칠성리 등의 마을에 집성촌을 이루고 있다.

---

2) 광산서원과 경덕사는 1868년 대원군의 서원철폐 시 훼철되었는데 1978년 후손들이 서원의 옛터에 광산서원경덕사유지비(光山書院景德祠遺址碑)를 세워 후세에 전하고 있다.

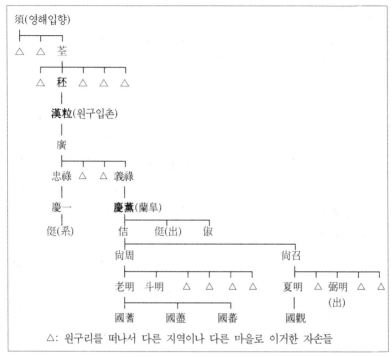

△: 원구리를 떠나서 다른 지역이나 다른 마을로 이거한 자손들

〈그림 5-1〉 원구리 영양남씨의 세계 약도

Ⅲ. 문중조직

　종족집단은 고조부를 공동으로 하는 당내집단(堂內集團)을 기초로 하여 형성된다. 당내집단은 직계와 방계에 관계없이 함께 제사에 참여하며, 모든 종족 성원들이 대소사에 긴밀하게 협동함으로써 하나의 가족이라는 의식이 매우 강하다. '집안' 혹은 '당내'라는 말이 이 범위에서 주로 사용되는 이유도 여기에 있다. 종손의 존재가 뚜렷하며 문장이 가부장적

권위를 가지고 종족성원들을 통솔한다.

당내집단은 8촌 이내의 가까운 혈족들이 하나의 가족이라는 의식 밑에 긴밀하게 결합되어 있고 주요한 행사인 제사를 종손의 재산으로 충당하기 때문에 구체적인 조직을 결성해야 할 필요성이 그렇게 크지 않다. 공식적인 조직보다는 대체로 종손 혹은 문장을 중심으로 하여 집안 어른들이 비공식적인 논의과정을 통해 대소사가 운영된다.

그러나 4대봉사의 원칙에 따라 기제사와 차례는 고조부까지만 봉행하게 되기 때문에 점차 세대가 거듭되게 되면 더 이상 기제사를 모시지 못하고 묘제로 천제(遷祭)해야 하는 조상이 생겨나게 된다. 이때 5대조 이상의 조상 묘소를 관리하고 묘제를 봉행하기 위해 직계 자손들이 별도의 재산을 마련하고 이를 관리하기 위한 조직을 형성한다. 이러한 조직을 흔히 족계(族契), 혹은 문계(門契), 종계(宗契)라 부르는데 이들이 성장하여 공식적인 종족조직으로 확장된다는 점에서 족계나 종계는 종족조직의 맹아(萌芽)라 할 수 있다. 집안에 따라서는 족계에 고유한 명칭을 부여하기도 한다(최재석 1966).

세대가 거듭되어 자손의 수가 늘어나고 제사의 대상이 되는 조상의 수도 더욱 증가하게 되면 족계나 문계는 점차 문회(門會), 종회(宗會) 혹은 문중(門中) 종중(宗中)이라는 공식적인 종족조직으로 발전하게 된다. 종손과 문장 이외에 각기 역할을 나누어 맡는 유사(有司)를 두어 실무를 담당케 하고, 조상의 서차에 따라 여러 층위의 조직이 결성되면 대종회, 소종중, 사종중 등으로 구분하기도 한다. 이러한 종족조직들은 특정 조상의 직계 자손들이 성원권을 가지고 각종 행사에 의무적으로 참여하기 때문에 철저한 계보조직의 특성을 가진다.

이와는 달리 조상의 계보에 관계없이 특정 지역에 거주하는 종족 성원들을 구성원으로 하는 지역조직도 존재한다. 흔히 화수회(花樹會)라 부르는 이 지역조직은 인구이동이 증가한 이후에 도시를 중심으로 등장

한 것으로 종족마을을 떠나 생활하게 되는 동일 지역 거주자들이 혈연적
유대를 강화하기 위해 결성한 것이다. 특정 조상의 자손들로 구성된다고
하더라도 그 조상의 모든 자손들이 자동적으로 성원권을 가지고 의무적
으로 참여하는 것이 아니라 그 자손들 중에서 특정 지역에 거주하는 자
들만으로 구성되며, 의무적 참여라기보다는 임의적 선택적으로 참여하
여 친목을 다지는 경향이 강하다는 점에서 계보조직과는 성격이 다르다
고 할 수 있다(최재석 1968; 이광규 1980; 이창기 2004).

문중조직의 구성양태나 운영양상은 종족집단에 따라서 많은 차이가
있다. 종족결합의 일차적 구심점 역할을 하는 종손이 문중조직의 운영을
주도하고 문장의 존재가 미미한 종족집단이 있는가 하면, 반대로 종손의
역할이 미미하고 문장이 문중조직을 주도적으로 운영하는 경우도 있다.
또 문중의 중요한 의사결정이 비공식적인 장로집단(문중어른들)에 의해
이루어지는 경우가 있는가 하면, 각 계보에서 공식적으로 추천된 인물들
로 위원회를 구성해서 의사를 결정하는 형태도 존재한다(이창기 1980).

원구리 영양남씨들이 조상의 유덕을 기리고 종족성원의 결속을 다지
기 위해 결성한 조직으로는 광산소(光山所), 동원계(同源稧), 광산회(光
山會), 노인소(老人所), 송계(松稧) 등을 들 수 있다.[3]

1. 광산소(光山所)

광산소는 광산서원의 옛터(遺址)를 의미하기도 하지만 이를 중심으로
모인 조직을 의미하기도 한다. 광산서원은 난고의 충절과 효행, 학덕을
기리기 위하여 1752(영조32년)년에 지역 유림의 공의로 건립한 서원으로
난고 남경훈과 안분당 남길 부자를 배향하였는데 1868년 대원군의 서원

---

3) 소(所)는 조상의 묘소나 재실 등의 시설물을 말하기도 하고 동시에 이 시설물의
관리와 각종 행사를 위해 재산을 마련하고 운용하는 조직을 의미하기도 한다.

철폐 시 훼철되었다. 이에 후손들은 난고 부자의 학덕을 기리고 광산서
원의 설립 정신을 계승하기 위하여 광산소를 설립하였다. 광산소의 설립
시기는 광산서원 철폐 시에 설립되었을 것으로 추정하는 이도 있지만
1916년에 설립된 것으로 전해지고 있다.

광산소의 재산으로는 약 1,000평의 밭과 3필지의 대지(垈地)를 보유하
고 있다. 이 토지에서 나오는 임대료로 연 1회(날자는 적의 설정) 개최하
는 총회(聚會라고 한다) 시의 경비를 충당하고 난고의 불천위 대제 경비
일부를 지원하고 있다. 이 취회에서 일 년 동안의 운영상황을 보고받고
유사를 선임한다.

2. 동원계(同源稧)

선조의 유덕을 기리기 위한 광산소가 재원의 부족으로 활동이 위축되
자 이를 극복하기 위하여 난고의 후손들이 조직한 것이 동원계이다.
1952년 창립총회 시에 채택한 계칙(稧則)의 전문에 '만파동원(萬派同源)
백세일본(百世一本)인 동족의 후의를 영구히 인식하고 추원보본(追遠報
本) 합족친목(合族親睦)을 각자의 의무로 적극 실천하자는 취지하에서
우리 동원계를 조직한다'고 설립 취지를 설명하고 있다. 일반적으로 종
족조직이 추구하고 있는 두 가지 목적 즉 조상을 섬기고 종족 성원들의
결속을 다지는 숭조돈목(崇祖敦睦)을 동원계에서도 근본 목적으로 설정
하고 있는 것이다.

이러한 근본 목적과 더불어 동원계에서는 종족 성원들의 교화에도 특
별한 관심을 기울여 계칙 제6조에 다음과 같은 의무를 준수 이행할 것을
규정하고 있다.

　　1) 도의도식(徒衣徒食)의 폐습을 제각(除却)하고 실업(實業)에 면려하여

자작자급(自作自給)의 미풍을 양성하고 질소(質素)를 주로 할 것.
2) 자선사업을 실천 장려하기 위하여 환난 구조를 특히 실천할 것.
3) 우리 인류의 사회도덕을 찬양 모방하기 위하여 다음과 같이 옛적 여씨
   향약(呂氏鄕約)의 몇 조를 인용 등서(謄書)한다.
   덕업상권(德業相勸) 견선필행(見善必行) 문과필개(聞過必改)
   능사부형(能事父兄) 능교자제(能敎子弟) 능광시혜(能廣施惠)
   능구환난(能救患難) 능해투쟁(能解鬪爭) 능결시비(能決是非)

많은 문중조직이 숭조보종(崇祖補宗)과 합족돈목(合族敦睦)을 중요 목
적으로 설정하면서 종족 성원들의 교화와 후세 교육을 강조하고 있지만
대체로 선언적 표현에 그치고 있는데 비해 동원계에서는 이를 구체적으
로 명문화하고 있다는 점에서 이례적인 모습이라 하지 않을 수 없다.

그런데 이 동원계 조직은 문중조직의 모습을 띠고 있지만 다소 독특
한 양상을 보여주고 있다.

첫째, 계칙 제2조에 '본 계는 남씨위성자(南氏爲姓者)로서 조직한다'고
규정하여 난고의 후손들이 모두 성원이 될 자격이 있는 것으로 보이지만
제16조에 정조 1두(5升入高斗)와 현금 1,000환을 출자하고 입계원서를
제출할 것을 요구하여 임의 가입의 형태를 취하고 있다. 특정 조상의 모
든 후손들이 자동적으로 성원권을 획득하고 의무적으로 참여해야 하는
계보 중심의 문중조직과는 상이한 모습이다. 동원계안의 좌목에 의하면
1952년 창립 당시에 63명의 계원으로 출발하였으나 그 후 12명이 추가로
가입하여 현재 총 75명으로 구성되어 있다.

둘째, 계원의 거주지역에 따라 계원의 권리에 차등을 두고 있다는 점
이다. 계칙 제15조에 '본 계원은 결의권, 선거권, 피선거권을 가지되 원
구동 이외의 지역에 거주하는 계원은 피선거권을 가질 수 없다. 단 원영
해(영해면, 축산면, 창수면, 병곡면)에 거주하는 계원에 한해서는 계원의
총의에 의해 임원에 취임할 수 있다'고 규정하여 원구동 또는 원영해 거

주자를 중심으로 운영할 것을 밝히고 있다. 종족마을을 기반으로 종사에 관심이 많은 인물들이 모여 문중활동을 활성화 해보자는 의지의 표현으로 보인다.

셋째, 계원의 권리를 장자 혹은 가계계승자에 한하여 상속 또는 양도할 수 있게 함으로써(제22조) 차남 이하의 지차들이 참여할 수 있는 통로를 제한하고 있다. 계원의 증가를 통한 조직의 확대보다는 뜻을 가진 소수의 인물을 중심으로 종족활동의 구심체를 형성하고자 한 것으로 보인다.

이처럼 동원계는 특정 조상의 모든 자손들이 자동적으로 참여하는 계보조직도 아니고 계보에 관계없이 특정 지역에 거주하는 모든 종족 성원들에게 가입이 개방되어 있는 지역조직도 아닌 독특한 성격을 지니고 있다. 광산소의 활동이 매우 침체된 상황에서 문중 일에 관심이 높은 소수자를 중심으로 종족활동을 활성화하고 활동의 구심체를 구축하기 위한 시도로 이해된다.

동원계의 주요 사업은 음력 정월 보름날 마을의 족친과 인근 마을의 영양남씨들을 초청하여 점심식사와 저녁식사를 대접하고 하루 종일 화합을 위한 잔치를 벌이는 것이었다. 이때는 출가한 딸네들도 많이 참가하였다. 참가 인원이 많을 때는 200~300명 이상이 모일 정도로 큰 행사였다. 남녀가 유별한 시대였지만 동원계의 모임날에는 남녀노소가 다 함께 새벽닭이 울 때까지 윷놀이 등 여러 가지 놀이를 즐겼다고 한다. 이 행사에 소요되는 경비는 계원 가입 시에 납부하는 출자금을 기금으로 하여 계원들에게 대부한 이식으로 충당하였지만 이것만으로는 턱없이 부족하여 종족 성원의 각 집에서 쌀과 술을 부조해서 행사를 치렀다. 음력 3월 3일에는 임원들이 모여서 결산보고, 사업계획, 임원선임 등을 논의하고 문서를 작성하였다.

그러나 마을에 거주하던 종족 성원들의 이촌이 증가하고, 기금을 융자하는 계원도 줄어들어서 정원 보름에 행하던 행사도 더 이상 지속하기 어렵게 되었다. 최근에는 음력 3월 3일에 20명 전후의 노인들이 모이는 취회에서 문서를 작성하고 점심식사를 함께 하는 정도로 활동이 위축되고 말았다. 현재 동원계에는 논 200평과 약간의 현금이 기금으로 남아있다.

3. 광산회(光山會)

현재 원구리 영양남씨의 문중조직으로서 활발하게 활동하고 있는 조직은 광산회이다. 광산회는 광산서원의 정신을 계승한 광산소와는 다른 별개의 조직이다.

1992년에 조직한 광산회는 1978년에 결성한 광산화수회를 모태로 하고 있다. 1752년에 건립된 광산서원이 1868년에 대원군에 의해 훼철되고 그 터는 잡초만 무성한 폐허가 되었는데 이를 안타깝게 여긴 후손들이 1978년 음력 4월 8일에 광산서원경덕사유지비(光山書院景德祠遺址碑)를 건립하고 이 자리에서 광산화수회4)를 결성하였다. 이후 매년 음력 4월 8일에 회집하여 간단한 제향을 올리고 선조를 추모 음복하였다.

1990년대 들어서 광산서원을 기념하고 선조를 추모하는 활동을 넘어서서 종족 성원들의 결속과 후손의 성장 발전을 도모하기 위한 보다 적극적인 활동을 전개하자는 논의가 대두되어 1992년에 광산화수회의 명칭을 변경하여 영양남씨광산회로 재창립하였다. 광산회 창립의 원래 목적은 후손의 육영을 위한 장학재단을 설립하는 것이었으나 장학재단을 설립하기 위해서는 1억 원 이상의 기금이 필요할 뿐만 아니라 장학금 지급대상이 특정 종족의 성원들에게만 한정되어서는 재단법인의 설립 요

---

4) 화수회(花樹會)라는 용어는 일정한 지역에 거주하는 족친들의 친목을 위해 구성하는 지역조직을 의미하는 용어로 흔히 사용되는데 경우에 따라서는 문회 종회 등과 함께 종족조직 자체를 의미하는 용어로 사용되기도 한다. 광산화수회는 이러한 용례에 구애받지 않고 단순히 종친들의 모임이라는 의미로 사용된 듯하다.

건에 맞지 않다고 하여 재단설립을 보류하고 광산회로 활동하기로 하였
다고 한다.

광산회의 주요 활동은 크게 세 가지로 나눌 수 있다. 첫째는 숭조보종
(崇祖補宗) 사업이다. 난고 선조를 경모하고 종택을 수호 보존하는 일이
다. 둘째는 종족 성원들의 결속을 다지는 친목활동이다. 광산회 총회 시
에 회연을 베풀고 모든 종원들이 함께 즐기는 것이다. 셋째는 후손을 위
한 육영사업이다. 대학에 진학하는 자제들에게 경제적 지원을 하는 장학
사업이다. 이 중에서 광산회가 중점을 두고 있는 사업은 친목활동과 장
학사업이다. 친목활동과 장학사업에 대해서는 다음 종족활동에서 좀 더
자세히 살펴보기로 한다.

광산회의 총회는 매년 4월 하순이나 5월 초순경에 일요일을 택해 난
고종택에서 개최한다. 약 100명~150명 정도가 참집하여 성황을 이룬다.
연중 가장 많은 종원들이 참여하는 가장 대표적인 문중행사가 되었다.

2011년 5월 1일 정기총회에서 보고된 바에 의하면 광산회는 1억 5천
만 원의 장학기금을 보유하고 있다. 이 기금은 회원들의 성금으로 조성
된 것으로 이 기금의 정기예금 이식으로 장학금을 지급한다. 총회경비와
경상운영비는 총회에 참가하는 회원들의 회비와 이사회비 및 기타 성금
으로 충당한다.

4. 노인소(老人所)

노인소는 원구리 영양남씨 문중의 경로조직이다. 영해지역에는 마을
마다 문중별로 노인소를 운영하는 전통이 있다. 이 노인소는 대한노인회
산하의 공조직인 노인회와는 다른 별개의 문중조직이다. 일 년에 한 두
차례 문중의 노인들을 초대하여 식사를 대접하고 때로는 외지에 관광을
다녀오기도 한다. 원구리에는 영양남씨뿐만 아니라 무안박씨와 대흥백

씨 문중에도 각기 노인소를 운영하고 있다. 마을에 거주자가 많았을 때
는 활동이 매우 활발하였으나 현재는 대한노인회 산하의 노인회가 마을
마다 조직되어 있어서 노인소의 활동은 미미한 상태에 있다. 별도의 재
산을 마련하지는 않고 있으나 마을에 거주하는 각 회원들이 자유의사에
의해 출연하여 기금을 마련하고 경비에 충당하고 있으며, 2011년 현재
약 100만원의 기금을 보유하고 있다.

5. 송계(松契)

송계는 원래 삼림의 보호와 이용을 목적으로 하는 마을 혹은 지역단
위의 조직으로 볼 수 있지만 묘소와 선영의 보호를 위한 족계의 일종으
로 나타나기도 한다(김필동 1992: 332~333; 강성복 2011).

원구리의 송계는 문중별로 조직되어 있다. 영양남씨뿐만 아니라 이
마을에 세거하고 있는 무안박씨와 대흥백씨 문중에도 송계가 조직되어
있다. 공동의 임야를 마련하여 임산자원을 채취하고 사유 임야가 없는
계원들에게 묘지를 제공하기도 한다. 송계는 문중별로 조직되어 임야의
소유권도 문중 공유로 되어 있지만 종족 성원들과 신분적 경제적으로 연
고(예: 지주소작관계)가 있는 타성에게도 가입을 허락하여 지상물의 이
용을 허용하고 있다. 문중의 송계에 타성의 참여를 제한적이나마 허용하
는 것은 양자의 필요성이 합치된 결과로 보인다. 송계의 주체가 되는 문
중의 입장에서는 타성들의 노동력을 활용할 수가 있고, 임야를 소유하지
못한 타성들의 입장에서는 연료를 채취하거나 묘지를 확보할 수 있는 이
점이 있기 때문이다.

송계의 구성원 중에서 상을 당하게 되면 모든 계원들이 동원되어서
상중의 제반사를 맡아서 수행한다. 송계에 가입되어 있는 타성들도 산역
과 운구 등에 참여하여 장례조직의 성원이 된다. 즉 송계와 장례조직은

성원이 일치하는 것이다. 그래서 이 마을에서는 장례조직을 송계라 부르고 있다(이창기 2006, 이 책 제4장).

송계에 타성이 참여하고 있다는 점에서 엄밀히 말하면 송계를 문중조직이라 할 수는 없지만 임야의 소유권 등 문중이 주체가 되고 있고 타성들에게는 단지 연료를 채취하거나 필요한 경우에 묘를 쓸 수 있도록 하는 등 참여를 극히 제한적으로 허용한다는 점에서 문중조직의 일환으로 간주하여도 무방하지 않을까 한다. 현재 영양남씨 송계는 약 10,000평 정도의 임야를 소유하고 있다. 송계의 결성 시기에 대해서는 모두가 오래 되었다고만 말할 뿐 아무도 구체적으로 아는 이가 없었다.

IV. 종족활동

문중조직의 형태나 운영방식뿐만 아니라 종족집단의 기능도 문중에 따라서 다양한 모습을 보여주고 있다. 최재석은 종족집단의 주요 기능으로서 조상제사, 생활의 협동, 사회적 위세의 과시 등 세 가지를 지적하고 이 중에서 사회적 위세의 과시 기능이 종족집단의 가장 본질적인 기능이며 종족 성원들 사이의 상호부조나 노동의 협동은 매우 취약하다는 점을 밝히고 있다(최재석 1966). 종족집단은 조상의 사회적 지위를 계승하고 이에 동일시하여 자신들의 위세를 과시하고자 하는 조상 중심의 과거지향적인 활동에 관심이 많고, 현존하는 종족 성원들의 생활이나 미래의 자손들에 대한 관심은 상대적으로 매우 저조하다는 것이다.

최재석이 지적한 세 가지 기능 외에 교육적 기능도 종족집단의 주요 기능이 되고 있음을 여러 학자들이 지적하고 있으며, 문중의 자제교육을 위해 문중서당 등의 교육기관을 설립하여 운영한 여러 문중의 사례를 소

개하고 있다.[5]

그러나 조상을 통해서 자신이나 자신이 속한 종족집단의 사회적 위세를 과시하고자 하는 이러한 활동은 신분이 중요한 사회적 평가의 기준이 되었던 전통사회에서 문중재산이 많고 유명한 조상을 모신 저명 종족집단에서 두드러지게 나타나기는 하였지만 그렇지 못한 평범한 종족집단에서는 종족활동이 조상제사에 한정되고 있으며, 그것도 점차 축소되고 간소화되는 경향을 보여주고 있다(이창기 1977; 김필동 2000 2006). 또한 현존 종족 성원들 간의 협동과 친화를 위한 활동을 종족집단의 중요 사업으로 추진하고 있는 모습도 관찰된다(조강희 1988; 이창기 2004).

원구리 영양남씨의 종족활동은 앞서 소개한 문중조직의 정례적인 활동과 부정기적으로 추진된 특별사업으로 나눌 수 있으며, 내용별로는 크게 조상제사, 재실 보수 및 묘역 정화사업, 친목 및 육영 사업, 종택보존 및 조상현창 사업으로 구분해서 살펴볼 수 있다.

1. 조상제사

원구리 영양남씨들이 문중 차원에서 행하는 조상제사는 묘제와 남경훈 내외를 대상으로 하는 불천위 대제가 있다.

묘제는 매년 음력 10월 1일을 전후해서 일요일을 택해 거행하는데 조상 묘소의 위치에 따라 당일 세 곳에서 차례대로 진행한다.

가장 먼저 묘제를 올리는 곳은 윗대 조상들의 묘소가 모여 있는 축산면 칠성리의 진밭소(泥田所)이다. 여기에는 난고의 조부모, 부모, 난고

---

5) 종족집단의 교육적 기능에 대해서는 여중철(1974)이 지적한 바가 있으며 최재석 (1983: 763~766)도 조선시대의 문중의 기능을 분석하면서 자제교육이 종족집단의 중요한 기능이 되고 있음을 밝혔다. 문중서당을 통한 교육적 활동에 대한 구체적 소개는 김필동(1999, 2009), 이연숙(2006, 2009), 이창언(2005, 2007) 참조.

내외, 손자 상주(尚周)의 내외 묘소가 자리잡고 그 부근에 재실이 위치하고 있다. 여러 대의 조상 묘소가 모여 있어서 이들은 이곳을 진밭회전(泥田會奠)이라 부르고 있다. 묘소는 같은 능선에 위로부터 난고 내외(합분), 부모(쌍분), 조부모(상하분), 손재내외(합분)의 순서로 모셔져 있고, 손자 내외의 묘소 아래에 4개의 상석(床石)을 마련해 두고 있다. 이 상석에 제수를 진설하고 합동으로 묘제를 봉행하는데 삼헌과 독축은 따로 따로 행하여 제일 윗세대인 광(廣)의 초헌은 충록(忠祿)의 종손이 하고 의록(義祿), 난고, 상주(尚周)의 초헌은 난고의 종손이 한다.

광의 장남 충록과 그의 후손들의 묘소는 다른 지역에 위치하고 있어서 묘제를 따로 봉행하지만 광의 묘소가 진밭에 소재하고 있어서 충록의 후손들도 진밭회전의 묘제에 참여한다. 충록의 후손들 입장에서 보면 계보상 의록과 난고가 방조(傍祖)에 해당하지만 충록의 독자 경일(慶一)이 후사가 없어 난고의 차자 정(侹)을 입양하여 후사로 삼아서 생가로 보면 정의 후손들이 모두 난고의 후손이 되기 때문에 진밭회전의 묘제뿐만 아니라 난고의 불천위대제 등 난고문중 행사에 많이 참여하고 있다.

묘제의 제관은 해마다 다소의 차이가 있지만 약 50명 내외가 참여한다. 대체로 60대 이상의 노인들이 다수를 점하고 젊은이들의 참여는 저조한 편이며, 노령층에서는 도포에 유건을 착용한 이들이 많다.

제수를 마련하는 경비는 진밭소에 마련해 둔 위토의 소출로 충당하며 유사의 지휘를 받아 위토경작자가 준비한다.

진밭회전의 묘제를 봉행하고 음복이 끝나면 모두 다음 묘제 장소인 간화전(間花田)으로 이동한다. 간화전은 진밭에서 과히 멀지 않은 위치에 있는데 난고의 장남 안분당 길(佶)의 묘소가 있다. 길의 배위의 묘소는 길골에 있다. 간화전 묘제의 제수는 간화전소의 위토에서 나온 소출로 충당한다.

간화전의 묘제가 끝나면 약 6km 떨어진 길골(道洞)로 이동하여 마지

막 묘제를 봉행한다. 길골에는 난고의 장자인 길의 배위와 난고의 차손자 상소(尙召) 내외, 그리고 난고의 장중손자 노명(老明) 내외의 묘소가 있어서 이들을 대상으로 묘제를 봉행한다. 길골의 묘제가 끝나면 음복과 함께 참여 제관 일동이 점심식사를 한다. 길골 묘사의 제수와 점심식사는 길골소 위토의 소출로 제공한다.

묘사 이외에 난고문중에서 행하는 중요한 조상 제사는 불천위대제이다. 난고 남경훈은 임란에 의병장으로 참전하여 공을 세웠고, 관직에 나아가지 아니하고 향리에서 학문에 정진하여 많은 인재를 양성하였으며, 부친을 대신하여 옥살이를 하다가 병을 얻어 40세의 젊은 나이에 부친에 앞서 타계하였다. 이러한 난고의 충절과 학덕 그리고 지극한 효행을 기려서 지역 유림의 공의로 광산서원과 경덕사를 건립하고 불천위로 모시게 되었다.

난고의 불천위대제는 난고의 기일인 음력 11월 11일 첫새벽에 난고 종택의 사랑채인 만취헌(晩翠軒)에서 봉행한다. 난고문중의 가장 중요한 대제이기 때문에 원구리와 인근 마을에서뿐만 아니라 서울, 부산, 대구, 경주 등의 원지에서도 문중의 주요 인사들이 대거 참여한다. 저자가 참관하였던 2005년 12월 12일 새벽에 행한 대제에는 30여 명의 제관이 참여하였다. 불천위대제는 문중의 가장 중요한 의례이지만 제사의 경비는 주로 종가에서 부담하고 일부는 광산소와 광산회 및 유력 종인들의 찬조로 충당한다.

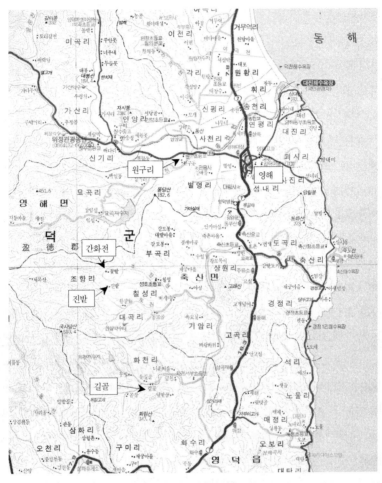

〈그림 5-2〉 원구리와 각 문소의 위치

2. 묘역 정화사업

조상의 제사를 봉행하는 일 이외에 종족집단의 조직이 수행해야 할 중요한 기능이 조상의 묘소를 관리하고 수축하는 일이다. 원구리 영양남 씨의 난고문중에서도 난고 내외와 부모, 조부모, 장손자 내외의 산소가 자리잡고 있는 진밭회전의 묘소를 수축하고 각종 석물들을 개비하는 일이 오랜 숙원사업이었다. 그러나 여러 차례논의가 있었지만 재정 동원이 부진하여 제대로 성사되지 못하였다.

진밭회전에 대한 부분적인 1차 정화작업에 착수한 것은 1986년(병인년)이다. 난고 내외와 부모, 조부모 그리고 손자 내외를 위한 상석 4좌를 묘역 아래에 나란히 설치하는 일이었다. 이 사업에 소요된 경비가 어느 정도인지는 알 수 없지만 경주 구어리의 종친 모임인 구어회(九於會)에서 경비 일체를 부담하였다. 같은 해에 진밭회전의 상석 설치와는 별도로 간화전에 있는 안분당 길(난고의 장남)의 산소에 대한 정화작업도 완수하였다. 안분당 묘소의 봉분 둘레석을 설치하고 상석을 개비하는 사업이었다. 이 사업에 대한 경비는 일본에 거주하고 있는 재일교포 종족원이 전액 부담하였다.

진밭회전의 2차 정화사업이 구체적으로 논의되기 시작한 것은 광산회가 창립된 1992년 이후의 일이다. 광산회를 통해 종족 성원들이 문중활동 참여가 활성화되면서 자연스레 진밭회전의 정화사업이 다시 논의되고 사업계획이 구체화되었다. 종론을 일으키고, 사업계획을 수립하고, 재정을 모금하고, 사업을 추진해 나가는 데는 종손을 비롯해서 문중 일에 관심이 많은 몇몇 종원들의 열성적인 노력이 큰 힘이 되었다.

진밭회전 2차 정화사업의 주요 내용은 비석을 다시 개갈(改碣)하고 봉분의 둘레석, 문무관석, 사자석, 장명등, 망두석 등의 석물을 설치하는 일이었다. 그 중에서 비석과 둘레석을 준비하는데 가장 많은 경비가 투입되었다.

진밭회전 2차 정화사업에 소요되는 재정은 대부분 종원들의 희사금으로 충당하였다. 18명의 종원들이 3,800만 원을 희사해 주었고, 고유제 당일 참석자들의 찬조금이 500여만 원이나 입금되어 총사업비 3,600만 원을 지출하고도 약 700여만 원을 남길 수 있었다.

진밭회전의 정화사업을 마무리 한 후 2004년에는 길골의 정화사업도 완수하였다. 길골 정화사업은 난고의 장자 안분당 길의 배위와 차손자 상소 내외, 그리고 증손자 노명 내외의 묘소를 보수하고 비석과 상석을 개비하는 사업이었다. 이 사업에 소요된 경비는 길골소의 재정에서 200만원을 부담하기는 하였지만 석물과 고유제(告由祭)의 제수 및 기념품을 경주에 거주하는 한 종족원이 거의 전부를 협찬하여 사업을 완수할 수 있었다.

두 차례의 진밭회전 정화사업과 간화전 및 길골의 정화사업 등 네 건의 묘역 정화사업은 이미 살펴본 것처럼 재정의 대부분을 소수 종족 성원들의 협찬으로 충당하였다. 규모가 비교적 큰 진밭회전의 정화사업에는 20명에 가까운 종족원이 적게는 100만원에서 많게는 650만원을 회사하여 사업을 완수할 수 있었고, 규모가 비교적 작았던 진밭회전의 상석 설치와 간화전 및 길골의 정화사업은 한 두 종족원의 특별 찬조에 크게 의존하였다. 문중의 기금이나 공유재산에서 출연한 재원은 극히 적은 부분에 지나지 않는다. 재실이나 묘지를 보수하고 조상의 업적을 현창하는 사업이 종족 성원들의 협찬에 의존하는 것은 과거와는 달리 문중의 공유재산이 위축된 대부분의 종족집단에서 일반적으로 나타나는 현상이지만 종족원 전체를 포괄하는 공식적인 문중조직이 존재하지 않고 각 문소(門所)의 위토를 제외하고는 별도의 문중재산을 마련해 두지 못한 난고문중도 종족집단의 일반적인 경향과 크게 다르지 않다.

3. 친목 및 육영 사업

한국의 종족집단이 공동 조상의 혈통을 계승한 혈연집단으로서의 성격뿐만 아니라 조상의 사회적 지위를 계승하는 신분집단으로서의 성격을 동시에 지니고 있기 때문에 조상의 위세를 대외적으로 과시하는 일에 많은 관심을 가지고 과거지향적인 숭조사업을 적극적으로 추진해 왔다(최재석 1966). 장제례의 성대한 봉행, 분묘의 치장, 재실이나 기념관의 건축, 신도비 건립, 문집의 발간, 타 문중의 숭조사업에 대한 찬조 등등은 조상과 문중의 사회적 위세를 대외적으로 드러내기 위한 동기가 저변에 강하게 자라잡고 있는 것이 사실이다.

그러나 최근에는 숭조사업과 더불어 현존하는 종족 성원들 간의 결속을 다지기 위한 친목활동과 후손들의 사회적 성장을 지원하기 위한 장학사업에 대한 관심이 점차 증가하고 있는 경향이 나타나고 있다. 과거지향적인 종족집단이 점차 현실생활 및 미래지향적인 방향으로 변화하고 있는 모습으로 볼 수 있지 않을까 한다.

원구리 영양남씨의 난고문중에서도 이러한 변화의 모습이 발견되고 있다. 난고문중의 대표적인 종족조직이라 할 수 있는 광산회는 애초의 설립 목적이 후손의 육영을 위한 장학사업에 있었다. 그래서 광산회는 설립 초기부터 내부에 장학위원회를 구성하고 기금을 모금해서 2011년 5월 현재 1억 5천만 원의 기금을 적립해 놓고 있다. 이 기금의 이식으로 현재까지 장학생을 선발하여 장학금을 지급해 오고 있다.

광산회에서 장학금을 처음 지급한 것은 창립 3년 후인 1995년부터이다. 이 해에 4명의 대학생을 선발하여 1인당 50만원씩 200만원을 지급한 것을 시작으로 매년 150만원~400만원의 장학금을 꾸준히 지급하였다(2002년에는 대상자 없음). 1인당 50만원씩 지급하던 장학금의 액수도 2005년부터는 1인당 100만원으로 증액하였다. 1995년부터 2011년까지 지급한 장학금의 규모는 총 57명에 3,750만원에 이르고 있다. 후손의 육영을 위한 장학사업에 이처럼 심혈을 기울이는 것은 종족집단 활동의 새로운 면모를 보여주는 것이며, 문중서당이나 교육시설을 마련하여 자제교육에 힘을 쏟았던 교육적 기능을 현대적으로 계승한 것으로 볼 수 있다.

장학사업 다음으로 광산회가 중점적으로 추진하는 사업이 종족 성원들의 결속과 친목을 위한 총회 행사이다. 광산회의 총회는 매년 봄 4월 하순이나 5월 초순에 일요일을 택해 난고종택에서 개최한다. 참석하는 종원의 수는 해마다 다소의 차이가 있지만 대체로 100명~150명 정도가 회집하여 오전에 장학금 전달, 각종 보고, 임원 개선, 토의사항 등을 내용으로 하는 총회를 개최하고 점심식사 후 2부 행사로서 여흥을 즐긴다. 장학금을 제외한 경상운영비의 절반 이상이 총회 경비로 소요된다.

4. 종택보존 및 조상현창 사업

한국 종족집단은 당내집단에서는 대소사에 긴밀히 협동하고 일상생활 과정에서 빈번하게 왕래하면서 협동친화관계가 돈독하게 나타나지만 당내집단을 벗어나면 조상제사나 사회적 위세를 과시하는 활동에 비해서 종족 성원들 간의 상호부조나 생활상의 협동 기능은 매우 미약한 것으로 지적되고 있다. 문중의 공유재산으로 어려운 종족원을 도와주는 사례도 찾아보기가 어렵다. 그러나 종손이나 종가에 대해서는 이와 다른 모습을 보여준다. 종손이 빈곤하게 되면 문중에서 전답을 마련해 주기도 하고 종가가 퇴락하면 문중재산으로 건물을 수축하기도 한다. 일반 종족원의 길흉사에는 공금으로 부조를 하지 않으면서 종가의 길흉사에는 특별 부조를 하는 경우도 흔히 발견된다. 종손이나 종가는 종족집단의 얼굴이기 때문에 이들이 몹시 빈곤하거나 퇴락하면 문중의 사회적 위상이 훼손된다고 의식하기 때문이다(최재석 1966; 이창기 1977).

그러나 원구리 영양남씨의 난고문중에서는 종가를 지원하는 보종활동이 별로 나타나지 않는다. 대표적인 종족조직이라 할 수 있는 광산회의 회칙 제5조 사업 조항에는 난고선조의 경모사업과 난고종택의 수호보존 사업을 주요한 사업으로 규정하고 있지만 후손의 육영을 위한 장학사업과 종족 성원들 간의 친목을 위한 총회 시의 연회 행사에 비하면 숭조보종 사업은 매우 저조한 모습을 보이고 있다. 물론 불천위대제, 묘제, 조상 묘역 정화사업 등에 회원들이 적극 참여하도록 독려하여 종족활동에서 광산회가 중추적인 역할을 담당하고 있지만 이러한 사업이나 행사에 참여하는 것은 어디까지나 개인 차원의 참여이기 때문에 광산회의 역할은 지원활동의 범위를 넘어서기가 어렵다. 광산회가 숭조보종활동에 조직으로서 참여하는 것은 불천위 대제에 약간의 금전적 부조를 하거나 종가의 길흉사에 공식적으로 부조를 하는 정도에 그치고 있다.6) 광산회가 주요 사업으로 설정하고 있으면서도 숭조보종사업에 눈에 띄는 실적이 나타나지 않는 것은 종가가 특히 빈한하지도 않고, 종택이 경상북도민속자료 제29호로 지정되어 있어서 종택의 보존과 관련된 사업이 대개 정부의 재정지원에 의해서 이루어지기 때문인 것으로 보인다. 최근에 이루어진 종택의 대문채 건립과 종택 동쪽에 인접해 있는 난고정(蘭皐亭)의 복원사업도 정부의 재정적 지원에 의해 이루어졌던 것이다.

5. 문중재산

대개 문중에는 다소의 재산이 있어서 문중의 공동사업을 수행하는 밑받침이 되고 있다. 문중재산은 종족원들로부터 갹출하여 마련하는 경우도 있고, 부유한 종족원이 거액의 사유재산을 기부하여 마련하는 경우도 있다(최재석 1965: 105). 근래에는 도시개발에 따른 보상금으로 거액의 문중재산을 확보하는 경우도 있고(조강희 1988; 이창언 2005 2007), 족보 발간 등의 사업을 통해서 문중재산을 형성하기도 한다(이창기 2004).

문중재산은 사용 목적이나 범위에 따라서 특정 조상의 묘소를 관리하

---

6) 광산회는 불천위대제에 매년 정기적으로 약간의 제찬비를 지원하고 있으며, 최근에 있었던 종손 내외분의 장례와 대소상, 그리고 종가의 혼사에 광산회 명의의 부조를 하였다.

거나 제사(묘제)를 봉행하는데 한정하는 경우도 있고, 묘소관리나 제사 봉행뿐만 아니라 문중이 수행하는 대내외의 모든 사업에 두루 사용하는 경우도 있다. 후자의 경우는 문중의 규모가 크고 문중재산이 많이 확보된 경우에 흔히 찾아볼 수 있다.

원구리 난고문중의 문중재산은 앞서 문중조직에서 살펴본 바와 같이 각 소(所)를 중심으로 위토의 형태로 형성되어 있다. 각 소에 소속된 조상의 묘소를 관리하고 묘제를 봉행하기 위한 목적으로 마련해 둔 것이다. 각 소의 위토는 전답과 임야 등의 토지로 구성되어 있는데 과거에는 전답이 중요한 재산이었으나 최근에는 임야에서 채취하는 송이가 주요 소득원이 되어 임야가 중시되고 있다. 재산의 규모는 벌초와 묘제의 제수를 마련하는 데 부족하지 않을 정도로서 규모는 그렇게 크지는 않다. 전체 문중을 포괄하는 공유재산은 별도로 마련하지 않았다.

난고문중의 조상제사를 위한 문중재산은 주요 조상들의 묘소 위치에 따라 세 개의 소로 나누어져 있다.

진밭소(泥田所)는 난고내외와 부모, 조부모, 그리고 손자 상주의 묘소가 있고, 묘소 인근에 재실이 자리잡고 있는 곳이다. 진밭소의 위토는 일제강점기에 전답 약 70여 마지기를 보유하고 있었다고 하나 공동명의로 등기한 한 종족원의 부채보증 사건에 연루되어 대부분 소실되고 현재는 임야 20정보와 논 1,400평, 밭 700평이 마련되어 있다. 이 토지에서 나오는 소출로 재실과 묘소를 관리하고 8위의 묘제를 봉행한다. 위토는 타성이 경작하고 있다.

간화전소는 난고의 장자 길의 묘소가 있는 곳이다. 길의 묘소를 관리하고 묘제를 봉행하기 위해서 임야 10정보와 논 700평, 밭 650평이 마련되어 있다. 타성이 이 토지를 경작하고 묘소관리와 묘제의 제수를 준비한다.

길골소(道洞所)는 난고의 장자 길의 배위와 차손자 상소 내외, 그리고 장중손 노명 내외의 묘소가 있는 곳으로 임야 40정보와 논 1,400평, 밭 1,300평이 마련되어 있다. 세 곳의 소 중 위토의 규모가 가장 크고 소출도 가장 많다. 그래서 길골소에서는 묘소관리와 묘제의 제수 준비뿐만 아니라 묘제 당일의 제관들 점심식사까지 담당하고 있다.

묘소관리와 묘제봉행을 위한 진밭소, 간화전소, 길골소 이외에 공동재산을 소유한 조직으로는 광산소, 동원계, 광산회, 송계 등이 있으나 이들이 소유한 재산은 광산회의 장학기금을 제외하면 그 규모가 별로 크지 않다.

광산서원의 건립 정신을 계승하고 서원에 배향되었던 난고 부자를 기리기 위한 광산소는 약 1,000평의 밭과 3필지의 대지를 보유하고 있으며 여기서 나오는 임대료로 취회 시의 경비를 충당하고 난고의 불천위 대제의 경비 일부를 지원하고 있다. 동원계는 회원이 가입할 때 출자하는 출자금(정조 1두와 현금 1,000환)으로 기금을 조성하고 이를 계원들에게 대부한 이식으로 경비를 충당하였으나 계원이 증가하지 않고 그간의 행사 경비가 과도하게 지출되어 기금을 거의 소진하고 현재는 논 200평과 약간의 현금만 보유하고 있을 뿐이다.

송계는 약 10,000평 규모의 임야를 소유하고 있다.

재산규모가 비교적 큰 광산회는 2011년 5월 현재 약 1억 5천만 원의 장학기금과 약 840여만 원의 현금을 보유하고 있다.

이처럼 원구리 영양남씨의 종족집단에는 입촌조(入村祖) 또는 중심조상의 모든 후손을 총괄하는 문중조직이 뚜렷이 존재하지 않고 묘소관리와 묘제봉행을 위한 위토 이외에 별도의 문중재산을 소유하지 않은 특징을 지니고 있다.

이러한 특징은 종손과 문중 어른들을 중심으로 의견을 수렴하고 의사를 결정하는 전통적인 운영방식을 고수하고 있는 점과 깊이 관련된 것이 아닌가 한다.

V. 결 론

이상에서 살펴본 바와 같이 원구리 영양남씨는 지역사회에서 높게 평가받는 명문거족의 한 분파로서 나름의 활발한 종족활동을 전개하고 있다. 이 자리에서는 원구리 영양남씨의 종족조직과 종족활동에서 나타나는 특징을 정리함으로써 결론에 대신하고자 한다.

종족집단이 조직화되고 활발한 활동이 이루어지기 위해서는 종족집단의 구심적 역할을 하는 명망있는 조상(顯祖)의 존재, 많은 종족 성원들이 동일한 지역에 밀집해서 거주하는 자손의 수와 밀도, 현존 종족성원의 사회경제적 지위의 향상, 풍부한 문중재산 등이 갖추어져야 한다. 이 중에서도 특히 위세 있는 조상의 존재는 종족집단이 조직화되는 계기를 마련해 주며, 종족성원들에게 그들의 신분적 정체성을 확인해 줌으로써 조직활동에 적극적으로 참여하게 하는 중요한 요인이 된다(이창기 1991).

원구리 영양남씨는 종족집단이 조직화되고 활성화되기 위한 조건을 두루 갖추고 있다. 불천위로서 지역사회에서 높이 평가되는 현조가 존재할 뿐만 아니라 그 후대에도 여러 명의 과거 급제자를 배출하였으며, 자손이 번성하고 영해 일대에 집중적으로 거주함으로써 지역사회에서 5대 성씨 중의 하나로 평가받고 있다. 현존 종족성원들도 사회 각계에 진출하여 활동하고 있고, 문중재산은 지금은 많이 약화되었지만 과거에는 문중의 경제적 기반도 튼실했던 것으로 보인다. 이러한 여러 가지 요인들이 원구리 영양남씨가 적어도 영해지방에서는 명망있는 가문으로 인정받는 바탕이 되고 있다.

이러한 원구리 영양남씨의 문중조직과 종족활동에는 다음과 같은 몇 가지 중요한 특징을 찾아볼 수 있다.

첫 번째로 지적할 수 있는 것은 전체 종족 성원을 총괄하는 공식적인 문중조직의 존재가 뚜렷하게 부각되지 못하고 있다는 점이다. 하나의 종족이 한 마을이나 일정 지역에 오랜 동안 집단적으로 거주하게 되면 전체 성원을 포괄하는 대종중 또는 대종회라 불리는 계보조직이 결성되고 그 아래에 조상의 계보에 따라 여러 단계의 소종중이 형성된다. 그런데 원구리 영양남씨 문중에서는 이러한 계보조직이 뚜렷하게 부각되지 못하고 있다. 물론 광산소나 동원계, 광산회 등의 조직이 존재하고 중요한 조상의 묘소나 재실을 관리하고 묘제를 봉행하기 위한 여러 개의 문소(門所)가 설치되어 있지만 특정한 사업이나 특수 목적을 달성하기 위한 이러한 하위조직들을 총괄하는 대종회와 같은 조직이 보이지 않는다. 이 점은 다음에 지적할 문중의 의사결정구조와 깊이 관련되어 있는 것으로 보인다.

두 번째로 지적할 수 있는 것은 종손과 문중어른들을 중심으로 문중의 의견을 수렴하고 중요한 종의를 결정하는 전통적인 의사결정방식에 매우 충실한 모습을 보여주고 있다는 점이다. 종족집단의 조직에 대해서 보고한 여러 사례들을 보면 문중의 규약(宗約)을 제정하고 각 계보의 대표들로 구성된 문사위원회나 실무를 담당하는 유사들로 구성된 유사회와 같은 기구를 설치하여 문중의 중요 의사를 이런 공식기구를 통해서 결정하는 사례가 많이 나타나고 있다(이창기 1980; 이창언 2005; 김경수 2006; 이연숙 2007). 종손이나 소수 인사에 의한 문사의 전횡을 방지하고 문중을 안정적으로 운영하기 위한 장치로 이해된다. 그러나 원구리 영양남씨의 난고문중에서는 이러한 의사결정의 공식기구가 발견되지 않고 종손을 중심으로 하는 문중어른들의 비공식적 합의가 중시되고 있다. 난고문중에서 이러한 의사결정구조를 유지하는 것은 종손이 유고 없이 안정적으로 가계를 계승하였기 때문에 가능한 것이 아닌가 한다. 원구리 영양남씨의 난고문중에서는 난고 이후 현재의 종손에 이르기까지 16대

동안 단 한 번의 양자도 없이 적통계승이 이루어졌고, 종손이 유소하거
나 무식하거나 극히 빈한하여 문중을 이끌어 가는 리더십에 큰 문제를
노출한 적도 없었다. 오랜 세월 연만한 종손이 안정적인 리더십을 가진
다면 종족 결합의 일차적 구심점인 종손이 문중 운영의 중심에 서는 것
은 자연스러운 일일 것이다. 종손이 충분한 리더십을 발휘하기 어려울
때 종족 결합의 이차적 구심점으로서 문중 운영의 전면에 나서게 되는
문장(門長)의 존재가 원구리 영양남씨 문중에서 크게 부각되지 않는 것
도 같은 맥락에서 이해될 수 있을 것으로 본다.

  셋째는 재실 및 묘소의 관리와 묘제의 봉행을 위한 위토 이외에 전체
문중의 다양한 활동을 지원할 수 있는 문중의 공유재산이 존재하지 않는
것도 하나의 특징으로 지적할 수 있을 것이다. 대체로 한미한 문중에서
는 조상 제사를 위한 위토를 마련하고 유지하는 것도 힘에 벅차기 때문
에 별도의 문중 공유재산을 확보하기는 어렵지만 명문거족의 경우에는
위토 이외에 상당한 양의 문중재산을 소유하여 각종 종족활동에 활용하
는 예를 흔히 찾아 볼 수 있다. 원구리 영양남씨도 중심이 되는 조상의
사회적 위치나 지역사회에서 차지하는 문중의 위상으로 본다면 그에 걸
맞은 활동을 위해 상당한 문중재산이 필요할 것으로 보이지만 현상은 그
에 미치지 못하고 있다. 그러나 원구리 영양남씨 문중에도 과거에는 상
당한 문중재산이 마련되어 있었을 것으로 짐작된다. 전해오는 얘기에 의
하면 이 문중에는 소유재산을 300석을 넘기지 말라는 조상의 유지(遺志)
가 있었다고 한다. 이것이 문중재산을 의미하는 것인지 종가의 재산을
의미하는 것인지 불분명하고, 선비의 가문으로서 과도한 물질적 탐욕을
경계하라는 교훈으로 이해되기는 하지만 거부(巨富)는 아니더라도 상당
한 물적 토대를 유지하고 있었음을 짐작케 한다. 또한 일제강점기까지도
진밭소가 70여 마지기의 토지를 소유하고 있었다는 사실로 미루어 보더
라도 문중재산이 상당했던 것은 분명한 것으로 보인다. 그러나 진밭소의

재산이 소실되고 난 이후 위토 이외의 공유재산은 더 이상 마련하지 못
하였다. 특히 1980년대 이후에는 종택이 경상북도민속자료로 지정되어
종택의 유지보수와 조상현창사업이 정부의 재정에 크게 의존하고 있기
때문에 문중재산에 대한 필요성도 그만큼 줄어들고 있는 것으로 보인다.

넷째는 원구리 영양남씨 종족집단의 활동의 중심이 되고 있는 광산회
를 중심으로 현존 종족 성원들의 결속을 위한 친목활동과 자손의 육영을
위한 장학사업을 적극 추진하고 있는 점이 주목된다. 전통적인 한국의
종족집단이 조상 제사와 조상의 업적을 과시하는 활동에 관심을 집중하
고 있었다면 현존 종족 성원과 미래의 후손들을 위한 활동을 적극적으로
추진하고 있는 광산회의 활동은 과거지향적인 활동에서 미래지향적인
활동으로 전환해 가고 있는 한국의 종족집단의 변화의 일단을 보여주는
사례라 하지 않을 수 없다.

원구리 영양남씨 종족집단에서 나타나는 이러한 특징들이 이 종족집
단에서 특유하게 나타나는 특정 문중의 고유한 특성으로 볼 것인지 아니
면 영해지역에 세거하고 있는 다른 종족집단에서도 공통적으로 발견되
는 지역사회의 문화적 특성으로 볼 것인지에 대해서는 더 많은 관찰이
필요하다. 이에 대해서는 후속 연구가 이어지기를 기대한다.

참고문헌

강성복, 2011, 계룡산 국사봉 주변마을의 송계 관행, 『충남지역 마을연구』, 민속원.
김경수, 2006, 결성장씨 종족마을의 형성과 문중운영, 『고문서연구』 28, 한국고문
　　　서학회.
김필동, 1992, 『한국사회조직사연구』, 일조각.
＿＿＿, 1999, 종족조직의 변화, 김일철 외 공저 『종족마을의 전통과 변화』(개정
　　　판), 백산서당.

_____, 2000, 한국종족집단의 형성과 변동,『농촌사회』10, 한국농촌사회학회.

_____, 2006, 민촌적 배경을 갖는 종족마을의 종족집단과 그 변화,『농촌사회』 16-1, 한국농촌사회학회.

_____, 2009, 17세기 사족 문중의 형성 : 파평윤씨 노종파의 사례,『사회과학연구』 20-3, 충남대사회과학연구소.

남훈(편저), 2004,『寧海遺錄』, 鄕土史硏究會.

여중철, 1974, 동족집단의 제기능,『한국문화인류학』6, 한국문화인류학회.

영덕군, 2002,『盈德郡誌(상)』.

이광규, 1980, 도시친족조직의 연구,『학술원논문집: 인문사회과학편』19, 학술원.

이연숙, 2006, 동족마을의 서당 설립과 근대적 변화,『조선시대사학보』37, 2006.

_____, 2007, 양반마을의 문중의례와 종족의식,『사회와 역사』75, 한국사회사학회.

_____, 2009, 조선 후기 양반가의 문중교육,『역사와 담론』52, 호서사학회.

이창기, 1977, 한국동족집단의 기능변화에 관한 연구,『한국사회학』11, 한국사회 학회.

_____, 1980, 동족조직의 변화에 관한 연구,『한국학보』21, 일지사.

_____, 1991, 한국동족집단의 구성원리,『농촌사회』창간호, 한국농촌사회학회.

_____, 2004, 대도시지역 부계혈연집단의 조직 −벽진이씨 대종회와 대구화수회 의 사례−,『민족문화논총』제29집, 영남대민족문화연구소.

_____, 2006, 종족구성과 마을조직 −영해지역 세 반촌의 비교−,『지방사와 지 방문화』9-2, 역사문화학회.

이창언, 2005, 청주정씨의 경산 정착과 종족활동의 변화,『대구사학』79, 대구사학회.

_____, 2007, 밀양박씨 송정파의 울산 정착과 종족활동의 전개.『민족문화논총』 35, 영남대민족문화연구소.

조강희, 1988, 도시화과정의 동성집단연구,『민족문화논총』9, 영남대민족문화연 구소.

최재석, 1960, 동족집단의 결합범위,『논총』1, 이화여자대학교한국문화연구원.

_____, 1965, 동족집단,『농촌사회학』, 진명출판사.

_____, 1966, 동족집단의 조직과 기능,『민족문화연구』2, 고려대민족문화연구소.

_____, 1968, 동족집단조직체의 형성에 관한 연구,『대동문화연구』5, 성균관대대 동문화연구소.

_____, 1983,『한국가족제도사연구』, 일지사.

제6장

도곡마을 무안박씨의
문중조직과 종족활동

I. 서 론

종족집단이 강한 결합력을 가지기 위해서는 종족성원들이 '우리'라는 의식 즉 종족의식을 가져야 한다. 종족의식은 부계의 가계계승의식을 바탕으로 조상을 숭배하고 같은 조상의 자손임을 자랑스럽게 생각하는 숭조의식과 동조의식을 내포하고 있으며, 혈연적 배타성과 신분적 우월감이 결합된 배타적 족결합의식으로 표출된다. 그러나 종족집단이 조직적인 활동을 활발하게 전개하기 위해서는 조상의 위세, 자손의 수와 밀도, 현존 성원들의 사회경제적 지위, 문중재산 등 활동을 뒷받침할 수 있는 현실적 조건이 갖추어져야 한다. 사회적으로 명망이 있는 훌륭한 조상을 공유하고 있을 때 신분적 우월감도 높아지고 족적 결합도 강화된다. 자손의 수가 많고 특정 지역에 밀집해서 거주하게 되면 지역사회에서 문중의 위세가 강해지고 조직적인 집단 활동이 용이해진다. 현존 성원들의 사회경제적 지위는 성원들의 참여도를 높여주고 재정부담의 능력도 증대시킨다. 문중의 공유재산은 조상의 업적을 자랑하는 숭조사업과 문중의 위세를 과시하기 위한 다양한 사업을 활발하게 전개할 수 있는 물적 토대가 된다(이창기 1991). 이외에 종손과 문장의 리더십도 문중활동에 크게 영향을 미칠 것으로 보인다.

이러한 종족의식과 현실적 조건은 각 종족집단이 처한 상황에 따라 차이가 있게 마련이고, 따라서 문중조직의 운영방식이나 활동양상도 가문마다 매우 다양한 모습을 보여준다. 그러므로 한국 종족집단의 조직과 기능을 제대로 파악하기 위해서는 많은 사례의 수집이 필요하고, 사례연구의 축적을 통해서 보다 객관적인 일반이론을 도출할 수 있을 것이다.

문중연구에서 사례조사가 중요시되는 이유가 여기에 있다. 이 연구는 문중조직의 운영과 종족활동에 관한 사례연구의 자료를 축적하고 문중연구의 지평을 확대시키기 위한 목적으로 착수하게 되었다.

이 연구의 대상은 영덕군 축산면 도곡1리(이하 도곡마을이라 한다)의 무안박씨무의공파(務安朴氏武毅公派) 문중이다. 이 문중은 임진왜란에 공을 세워 선무원종공신(宣武原從功臣) 1등에 녹훈된 무의공 박의장(武毅公 朴毅長 1555~1615)의 후손들로 구성된 문중이며, 17세기 중엽 이후 도곡마을에 세거하였다.

이 연구를 위한 조사는 2012년 11월부터 2014년 5월까지 약 1년 6개월간 진행되었다. 수시로 마을을 방문하여 문중의 주요 인사들(종손, 전현 종회장, 감사, 도유사 등)을 면담하고 관련 자료를 수집하였다. 문중의 중요한 활동 내용은 문중 주요 인사들과의 면담과 1995년 이후 2013년까지 약 18년의 활동 내용을 기록한 회의록과 금전출납부를 분석하여 파악하였다. 같은 지역 내에서 문중 간에 활동의 차이가 있는지 알아보고 무의공파의 활동에 어떤 특징이 있는지 살펴보기 위해서 이미 보고된 원구마을 영양남씨 문중의 사례와 비교도 시도해 보고자 한다.

II. 무안박씨의 도곡마을 정착과정과 무의공 박의장

무안박씨가 도곡마을에 입주한 것은 17세기 중엽으로 추정된다. 원래 무안박씨 영해 입향조인 박지몽(朴之蒙: 1445~?)은 창수면 인량리에 정착하였는데 그의 차남 양기와 삼남 영기(무의공의 조부)가 인량의 이웃 마을인 원구로 이거하여 영기의 자녀들은 원구에서 태어났고, 손자인 무

의공의 형제와 무의공의 자녀들도 원구에서 태어나 성장하였다. 무의공
(1555~1615)이 사망하고 장남 유(瑜 1576~1618)도 사망한 후 1620년경에
사남 도와공 선(陶窩公 璿 1596~1669)이 도곡에 저택을 마련하여 먼저
터전을 잡고, 1644년에 종택을 건축하여 원구에 있던 백형의 유가족을
이주시켰다고 한다. 이로부터 도곡마을은 무의공의 후손들이 세거하는
종족마을이 되었다. 원구마을에는 영기의 삼남 세순(世淳)의 후손들이
오늘날까지 세거하고 있다.

　도곡마을 무안박씨의 세계(世系)를 정리하면 〈그림 6-1〉과 같다.

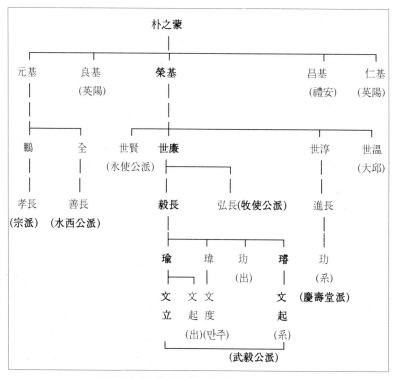

〈그림 6-1〉 무안박씨무의공파의 세계도(약도)

도곡마을 무안박씨의 중심 조상은 임진왜란에 공을 세워 선무원종공신(宣武原從功臣) 1등에 녹훈된 박의장(朴毅長 1555~1615)이다. 무의(武毅)는 사후에 받은 시호(諡號)이다. 공은 1555년에 원구마을에서 의주판관을 지내고 병조판서에 추증된 박세렴(朴世廉 1535~1593)의 장남으로 태어나 유일재 김언기(惟一齋 金彦璣 1520~1588) 문하에서 수학하고 1577년에 무과에 급제하여 1579년부터 약 10여 년간 훈련원봉사(訓練院奉事)를 시작으로 군기시참봉(軍器寺參奉)·부봉사(副奉事)·직장(直長)·주부(主簿), 광흥창주부(廣興倉主簿) 등의 관직을 역임하였다. 이러한 관직들은 병사를 훈련시키고 병기를 관장하는 직책으로서 이 시기의 경험이 훗날 화포와 비격진천뢰(飛擊震天雷)라는 신무기를 이용하여 왜적을 물리치는데 큰 도움이 되었을 것으로 본다(예병주 1999: 51). 이후 진해현감(함안현감 겸관)을 거쳐 1591년 경주판관으로 부임하였다. 이듬해(1592) 임진란이 발발하여 동래성을 지원하기 위해 출병한 사이 경주성이 함락되자 의병을 모병하고 훈련시켜 초제전투, 자인전투에서 승전하고 영천성을 수복하였으며 마침내 화포와 비격진천뢰를 사용하여 경주성을 탈환하였다. 경주성 탈환전투 시에는 숙부 세순(世淳)이 사재 800석을 군량미로 지원하여 승전에 크게 기여하였으며, 세순은 이 공로로 선무원종공신 2등에 녹훈되고 사후 공조참의에 추증되었다. 경주성 탈환 이후에도 대구 파잠전투, 양산전투 등에서 거듭 승전하고 1593년에 경주부윤으로 임명되어 6년간 재임하였다. 경주부윤 재임이 이렇게 길어진 것은 유임을 원하는 부민들의 탄원이 계속 이어졌기 때문이다. 무의공은 이러한 공로로 1605년(선조38)에 선무원종공신 1등에 녹훈되었다. 종전 후에도 무의공은 성주목사, 경상좌도병마절도사, 인동도호부사, 공홍도수군절도사, 경상도수군절도사 등을 역임하다가 1615년 수영에서 별세하였다. 사후 1622년(광해14)에 병조판서에 추증되고, 1784년(정조8)에는 무의(武毅)의 시호(諡號)를 받고 불천위에 봉해졌다. 무의공의 집안은 영해지역의 대표적인 무인가문이다. 공의 부친인 박세렴(朴世廉)을 비롯하여 숙부 세순(世淳), 아우 홍장(弘長), 종제 진장(進長), 장남 유(瑜), 삼남 늑(玏)이 모두 무과에 급제하여 두루 요직을 거쳤다.

무의공은 네 아들을 두었는데 장남 유(瑜 1576~1618)의 자손들은 도곡마을에 세거하고, 차남 위(瑋 1584~1666)의 자손들은 대동에서 살다가 종손이 일제강점기에 만주로 이거하여 도곡마을에는 후손이 살지 않는다. 삼남 늑(玏 1594~1656)은 무과에 급제하고 회령판관, 오위도총부 경력을 역임하였는데 당숙 진장의 후로 입양하여 경수당 세순의 가계를 이었으며 그 후손들은 원구마을에 세거하고 있다. 늑은 생가로 보면 무의공의 삼남이 되기 때문에 도곡마을 무의공파와 원구마을 경수당파는 오늘날에도 상호 매우 긴밀한 관계를 유지하고 있다.

사남 도와공 선(陶窩公 璿 1596~1669)은 벼슬길에 나아가지 않고 여헌 장현광(旅軒 張顯光)과 수암 유진(修岩 柳袗) 문하에서 수학하여 유학자로서 명망이 높기 때문에 후학들이 도계정사를 세워 향사하였다. 도와공은 무의공의 가계가 지역사회에서 확고한 위치를 구축하는데 크게 기여한 인물로 평가되고 있다. 무의공의 종택을 건립하여 종가를 도곡마을로 이거하고 선대 조상들 묘소의 석물을 정비하여 문중의 기틀을 튼실하게 하였으며, 유림의 공의를 일으켜 입향조 박지몽을 불천위로 봉하는데 주도적인 역할을 수행하였다. 슬하에 적자가 없어 백형 유의 차남 문기를 입양하여 후사를 이었다. 그 후손들이 도곡마을에 거주하면서 번성하여 무의공파종회 산하에 별도의 도와공파종회(陶窩公派宗會)를 따로 결성해서 도와공의 종택인 충효당을 유지관리하고 선조들의 묘사를 봉행하고 있다. 이로서 도곡마을에는 장남 유와 사남 선의 후손들이 주로 거주하게 되었다.

도곡마을과 인근 지역에는 무의공파와 관련된 유적들이 산재해 있다. 이 유적들은 무의공파의 주요 조상들이 직접 설립 건조하였거나 이들과 직간접으로 밀접하게 관련된 시설물들로서 무의공파종회에서는 조상의 숨결을 느낄 수 있는 이 유적들의 유지 관리에 정성을 다하고 있다. 무의공파와 관련된 유적들을 정리하면 다음과 같다(영덕군 1992: 379~380, 2002b).

무의공 종택 : 무의공의 사남 선이 1644년경에 건축하였다고 전한다. 6간 규모의 솟을대문과 사랑마당을 사이에 두고 ㅁ자형의 정침이 배치되어 있고 정침의 우측 전면에 사랑채가 자리잡고 있다. 정침 우측 후면에는 무의공불천위사당이 있다. 경상북도민속자료 74호로 지정되었다.

충효당 : 도와공 선이 1620년경에 세운 건물이다. ㅁ자형의 정침과 정침 우편에 별채의 사랑과 후편에 사당이 자리잡고 있다. 사랑채에는 미수 허목의 전서로 '충효당(忠孝堂)'이라는 당호가 걸려 있다. 경상북도민속자료 83호로 지정되었다.

도계정사(陶溪精舍) : 도계서원이라고도 한다. 1688년 사림의 공의에 의해 건립하여 도와공 박선을 모셨는데 1711년에 대은 권경(臺隱 權璟)을 추향하였다. 이 연고로 도곡마을 무안박씨와 관어대 안동권씨 문중 사이에는 특별히 긴밀한 유대가 형성되었다. 원래 30여 칸의 규모였으나 대원군 시대에 훼철되어 현재는 그 터에 흥교당만 남아 있다.

흥교당(興敎堂) : 1695년에 도와공의 손자 호(滈 1624~1699)가 후학을 양성하기 위하여 건립한 정면 4칸 건물로서 도계정사의 강학당으로 사용되었다. 일제 강점기에 이르기까지 선비들의 강학당으로 활용되었으며 1929년에 설립된 동명학원도 여기에서 강의하였다. 현재의 건물은 도계서원이 훼철된 후 다시 지은 것으로 보인다. 마을 중앙 북쪽에 있다.

경렴정(景濂亭) : 1695년에 도와공의 손자 호(滈 1624~1699)가 경학을 수학하고 인생을 관조하기 위해 충효당의 부속 건물로 건축한 정자이다. 현재는 충효당에서 서쪽으로 100m 떨어진 흥교당 앞으로 이건되어 있다.

덕후루(德厚樓) : 창수면 수리 집회암 마을에 있는 무의공의 재실이다. 이 재실은 원래 日자형으로 지어졌는데 뒷부분이 철거되어 현재는 ㅁ자 구조를 이루고 있다. 덕후루는 문루의 당호인데 재실 전체를 지칭하는 용어로 사용하고 있다. 정면 7칸의 이 누각은 1700년대에 건립한 것으로 추정되며 경상북도유형문화재 제234호로 지정되어 있다. 부근에 무의공 내외를 비롯한 여러 조상들의 산소가 있다.

무의공신도비(武毅公神道碑) : 무의공의 공적을 기리는 신도비와 비각으로 덕후루 우측 약 50m 지점에 있다. 비문은 영의정 채제공(蔡濟恭)이 찬하였다.

초수재(椒水齋) : 영해면 묘곡리 초수골에 있는 무의공의 부친 박세렴(朴世廉)의 재실이다. 경상북도유형문화재 제526호로 지정되었다. 부근에 무의공의 부모와 조부모의 산소가 있고, 재실 아래쪽에 부친 박세렴의 신도비가 있다.

구봉서원(九峯書院) : 1666년에 영해면 원구리 중구봉 아래에 건립하여 무의공 박의장과 목사공 박홍장 형제분을 제향한 서원이다. 현재는 강당만 남아있다.

금서헌(琴書軒) : 경수당과 종손 박늑(朴玏)이 후진의 학문증진을 위해 장서를 수집하여 건립한 정자로 원구에 있다.

III. 문중조직

1. 영해파종친회

무안박씨 종족조직은 고려 현종대에 국학전주(國學典酒)를 역임한 득관 중시조 박진승(朴進昇 950~?)의 모든 자손들을 망라하는 대종회가 있고, 대종회 산하에 세거지 중심의 26개 파종친회가 구성되어 있다. 무의공파를 포함하는 영해파는 대종회를 구성하는 26개파 중의 하나이다.

무안박씨 영해파는 영해 입향조인 박지몽의 후손들로 구성되어 있다. 박지몽은 다섯 아들을 두었는데 차남 양기, 사남 창기, 오남 인기의 후손들은 영해를 떠나 영양, 예안 등지로 이거하여 종친회 활동에는 적극 참여하지 못하고 장남 원기의 자손들과 삼남 영기의 자손들을 중심으로 활

동이 이루어지고 있으며, 그 중에서도 효장의 후손들(종파), 선장의 후손
들(수서공파), 의장의 후손들(무의공파), 홍장의 후손들(목사공파), 진장
의 후손들(경수당파)이 중추적인 역할을 하고 있다. 세현의 자손들과 세
온의 자손들은 일찍이 외지로 이거하였고, 자손들의 수도 많지 않아 적
극적인 참여를 못하고 있다.

영해파종친회는 회칙이 1983년 10월 30일에 제정된 것으로 보아 이
때 공식화된 것으로 보인다. 회칙에 의하면 회원의 자격을 '입향조이신
사복시정공의 예손(裔孫)으로 한다(제5조)'고 규정하여 박지몽의 후손들
로 구성된 것임을 명시하고 있으나 '입회는 소정의 단자를 제시하고 입
회비 및 회비를 납부해야 한다(제6조)'고 규정하여 박지몽의 모든 자손들
이 자동적으로 회원이 되는 계보조직(系譜組織)이 아니라 본인의 자유의
사에 의해 임의가입하는 화수회의 성격을 다분히 지니고 있다. 또 임원
구성에 있어서 계보를 대표하는 인물을 중심으로 구성하지 않고 거주지
역을 중심으로 구성하는 점도 화수회적 성격을 보여주고 있다. 예를 들
면 부회장 약간 명에 각 지역회장을 당연직으로 하고 있고, 이사는 지역
회장의 추천에 의해 회장이 선임하도록 하고 있다. 지역조직으로는 영해
지역을 중심으로 봉화, 안동, 대구, 부산, 서울, 언양 등 7개 지역에 지역
조직이 구성되어 있고, 본부는 도곡마을 무의공 종택에 두고 있어서 무
의공파가 영해파종친회에서 중추적인 역할을 담당하고 있음을 엿볼 수
있다. 이러한 지역조직은 후손들이 여러 지역에 분산되어 있어서 활동의
편의를 위한 조치로 이해된다. 그러나 파보의 수단과 종택건립을 위한
모금운동 등의 종친회 주요 사업을 추진하는 데는 각 파를 중심으로 진
행하고 있어서 계보조직의 특성을 보여주고 있다.

이렇게 본다면 무안박씨영해파의 문중조직은 입향조 박지몽의 후손들
로 구성된 계보조직으로서 활동의 편의를 위해 지역중심의 화수회적 운
영방식을 가미한 것으로 볼 수 있지 않을까 한다.

1983년 창립 이후 영해파종친회가 수행한 주요 사업으로는 매년 봉행하는 입향조의 묘제(음력 10월 11일), 파보발간(2007), 종택복원사업(2007~2011) 등이 있으며, 정기총회시에 개최하는 종원화합축제는 해마다 정기적으로 개최하는 가장 핵심적인 행사이다.

2. 무의공파종회

무의공파종회는 무의공 박의장의 후손들로 구성된 문중조직이다. 종회라는 용어는 문중조직의 총회를 일컫는 말이지만 많은 가문에서 문중조직 자체를 종회라 부르고 있다. 이 가문에서도 문중조직의 공식 명칭을 〈무안박씨무의공파종회〉(규약 제1조)라 표기하고 있다.

1) 연 혁

무의공파종회가 언제 어떤 과정을 거쳐서 결성되었는지는 명확하지 않다. 문중 인사들의 증언에 의하면 불천위대제를 봉행하고 문중재산을 관리하기 위해서 오래 전부터 종회활동이 있었을 것으로 짐작하지만 구체적인 시기에 대해서는 아는 사람이 아무도 없었다. 다만 1920년대에 당시 종손이었던 우종(禹鍾 1875~1938, 현 종손의 증조부)이 독립운동을 위해 재산을 정리하여 만주로 떠난 후 불천위대제와 선대 묘사를 종손 중심으로 봉행하기 어려워지자 문중이 적극적으로 활동하게 되었다고 증언하고 있다. 현재 문중에는 1971년부터 기록한 〈희암별소전여기(喜菴別所傳與記)〉와 1961년부터 기록한 〈초재전여기(椒齋傳與記)〉가 남아 있다. 한문으로 작성한 이 문서들은 초수소(椒水所)[1]와 희암소(喜菴所)[2]

---

1) 초수소는 영해면 대동 초수골에 있는 문중 소유 임야와 무의공의 부모와 조부모의 산소 및 이들을 위한 재사 초수재(椒水齋)를 말한다.
2) 희암소는 창수면 수리 집희암마을에 있는 문중소유 임야와 무의공 내외의 산소

의 수입과 지출의 내역을 기록한 금전출납부이다. 희암소와 초수소는 두 지역으로 나누어져 있는 문중소유 임야와 주요 조상의 산소 및 재실 등의 문중재산과 이를 관리하는 조직을 지칭한다. 문중재산의 관리를 담당한다는 점에서 일종의 문계(門契) 혹은 종계(宗契)라 할 수 있다. 현재 활동하고 있는 무의공파종회는 1994년 3월 6일에 규약을 제정하고 창립총회를 개최하였다.

　이러한 상황으로 미루어 보면 무의공이 시호를 받고 불천위에 봉해진 18세기 후반부터 전통적인 방식의 문중활동이 있었을 것으로 보인다. 전통사회의 문중활동은 대개 종손과 문장을 비롯한 '문중어른들' 중심의 비공식적 조직에 의해 이루어져 왔다. 무의공파 문중도 전통사회의 일반적인 문중활동의 양상을 크게 벗어나지 않았을 것으로 보이며, 문중 내부적으로는 희암소와 초수소라는 두 개의 종계를 중심으로 오랜 세월 운영해 왔고, 대외적으로는 종손과 문장이 문중을 대표하였을 것으로 보인다. 그러나 일제강점기에 종손이 독립운동을 위해 재산을 정리하여 만주로 떠나고, 귀국 후에도 신간회사건으로 인한 투옥과 조기 사망 등으로 종가의 환란이 거듭되어 불천위대제와 묘사를 안정적으로 봉행하는데 적지 않은 어려움이 있었을 뿐만 아니라 문중활동도 많이 위축되었을 것으로 짐작된다. 이러한 어려움 속에서 문중을 보존하고 조상제사를 봉행하기 위하여 문중이 보다 적극적으로 활동하게 되었고, 1994년에 이러한 활동을 공식화하여 규약을 제정하고 무의공파종회를 정식으로 출범시킨 것으로 보인다.

　2) 조 직
　무의공파종회에는 최고의결기관으로서 총회가 있고, 실무집행사항을

　및 무의공을 위한 재사 덕후루(德厚樓)을 말한다.

협의 의결하는 운영위원회가 있다.

총회는 정기총회와 임시총회로 구분한다. 정기총회는 무의공의 기일 (음력 1월 25일)에 행하는 불천위대제 후에 개최하며, 임시총회는 운영 위원의 요청에 의하여 소집한다. 총회에서는 규약 규칙의 제정 및 개정, 임원 및 운영위원 선출, 예산 결산의 심의, 기타 중요 사항을 의결하는 최고의결기관이다.

운영위원회는 총회에서 선출되는 20명 내외의 운영위원으로 구성하고 종중사업의 추진, 종중재산의 취득 및 처분, 유물 유적의 보존관리, 묘사 및 불천위향사 관리, 종원의 복지 및 본회의 운영협의, 총회의 소집 결정 등 문중의 중요한 사업을 추진하고 운영하는 중추적인 역할을 담당한다.

문중의 구체적인 실무는 총회에서 선출하는 다음의 임원이 나누어 맡 으며, 임기는 3년으로 하고 연임할 수 있다.

```
종 회 장      1명
총    무      1명
재    무      1명
감    사      2명
운영위원      20명 내외(임원은 당연직)
고    문      무의공 종손 및 각 지파 주손(胄孫)3)
```

종회장은 총회에서 선출하며 종중업무를 총괄하고 종회를 대표한다. 임기는 3년이고 연임할 수 있다. 현재의 종회장 박동현(78세)은 2011년 총회에서 선출되어 2014년 현재까지 회장의 직을 수행하고 있으며 종택

---

3) 주손(胄孫)은 종손이라 칭할 수 없는 가계계승자를 일컫는 말이다. 한 문중 내에 서 종파(대종)의 가계계승자를 종손이라 하면 지파(소종)의 가계계승자는 주손 이라 부른다. 종손이 스스로를 낮추어 주손이라 하기도 한다. 일설에는 불천위라 야 대종이 될 수 있기 때문에 불천위의 가계계승자만 종손이라 하고 불천위가 아닌 조상의 가계계승자는 주손이라 하여야 한다는 견해도 있다.

및 사당의 관리와 방문객의 접견 등 대내외적으로 문중을 대표하고 있다.

총무와 재무는 종회장의 명을 받아 문중의 제반 실무를 총괄하며, 이들과 별도로 각 소의 관리를 담당하는 유사가 있다. 유사는 종회장이 임명하는데 최근에는 농촌인구의 감소로 인적 자원이 부족하여 순서대로 돌아가며 유사를 맡고 있다. 희암소에 3명, 초수소에 2명의 유사가 있다. 유사의 임기는 2년이며 중임할 수 있다. 5명의 유사 중에서 가장 오래된 유사가 도유사가 된다. 유사의 역할은 제사장보기, 제수 준비와 진설, 재실관리, 재실 및 신도비 주변의 제초 등의 실무를 담당한다. 이들에게는 연간 3만원 정도의 수당이 지급된다.

종손과 각 지파의 주손들을 고문으로 위촉하는 것이 무의공파종회에서 나타나는 다소 특이한 모습이다. 종손은 전통적으로 특별한 지위가 부여되지 않더라도 문중 구성원들로부터 존숭(尊崇)되고, 문중 결합의 구심점으로서 역할을 수행해왔다. 종손이라는 지위만으로도 관습적으로 그 권위가 인정되어 왔던 것이다. 그러나 종손과 문장을 중심으로 운영되던 전통적인 문중조직이 구성원들이 임원을 선출하는 근대적인 조직으로 전환되면 종손이 문중조직의 운영에서 자칫 소외될 가능성이 있다. 이 점을 보완하기 위해서 종손을 고문으로 위촉하여 문중 운영을 종손에게 크게 의존하지 않으면서 종손의 권위를 제도적으로 보장하기 위한 조처로 보인다. 이 점은 종손의 기능과 관련하여 무의공파종회의 운영방식과 조직적 특징을 이해하는데 대단히 중요한 요소가 된다.

무의공파종회는 무의공 박의장의 후손들로 구성되어 있지만 무의공의 네 아들 중 차남 위(瑋)의 자손들은 대동에서 살다가 종손(주손)이 일제 강점기에 만주로 이거하였고, 삼남 늑(玏)은 당숙 진장의 후로 입양하여 경수당 세순의 가계를 이어서 무의공파종회는 사실상 장남 유(瑜)의 자손과 사남 선(璿)의 자손들을 중심으로 운영되고 있다. 그러나 삼남 늑의 자손들도 생가로는 무의공의 후손이 되기 때문에 경수당파와 무의공파는 상호 매우 긴밀한 관계를 유지하여 1960년대까지는 해마다 음력 1월 18일에 양파의 합동화수회를 개최하기도 하였다. 원구마을과 도곡마을에서 한 해씩 교대로 개최된 이 합동화수회에는 출가한 딸네들도 다수 참여하여 윷놀이를 함께 즐겼다. 무의공의 불천위대제에도 늑의 자손인 경수당파에서 다수가 참례하고 있으며, 경제적으로도 두 문중은 서로 지원을 아끼지 않고 있다.

사남 선은 무의공의 종가가 도곡으로 이거하는데 주도적인 역할을 하였고, 자손들이 번성하여 무의공파 내에서 다수를 점하고 있을 뿐만 아니라 여헌 장현광(旅軒 張顯光)과 수암 유진(修巖 柳袗) 문하에서 수학하여 유학자로서 명망이 높기 때문에 후손들이 무의공파종회와는 별도로 도와공파종회(陶窩公派宗會)를 따로 결성해서 도와공의 종택인 충효당(경상북도민속자료 83호)을 유지관리하고 선조들의 묘사를 봉행하고 있다.

3. 노인소(老人所), 송계(松契), 상조계(相助契)

영해지역에는 마을단위의 문중에 거의 예외가 없이 경로활동을 위한 노인소와 임산자원의 공동 이용을 위한 송계, 그리고 장례를 위한 상조계가 조직되어 있는데 도곡마을 무안박씨 문중도 예외가 아니다.

무안박씨의 노인소가 언제부터 시작되었는지는 알 수가 없지만 해마다 한 차례 복철에 노인들을 모시고 보양식을 대접한다. 과거에는 40세 이상이면 참여할 수 있었는데 노인의 비율이 증가하면서 2000년경부터 65세로 대상 연령을 상향 조정하였다. 노인소에는 소요 경비를 충당하기 위하여 논 500평을 마련해두고 있다. 과거에는 이 토지에서 나오는 벼 3가마로 경비를 충당하였으나 지금은 물가는 올랐는데 지대는 벼 2가마(대금으로 약 10만원)밖에 받지 못하여 주민들이 추렴을 하거나 출향인사들의 협찬을 받아 부족한 경비를 충당하고 있다.

송계는 산림의 황폐화를 예방하고 땔감과 퇴비를 안정적으로 확보하기 위해 문중별로 결성한 조직이다. 겨울철 땔감을 준비하기 위해 늦가을에 하루 날을 정해서 모든 종원들이 참여하여 공유 임야에서 장작과 솔가지 등의 연료를 채취하고 공동으로 분배한다. 봄철에는 퇴비를 장만하기 위한 풀베기를 공동으로 행한다. 영을 내리면 모두 동원되어 풀베기를 한다는 의미에서 이 행사를 '영풀'이라고 한다. 무의공파 문중의 송계가 보유한 임야는 종손이 독립운동을 위해 문중재산을 처분한 이후 많이 축소되었으나 현재도 위토용과는 별도로 약 200정보에 이른다. 이 송계의 임야는 산하 각 파별로 분할하여 운영하고 있다. 송계에는 무안박씨 이외의 타성은 참여할 수 없다. 원구마을에서는 송계가 문중별로 조직되어 있으나 연고가 있는 타성(지주소작관계 등)들에게도 지상물의 이용을 허용하고 있는 것과는 다소 다른 모습이다(이창기 2011, 이 책 제5장).

상조계는 상을 당했을 때 운구와 산역 등의 노동을 상호부조하기 위한 조직이다. 도곡마을 무안박씨의 상조계는 역사가 오래지 않다. 일제강점기까지는 각 가정마다 노복, 하인, 머슴 등이 있어서 노동력이 풍부하였기 때문에 상을 당하더라도 별로 불편을 느끼지 않았다. 혹 인력이 부족한 경우가 있더라도 인근 해안마을에서 인력을 동원해서 상을 치렀다. 먹거리가 귀하던 시절이라 이들에게는 따로 임금을 지불하지 않고 식사와 술을 넉넉하게 대접하는 것으로 노임을 대신했다. 그러나 해방이 되고 6·25전쟁을 거치면서 노복과 하인이 사라지고 머슴도 줄어들어 장례에 동원할 인력이 부족하게 되었다. 상조계의 필요성이 절실해졌다. 그래서 휴전 이후에 상조계를 조직했다.

처음에는 마을을 두 지역으로 적당히 구획하여 웃패와 아랫패의 두 패로 나누어 운영했다. 초상이 나면 상가의 위치와는 관계없이 교대로 동원했다. 자기가 소속된 패가 동원되면 의무적으로 참여해야 한다. 참

여하지 못하면 소정의 벌금을 납부해야 한다. 벌금을 내고 불참하는 사
람이 많으면 벌금으로 인력을 사서 장례를 치르기도 하고, 최근에는 벌
금으로 장의사에 맡기기도 한다. 1990년대 이후 마을을 떠나는 사람들이
늘어나면서 인구가 줄어들자 두 패로 나누어 운영하던 상조계를 하나로
통합하였다. 이 마을에는 타성이 거의 거주하지 않기 때문에 상조계도
무안박씨 만으로 조직되어 있다.

4. 종손과 문장

종손과 문장은 전통적으로 문중조직의 구심점 역할을 하는 인물로서
종족결합의 중심을 이룬다.

종손은 최고 조상의 가계를 계승한 자로서 조상제사를 주재하고 종택
과 조상의 유물을 보존하며, 조상이 남긴 유훈을 실천하는 문중의 상징
인물이다. 그러므로 종족 성원들은 종손을 특별히 우대하고 그의 의견을
존중함으로써 종족활동에서 중심적 역할을 담당하며, 대외적으로 문중
을 대표한다. 그러나 종손은 출생과 더불어 운명적으로 결정되기 때문에
때로는 효율적인 리더십을 발휘하기가 어려운 경우도 발생한다. 부모가
일찍이 사망하여 어린 나이에 종손이 되는 경우도 있고, 학식이 부족하
거나 유교적인 행위범절에 충실치 못하여 종족 성원들의 신망을 얻지 못
하는 경우도 있을 수 있다. 몸이 병약하거나 장기출타로 인해 봉제사와
접빈객의 업무를 제대로 수행하지 못할 수도 있다. 이러한 종손의 리더
십 공백을 보완하고 문중활동을 안정적으로 운영하기 위한 장치가 문장
제도이다.

문장은 문중 내에서 항렬과 연령이 가장 높은 자 중에서 학식과 덕망
을 갖춘 인물로 추대하며, 일단 문장으로 추대된 인물은 평생토록 그 임
무를 수행하도록 하는 것이 관행이다. 항렬과 연령의 권위를 중시하는

종족집단에서 항렬과 연령이 높고 학덕까지 갖춘 인물이 문장으로 추대되기 때문에 문장은 문중의 최고어른으로서 존경을 받고 문중활동에서 중추적인 역할을 담당한다. 종손의 후견인이 되어 문중의사를 결집시키고, 대내적으로 문중질서를 확립하는 중심인물이 되며, 대외적으로는 종손과 함께 문중을 대표하기도 한다.

이런 점에서 종손과 문장의 존재와 이들의 리더십은 문중활동에 중요한 영향을 미치지 않을 수 없다. 무안박씨무의공파종회의 조직운영에 있어서도 종손의 존재와 관련된 특징이 나타나고 있다.

무의공파의 문중에서는 일제강점기 이후 종손이 리더십을 발휘하기 어려운 여건이 오랫동안 지속되었던 것으로 보인다. 일제강점기 이후 무의공파의 종손은 무의공 12대손인 우종(禹鍾 1875~1938)으로부터 13대손 구락(九洛 1907~1961), 14대손 동복(東復 1942~1991)을 거쳐 현 종손인 15대손 연대(淵大 1965~)로 이어졌는데 12대손 우종(현 종손의 증조부)이 종손의 역할을 담당할 때 중대한 상황이 발생하였다.

박우종(일명 박경종)은 영덕군 축산면 도곡마을에서 생부 재명(載明)의 장남으로 출생하여 종손인 백부 재우(載祐)에게 입양하였다. 안동 임청각의 고성이씨 집안에 장가들어 석주 이상룡(石洲 李相龍 1858~1932)의 매제가 되었다. 명성황후가 시해된 후 전국 각처에서 의병이 일어날 때 영해지역의 병신창의진에 참여하였고(1896), 1911년에 중부 재희(載禧), 생가의 동생 기종(基鍾)과 함께 만주로 건너갔다. 만주의 삼원보에서 처남 이상룡 등과 함께 독립투쟁을 하는 한편 신흥중학교(후에 신흥무관학교로 개편)를 설립하여 교장에 취임하고 인재를 양성하였다. 1913년에는 이상룡과 협의하여 독립군자금을 모집하기로 하고 이해 7월에 국내로 들어와 각처에서 2만7천원을 모집하여 만주로 돌아갔으며, 1914년 8월에 다시 국내로 들어와 가산을 정리하여 2만6천원을 만들어 동지에게 전달하고 다시 대구지역에서 모금활동을 하다가 일본 군경에게 체포되어 서울 서대문형무소에서 1년 동안 옥고를 치르기도 하였다. 출옥 후 다시 만주로 가서 독립운동을 하다가 1938년 1월 고향으로 돌아왔으나 이해 4월 6일에 서거하였다. 정부에서는 그의 애국애족 정신을 기려 건국훈장애족장을 수여하였다(영덕군 2002a: 217).

종손이 가산을 처분해서 독립운동에 투척한 사례는 드물지 않지만[4] 그로 인한 문중활동의 위축은 피할 수 없는 일이다. 무의공파 가문에서도 박우종이 종가 재산(문중재산까지 함께 처분한 것으로 보인다)을 처분하여 만주로 떠남으로 해서 문중활동이 심대한 위기에 봉착하였다. 재산의 처분이 극비리에 진행되었기 때문에 당시 처분한 재산의 규모가 어느 정도인지는 확인할 길이 없지만 1914년에 가산을 정리하여 동지에게 전달한 자금이 2만6천원이었다고 하니 당시의 화폐가치에 비추어 보면 매우 거금이었을 것으로 추정되며, 문중재산을 대개 종손 명의로 등기하고 문중재산과 종가재산의 구분이 명확하지 않았던 당시의 관행으로 미루어 그의 사재뿐만 아니라 문중재산도 모두 함께 처분된 것으로 보인다. 우종의 만주행 이후 종손 명의의 재산이 거의 남아있지 않은 것이 이를 뒷받침한다. 남아있는 재산은 조상의 묘소가 있는 임야와 재실 및 그에 부속된 약간의 위토용 전답뿐이었다. 이 때 무의공의 유물들을 조카에게 위탁하고 떠났으나 일제강점기와 한국전쟁을 거치면서 많은 유물이 소실되거나 훼손되고 말았다. 종손이 외국으로 망명하고 문중재산마저 소진되어 무의공파 문중의 활동은 극히 위축될 수밖에 없었다.

박우종의 문중재산 처분 이후에도 무의공파 문중에서는 문중재산을 거의 확충하지 못하였다. 우종의 뒤를 이어 종손의 지위를 물려받은 구

---

4) 10만석의 재산을 남몰래 처분하여 60여 명의 집안 식솔들을 거느리고 만주로 망명한 안동 임청각 이상룡 가문, 도박에 중독된 노름꾼으로 위장하여 가산을 몽땅 독립운동 자금으로 빼돌린 의성김씨 학봉 종손 김용환, 종택까지 처분하여 독립운동 자금으로 바친 무안박씨영해파 종손 박병량 등을 들 수 있다.

락은 기종(岐鍾)의 차남으로 태어나 당숙인 종손(우종)에게 입양되었는
데 축산면장을 두 차례나 역임하고 1956년 제2대 도의원에 출마하여 당
선되었다(영덕군 2002a: 369 498). 양부가 가산을 정리하여 독립운동에
투신함으로써 종가의 가세가 매우 빈약하였음에도 선거를 치르게 되어
경제적으로 더욱 어려움을 겪게 되었다. 구락의 대를 이어 종손이 된 동
복(東復 1942~1991)도 어려운 종가의 경제를 회복하지 못하여 종택의 유
지와 조상 제사를 비롯한 경조사업에 어려움을 많이 겪었다.

현 종손인 박연대(朴淵大 1965~)는 대학에서 공학을 전공하고 ROTC
장교로 복무하였으며, 현재 서울에서 사업을 하고 있다. 육군 장교로 복
무 중이던 1991년에 부친상을 당하여 26세의 젊은 나이에 종손을 승계하
였다. 문중에서는 종가의 가세가 빈약하고 종손이 연소하여 조상 제사
등의 문중 대사를 수행하기 어렵다고 판단하여 4대봉사를 폐하고 향후
양대만 봉사하도록 조처하였다. 현재 종택의 사당에는 불천위인 무의공
의 위패와 종손 양대의 위패만 봉안되어 있고, 기제사도 양대만 봉행하
고 있다.

현 종손은 사업에 어느 정도 성공하여 상당한 재력을 갖추게 되었고,
선친이 매각하였던 종택 앞 사유지를 매입하여 주차장을 조성하는 등 종
택의 보존에 크게 관심을 기울이고 있지만 마을을 떠나 서울에서 생활하
고 있기 때문에 문중의 운영에 적극적으로 참여하는 데는 한계가 있는
것으로 보인다.

종손이 마을을 떠나 외지에서 장기간 거주하거나 종가재산 및 문중재
산이 매우 빈약하여 종손의 리더십이 약화되고 문중활동도 위축되는 이
러한 어려움을 극복하기 위한 노력이 무의공파종회와 같은 공식조직의
결성으로 나타난 것으로 보인다. 일제강점기와 광복 후 상당 기간 동안
은 희암소와 초수소 같은 문계의 형태로 유지하다가 1994년에 희암소와
초수소를 흡수하여 종회를 창립하였다.

이 점은 종손이 중심이 되어 문중활동을 이끌어 가는 원구마을 영양남씨 문중과는 대비되는 부분이다. 난고 남경훈(蘭皋 南慶薰 1572~1612)을 중심 조상으로 하는 영해면 원구마을의 영양남씨 난고문중에서는 전체 종족 성원을 총괄하는 공식적인 문중조직이 존재하지 않고 종손을 중심으로 하는 문중어른들의 비공식적인 합의를 중시하는 전통적인 의사결정방식에 매우 충실하였다. 난고문중에서 이러한 운영방식을 오랫동안 유지할 수 있었던 것은 난고 이후 16대 동안 양자 없이 적통계승이 이루어졌고, 비교적 안정된 종가의 경제적 기반을 바탕으로 종손이 종가를 지키며 문중을 이끌어 왔기 때문인 것으로 보인다(이창기 2011, 이 책 제5장). 이에 비해서 무의공파 문중에서는 문중재산을 독립운동에 투척한 후 재산을 확충하지 못하였고 종손이 마을 떠나 장기간 외지에 거주하는 등 리더십을 발휘하기 어려운 사정이 공식조직을 통해서 문중을 운영하는 방법을 선택한 것으로 이해된다.

종손의 리더십이 취약한 경우에는 문장이 문중운영의 전면에 나서서 문중 결합의 구심 역할을 하게 되는데 무의공파종회에서는 종회장이 문중운영의 중심에 서서 대외적으로 문중을 대표하는 등 문장의 역할을 담당하고 있다.

5. 문중재산

전통사회에서 문중재산은 임야와 전답 등 토지자산을 중심으로 형성되어 있는 것이 일반적이었다. 근래에 도시지역에서는 건물이나 금융자산으로 문중재산을 형성하여 현금수입을 주요 재원으로 하는 경우가 늘어나고 있으나 농촌지역에서는 여전히 토지자산에 의존하는 경향이 강하다.

영해지역의 각 문중들도 다른 농촌지역의 문중들과 마찬가지로 대개 임야와 전답을 문중재산으로 소유하고 있는데 송이의 생산이 증가하고 송이의 가격이 상승하면서 송이를 생산할 수 있는 임야가 중요한 문중재산으로 부각되고 있다.[5] 송이가 많이 생산되는 임야를 소유한 문중에서는 거액의 송이채취권리금을 받아서 여유있게 문중을 운영할 수 있는 것이다. 과거 중요한 수입원이었던 전답은 임대료가 격감하여 더 이상 중요한 재산이 되지 못하고 있다.

무의공파종회가 관리하는 문중재산도 대부분 임야로 구성되어 있으며, 임야 이외에는 위토용 전답이 약간 마련되어 있다. 1994년 종회를 결성하면서 기존의 희암소(喜庵所)와 초수소(椒水所)를 흡수한다고 선언하였으나(규약 제13조 부칙) 실제의 재산관리는 여전히 희암소와 초수소로 나누어 관리하고 있다. 2007년과 2009년 종회에서 문서합철 문제를 논의하였으나 당분간 보류하기로 합의하여 2014년 현재까지도 두 문소의 회계는 각각 따로 처리하여 기록하고 있다.

희암소는 무의공의 재실인 덕후루(德厚樓)와 무의공 내외의 산소를 관리하고 무의공 내외의 제향을 주관한다. 희암소는 임야 180정보와 덕후루 부근의 밭과 대지 3000평, 고곡리 금지평의 논 700평과 마을 앞 도곡 내평에 논 470평을 위토로 소유하고 있으며, 이와 별도로 무의공을 배향하였던 구봉서원(九峯書院)의 옛 강당건물(원구리 소재)을 관리하기 위해 원구리에 논 278평을 마련해 두고 있다. 임야와 덕후루 부근의 토지, 그리고 금지평의 논은 조상 대대로 물려온 전래재산이다. 도곡 내평 논은 1990년경 종족원 박재욱씨가 2,000만원을 희사하여 매입하였다. 박재욱씨는 이와 별도로 2007년에도 330만원을 희사하여 창수면 삼계리에 〈무의공 산소 입구〉 표지석을 건립하기도 하였다. 구봉서원답은 2009년에 희암소 자금 1,300만원으로 매입하였다. 희암소의 이러한 재산들은

---

5) 영덕지역은 국내 최대의 송이산지로 평가되고 있다.

1994년 종회 결의에 의해 종회명의로 등기되어 있다.[6)]

희암소의 위토에서 매년 수입되는 금액은 고곡리 금지평과 도곡리 내평의 논에서 30만원, 원구리 구봉답에서 17만원, 덕후루에 인접한 주택의 집터에서 16만원(이상 2012년 기준) 등 60여만 원 정도에 지나지 않는다. 금지평과 내평의 위토 경작자는 종회에 매년 30만원을 납부하고 무의공 묘제의 제수와 당일 제관의 점심식사를 제공한다. 희암소의 임야는 180정보로 면적이 매우 넓지만 참나무 등 잡목으로 이루어져서 송이가 별로 생산되지 않는다. 따라서 희암소의 재정은 송이가 많이 생산되는 초수소에 비해 재정이 상당히 빈약한 편이다. 그래서 희암소의 부족한 재정을 초수소의 재정에서 수시로 지원하고 있고, 희암소 소관의 지출 사안을 초수소의 재원으로 충당하는 경우도 빈번하여 비록 경리장부를 따로 작성하고 있으나 이 두 문소(門所)의 구분은 사실상 별 의미가 없다.

초수소는 무의공의 부모와 조부모의 산소가 있는 초수골(영해면 묘곡리 소재)의 선영과 재실 초수재(椒水齋, 경상북도유형문화재 제526호)를 관리하며 무의공의 부모 및 조부모의 묘제를 주관한다. 초수소는 임야 80정보와 6000평의 밭을 소유하고 있는데 이들은 모두 조상전래의 재산들이다. 초수소의 소관 토지는 종회 명의로 등기하기로 한 1994년 종회의 결의에도 불구하고 여전히 종족원 여러 명의 연명으로 등기되어 있다.

초수소의 주된 수입은 임야에서 나오는 송이채취 권리금이 주종을 이루고 있다. 송이채취 계약은 5년을 기간으로 약정하는데 시기마다 약간의 차이는 있으나 매 계약 시 약 5,000여만 원 정도를 권리금으로 받고 있다. 송이채취 권리금의 규모가 매우 크기 때문에 초수소의 재정은 희

---

6) 1994년 3월 11일자 종회 회의록에 의하면 '종중 토지가 전 종손, 현 종손, 또는 자손 중 연명으로 등기되어 있으므로 그 소유를 확실히 하기 위하여 종회 명의로 이전 등기함이 가하다'고 결의하였다.

암소에 비해 상당히 여유가 있으며, 수시로 희암소의 부족한 재원을 지원해주고 있어서 종회의 주요 사업을 추진하는데 큰 보탬이 되고 있다. 밭 6,000평의 경작자는 무의공의 부모와 조부모의 묘소와 재실 초수재를 관리하고 묘제의 제물과 제관의 점심식사를 제공하는 경비로 사용하는데 조상 수는 많고 소출은 적어 매년 초수소 재정에서 경비의 일부를 지원(2013년 25만원)한다.

Ⅳ. 종족활동

종족집단의 주요 기능으로는 조상제사, 경제적 협동, 사회적 위세의 과시를 들 수 있으며(최재석 1966), 종족집단에 따라서는 자제교육을 위해 문중서당 등의 교육기관을 설립하여 운영하는 경우도 있다(여중철 1974; 최재석 1983: 763~766; 김필동 1999 2009; 이연숙 2006 2009; 이창언 2005 2007). 최재석(1966)은 이러한 기능들 중에서 사회적 위세의 과시 기능을 종족집단의 가장 핵심적인 기능으로 간주하고 있다. 종족원들 상호간의 경제적 협동이나 친화관계는 당내집단의 범위에서 다소 활발하게 수행될 뿐 당내집단의 범위를 벗어나면 그 기능이 매우 저조하게 나타나며, 조상의 제사를 범절에 맞춰 성대하게 거행하거나 조상의 업적을 기리는 각종 사업(묘소 단장, 비석 건립, 재실 건축, 문집발간, 족보 편찬 등)도 자기 종족집단의 사회적 위상을 과시하고자 하는 동기가 바탕을 이루고 있다는 것이다. 문중 자제의 교육에 힘쓰는 것도 과거에 합격하여 관리로 출사함으로써 문중의 영예를 드높이고자 하는 노력이라 할 수 있다.

종족집단의 사회적 위세를 과시하고자 하는 이러한 기능들은 오늘날에도 여전히 남아 맥을 이어오고 있지만 문중재산이 축소되고 종족성원들이 대거 마을을 떠나게 됨으로써 그 기능은 현저하게 위축되고, 의례적인 제사의 기능이 종족집단의 중심기능이 되고 있다(이창기 1977; 최재석 1987).

무의공파종회의 문중활동도 종족집단 기능의 일반적인 모습과 크게 다르지 않다. 무의공파종회의 활동을 크게 나누어 보면 조상제사, 조상현창사업, 종택과 재사의 관리, 종가 지원사업, 상호부조 및 접빈객 등으로 나누어 살펴볼 수 있다.

1. 조상제사

무의공파종회가 맡아서 봉행하는 조상 제사는 무의공 내외의 불천위제사와 무의공 내외, 부모, 조부모의 묘사로 나누어 볼 수 있다.

불천위제사는 무의공의 기일인 음력 1월 25일과 배위의 기일인 음력 7월 18일 첫새벽에 종택에서 거행한다. 양위의 제사에 소요되는 경비는 희암소의 재정에서 부담하는데 1990년대 후반에는 45~60만원 정도 지출되었고, 2000년대에 들어와서는 점차 증가하여 2005년에는 88만원, 2009년에는 99만원, 2013년에는 136만여 원이 지출되었다. 물가의 변동에 따라 해마다 약간씩 증가하고 있다. 음력 1월 25일 무의공의 불천위대제가 파하면 정기총회가 개최된다.

묘사는 희암소와 초수소가 나누어 진행한다. 희암소에서는 음력 10월 10일에 무의공 내외의 묘사를 봉행하는데 매년 약 40~50명의 제관이 참여한다. 제수와 제관의 점심식사는 고곡리 건지평(논 700평)과 마을 앞 내평(논 470평)의 위토 경작자가 담당하고 추가로 종회에 매년 30만원 정도를 납부한다. 초수소에서는 음력 10월 7일에 무의공의 부모와 조부모의 묘제를 봉행한다. 매년 30명 내외의 제관이 참여한다. 제수와 제관의 점심식사는 초수골의 위토(밭 6,000평) 경작자가 담당하는데 소출이 적어 경비의 일부(2013년에 25만원)를 지원하고 있다.

불천위대제와 묘사는 소요되는 경비를 부담하는 것도 중요하지만 문중에서 보다 더 마음을 쓰는 것은 많은 자손들이 빠지지 않고 참여하는 일이다. 그러나 많은 종족원들이 마을을 떠나 도시에서 생업에 종사하고 직장생활을 하고 있고, 제일이 정해져 있어서 공휴일이 아닌 경우에는 기대하는 만큼 많은 제관이 참여하지 못하여 아쉬워하고 있다.

2. 조상현창사업 및 대외협찬

무의공파종회에서 최근에 행한 조상현창사업과 대외협찬은 경주에 있는 무의공수복동도비 이건사업과 임란공신관련 협찬 및 타 문중 부조 등을 들 수 있다.

1) 수복동도비 이건사업

조상의 업적을 기리고 널리 알리고자하는 조상현창사업은 어느 문중에서나 관심을 가지고 심혈을 기울이는 사업이다. 특히 국가에 혁혁한 공훈을 세운 유명 조상을 모신 가문에서는 현조(顯祖)의 위업을 현창하는 사업에 더욱 정성을 기울인다. 무의공파종회에서 근래에 수행한 조상현창사업으로는 「박무의공수복동도비(朴武毅公收復東都碑)」 이건사업이 있다.

박무의공수복동도비는 무의공이 경주성을 수복한 위업을 기리는 비석인데 후손들과 경주의 유지들이 뜻을 모아 1860년(철종 11)에 경주 노동에 건립하였다. 그런데 부근으로 철로가 지나가는 등 위치가 부적합하여 1961년에 인왕동(안압지 인근)으로 옮겼으나 다시 도로 확장으로 이건하지 않을 수 없는 상황에 이르렀다. 이에 문중에서는 1999년부터 여러 차례 현지를 왕래하며 준비에 착수하여 2001년 음력 1월 25일 총회에서

'복성비이건위원회'를 구성하고, 재정확보를 위해 성인 1인당 1만원의 성금을 거출할 것과 사업의 추진은 위원회에 일임한다는 점을 결의하였다. 이 결의에 따라 이건위원회가 사업을 전담하여 2004년에 경주 황성공원 경내로 복성비의 이건을 완료하고 고유제를 거행하였다. 이 사업은 2005년 정기총회에서 결산보고를 마침으로서 종결되었다. 그러나 위원회의 사업추진이 문중 회계와 분리해서 독립적으로 이루어졌기 때문에 종회의 기록에는 결산보고의 사실만 전할 뿐 모금의 내용과 전체 사업의 규모 등 구체적인 내용에 대해서는 기록이 남아있지 않다.

황성공원 내의 부지를 경주시가 제공을 하고 비석과 비각은 해체하여 그대로 이건하였기 때문에 부지매입과 비석 제작 및 비각 건축에 별도의 재정이 소요되지 않았지만 비석과 비각을 해체해서 이전 복원하고 고유제를 거행하는 데에 소요되는 경비만도 소규모 문중으로서는 적지 않은 부담이 되었을 것으로 보인다. 실제 이건사업을 준비하는 과정에서 현지 출장경비 등의 섭외비로 1999년 회계연도에 1,200,000원, 2000년 회계연도에 1,490,000원을 종회 예산에서 지출한 것으로 보아 사업의 규모는 상당하였을 것으로 보인다.

2) 임란공신 관련 협찬

수복동도비 이건사업 이외에 조상현창사업으로는 무의공의 임란공신 관련 행사에 여러 차례 협찬하고 있다. 무의공이 경주성을 탈환하는데 큰 공을 세웠고 선무원종공신 1등에 녹훈되어 매년 양력 6월 9일에 행하는 '경주임란의사추모제'에 참여할 뿐만 아니라 임란공신 관련 각종 단체의 행사에도 적극 참여하고 있다. 특히 2010년 이후 임란 관련 지출이 크게 늘어난 것이 주목된다. 이는 문중 내부적 요인보다는 관련 단체의 결성이나 관련 행사가 늘어난 외부적 요인이 크게 영향을 미친 것으로 보인다. 종회 기록에 나타난 협찬 내용을 정리하면 다음과 같다.

연도	행사내용	금액
1997	경주임진창의록 수단비	200,000-
2000	보령임란공신숭모제 부담금 및 여비	250,000-
2010	임란정신문화선양회 협찬금	100,000-
	경주임란의사추모제 참석	150,000-
2011	임란공신세미나 참석(대구)	265,000-
	경주임란의사추모제	60,000-
	임란공신팔공회 회원(40명) 내방 접대	500,000-
	임란공신 가입비	5,000,000-
2012	임란공신 책대금	100,000-
	임란공신 관련 회의참석(4회)	420,000-
	임란공신 자료수집	500,000-
2013	임란공신회의 참석	50,000-
	임란공신회의 화환	100,000-

3) 유적의 관리와 유지 보수

조상과 관련된 유적을 관리하고 유지 보수하는 일은 문중의 일상적인 업무 중의 하나이다. 무의공파종회에서 관리하거나 관련된 유적은 앞서 소개한 바와 같이 적지 않지만 주로 덕후루와 초수재 및 신도비의 관리와 보수가 주된 활동이 되고 있다. 수시로 유적의 보수에 지출되는 사소한 공사경비 외에도 매년 정기적으로 지출되는 경비가 적지 않다. 2013년에 지출된 유지관리 및 보수비의 내역을 보면 다음과 같다.

덕후루 관리비 : 300,000-
초수재 관리비 : 200,000-
신도비 관리비 : 30,000-
덕후루 유사수당 : 90,000-
초수재 유사수당 : 60,000-
초수재 수리공사 식대 : 200,000-
덕후루 환경정비 : 100,000-
종합토지세 : 400,930-
덕후루 전기요금 : 16,200-

4) 대외 부조 및 접대비

타 문중이나 대외 기관에 대한 부조는 문중의 품위를 유지하고 지역 사회에서 문중의 위상을 높이는데 매우 중요한 역할을 한다. 무의공파종회에서 문중 외부에 부조하고 협찬한 내용은 같은 영해파의 방계 문중에 대한 부조가 대부분을 차지하고 있고, 그 중에서도 경수당파에 대한 협찬이 많은 비중을 차지하고 있다. 경수당파는 경주성 수복작전시 사재 800석을 쾌척하여 크게 도움을 주었던 무의공의 숙부 박세순의 후손들로 구성된 문중이며 무의공의 삼남 륵(玏)이 입양하여 가계를 계승하였기 때문에 무의공파와 경수당파는 특별히 돈독한 유대를 형성하고 있다. 다음에 소개하는 경수당파에 대한 부조의 내용을 보면 두 문중의 관계가 얼마나 긴밀한지 짐작이 간다. 경수당파 이외의 방계문중에 대한 부조는 무의공의 당숙 송파공(全)의 묘비 건립 부조금 100,000원과 종파의 첨정공(孝長의 장남) 묘비 건립 부조금 100,000원이 보이는 정도다. 방계문중의 개인 경조사 부조로는 경수당파의 전 국회의원에 대한 조의금과 영해파종친회 전 회장의 상배 조의금이 각 100,000원씩 지출되었다.

타성 문중에 대한 부조는 인근에 거주하면서 혼인을 통해 연비관계를 형성하고 있는 관어대의 안동권씨 가문에 대한 부조가 몇 건 발견된다. 문중은 아니지만 영해향교의 문중부담금도 중요한 대외협찬으로 간주할 수 있다.[7]

명문 종가에는 방문객이 끊이지 않는다. 최근 전통문화에 대한 관심이 높아지면서 문화재 관련 조사와 연구를 위한 방문객이 많아졌고, 타 문중이나 단체 관광객의 방문도 꾸준히 이어지고 있다. 자기 집을 찾아온 손님은 '맨입'으로 보내지 않는다는 관례에 따라 이들에게는 음료수

---

7) 향교 부담금은 매년 부담하는 것은 아니다. 당시에 영해향교는 문화재로 지정되지 않았는데 건물이 낡아 유지관리비 부담이 매우 컸다. 정부보조가 없기 때문에 관련 문중에서 경비를 갹출하였다.

한 병이라도 대접하고자 하며 때로는 단체로 찾아온 손님들에게 식사를 대접하기도 한다. 이러한 경비를 종가가 사재로 충당하기에는 부담이 너무 크기 때문에 공식적인 대외 인사의 방문에 대해서는 문중에서 그 경비를 지출하고 있다. 2013년도에 지출한 접대비는 종택의 음료수대금 15만원을 포함해서 약 100만원에 이르고 있다.

이러한 내용을 보면 사회적 위세를 과시하고자 하는 한국 종족집단의 중요한 기능은 저명한 조상의 공적을 기리는 조상현창사업에서 어느 정도 그 모습을 찾아볼 수 있으나 타 문중의 비석이나 재사 건립, 문집발간, 서원향사 등등의 행사에 과시적으로 부조하는 경향은 현저하게 약화되었음을 알 수 있다. 다만 방계 문중이든 타성 문중이든 특별한 연고를 가진 문중에 대해서만 매우 제한적으로 부조를 교환하고 있다. 타 문중 및 대외 부조의 내용을 간략히 정리하면 다음과 같다.

〈경수당파 지원〉

1995년 : 경수당 수리비 지원	1,000,000-
1999년 : 경수당 보조	4,000,000-
2000년 : 경수당 문화재보수기공 부조	1,000,000-
2003년 : 경수당 보수준공 부조	50,000-
2004년 : 경수당 보조	5,000,000-
2012년 : 경수당 지원금	1,000,000-
2013년 : 원구 금서원 보수비 지원	3,300,000-
2013년 : 종부회의 참석여비 지원	300,000-

〈족내 타 문중 부조〉

2001년 : 송파공(全) 묘비 건립	100,000-
2007년 : 첨정공(孝長의 장남) 묘비 건립	100,000-
2008년 : 경수당파 전 국회의원 조의금	100,000-
2009년 : 영해파 전 회장 상배 조의금	100,000-
2013년 : 영해파종부 조의금	100,000-

2013년 : 영해파봉화문중 행사 찬조   100,000-

〈족외 부조〉
1998년 : 영해향교 문중부담금   250,000-
1998년 : 안동권씨 권화산기적비 건립 부조   50,000-
2008년 : 안동권씨 관어대 종택 준공부조   50,000-
2013년 : 경주최씨 동상건립 찬조   100,000-

3. 보종사업(補宗事業)과 상호부조

한국의 종족집단은 문중의 위세를 대외적으로 과시하기 위한 사업에는 많은 재정을 투입하면서도 종족 구성원들에 대한 경제적 지원은 매우 미약한 것으로 알려져 있다. 다만 종손과 종가는 문중의 '얼굴'로 의식하여 지원을 아끼지 않는다. 종손이 빈곤하면 재정을 지원해주고, 종가가 퇴락하면 가옥을 수리해주거나 새로 지어주기도 한다. 종가와 종손을 지원하는 이러한 모습은 무의공파종회에서도 찾아볼 수 있다.

현 종손의 증조부인 우종(禹鍾)이 독립운동을 위해 문중재산과 사재를 투척한 이후 종가는 경제력을 회복하지 못하고 어려운 처지에 놓여 있었다. 해방 후에도 현 종손의 조부(九洛)가 도의원에 출마하여 당선은 되었지만 선거비용으로 많은 경비를 지출한 것으로 보인다. 봉제사와 접빈객에 큰 어려움을 겪고 있는 이러한 종가의 경제적 부담을 덜어주기 위하여 문중에서는 1998년에 300만원, 1999년에 1,500만원, 2004년에 2,000만원을 지원하고, 2005년부터 2007년까지는 매년 200만원씩 지원하였다. 2008년 이후 문중의 지원이 중단되었는데 현 종손이 사업에 성공하여 경제적인 여유가 생겼기 때문인 것으로 보인다.

이러한 재정지원과는 별도로 문중에서는 종가의 4대봉사를 위해 매년 일정금액을 지원하고 있다. 2003년까지는 50,000원~60,000원을 지원하다가 2004년부터는 100,000원을, 2011년부터는 200,000원씩 지원하고 있다.

종택의 관리와 유지 보수도 문중이 담당해야 하는 중요한 임무 중의 하나이다. 종택은 엄밀히 말하면 종손이 기거하는 사저이지만 문중에서는 사저로 인식하지 않고 문중을 대표하는 공공재로 인식하여 어느 문중에서나 종택의 관리와 유지 보수를 문중의 중요한 업무로 하고 있다. 그러나 무의공 종택은 경상북도민속자료 제74호로 지정되어 중요한 보수는 국고로 이루어지기 때문에 사소한 보수와 관리만 문중에서 담당하고 있다.

한국의 종족집단이 조상을 숭배하고 종족원 상호간의 화목을 다지는 숭조돈목(崇祖敦睦)을 중요한 목적으로 천명하고 있지만 실제 일반 종족원들의 경조사에 문중에서 부조를 하는 일은 흔치 않다. 다만 문중 일에 공로가 많거나 문중의 명예를 높이는데 기여할 수 있는 인물의 경조사에는 가끔 적지 않은 부조를 한다. 무의공파종회에서도 고위 공직에 취임하거나 선거에 출마한 종족원에게 후원금을 전달한 사례가 몇 건 보이고, 저명 종족원의 상례에 10만 원 정도의 부조를 한 사례도 두 건이 있다.

일반 종족원에 대한 부조는 거의 없지만 종가의 애경사에는 적지 않은 부조를 하고 있다. 종손의 남동생 결혼에 100만원씩 두 차례, 여동생 결혼에 30만원, 종손외숙 조의금으로 22만원, 차종손 대학입학 격려금으로 500만원을 부조하였다. 2013년에는 종부가 경상북도가 주관하는 종부회의에 참석하는 경비 50만원을 지원하고, 종부 병문안 경비로 10만원을 지출하였다. 종가 식구들에 대한 이러한 특별 부조도 종가를 숭경(崇敬)하는 종족원들의 보종관념이 표출된 것으로 볼 수 있다.

4. 교육사업

한국의 종족집단이 조상의 위업을 기리는 조상숭배와 그를 통해서 문중의 사회적 지위를 대외적으로 과시하는데 많은 관심을 집중하고 있지 만(최재석 1966) 후손의 영달이 가문의 영예를 드높이는 일이기 때문에 자제의 교육에도 많은 노력을 경주해 왔다. 전통사회에서는 문중서당을 설립하여 운영하기도 하였고[8] 현대사회에서는 문중장학회를 조직해서 자제들의 교육을 지원하는 문중도 적지 않다. 원구마을 영양남씨 문중에 서는 장학사업을 위한 조직(광산회)이 문중조직에서 중추적 역할을 하고 있었다(이창기 2011, 이 책 제5장).

무의공파 문중에서 자제 교육을 위해 활동한 흔적은 도계정사(도계서 원)에서 찾아볼 수 있다. 도계정사는 1688년 사림의 공의에 의해 건립하 여 무의공의 넷째 아들인 도와공 박선을 봉향하고, 1711년에 대은 권경 (臺隱 權璟)을 추향하였다. 이 서원은 여러 차례 화재와 중수를 거치면서 확장되어 30여 칸의 규모를 이루었으나 대원군 시대에 훼철되었다.[9] 그 러나 도와공 박선을 중심인물로 모셨을 뿐만 아니라 도곡마을에 자리잡 고 있어서 무안박씨 문중의 자랑거리이면서 자제교육에 크게 기여한 것 으로 보인다.

일제강점기에는 문중 자제들의 교육을 위해 동명학원을 설립하여 운 영하기도 하였다. 동명학원은 1929년 3월 축산면 도곡리에서 박종석(朴 鍾碩 1857~1935), 박순종(朴舜鍾 1892~1967), 박동진(朴東振 1908~1944) 등이 지방 유지들과 협력하여 설립하였다. 당시 이 지역에는 보통학교도 없었고, 각 마을에 있었던 서당도 폐쇄되어 청소년들의 교육 기회가 차 단되어 있었기 때문에 농촌 청소년들에게 신학문을 가르치고 민족의식 과 독립정신을 고취시키기 위해 동명학원을 설립한 것이다. 강의는 과거 도계서원의 강학당이었던 홍교당에서 진행하였다. 동명학원은 도곡마을

---

8) 문중서당을 통한 교육사업에 대해서는 김필동(1999, 2009), 이연숙(2006, 2009), 이창언(2005, 2007) 등을 참조할 것.
9) 도계정사사적국역간행위원회(2013), 『국역도계정사사적(國譯陶溪精舍事蹟)』.

의 무안박씨들이 중심이 되어 설립하였지만 박씨문중 자제들뿐만 아니라 이웃 마을의 청소년들도 많이 참여하였다. 그러나 교사와 학생 일부가 신간회에 참여하여 검거되는 등 감시와 탄압이 심하였지만 꾸준히 교육활동을 전개하다가 1934년 4월 1일 축산보통학교(축산초등학교의 전신)가 개교되면서 이 학교에 흡수 통합되었다(영덕군 2002a: 46).

광복 이후에는 종가와 문중의 경제력이 취약하여 문중 자제의 교육을 위한 구체적인 사업을 추진하지 못하였으나 1980년대 후반에 자라나는 청소년들에게 숭조애종(崇祖愛宗)의 정신을 진작시켜서 후대에 조상과 가문을 빛내고 사회에 기여할 인물을 양성하기 위한 목적으로 전통정신 교육수련대회(1987~1992)를 개최한 바가 있다. 중·고·대학생을 대상으로 여름방학을 이용하여 2박3일의 일정으로 진행한 이 행사는 종족의 유래, 조상의 업적과 유물, 산소참배 등의 숭조교육과 종친간의 화합을 위한 레크레이션 등이 주요 프로그램으로 구성되어 있다. 도곡마을의 무의공 종택과 충효당, 원구마을의 경수당을 주로 이용하여 6회에 걸쳐 약 500여 명의 2세들을 교육하였다. 그러나 해가 갈수록 참여자가 줄어들고 재정적인 부담이 힘겨워 6회를 마지막으로 중단되었다.

V. 결 론

이상에서 저자는 도곡마을에 세거해 온 무안박씨 무의공파 종족집단을 대상으로 문중조직의 운영방식과 종족활동의 전개양상을 살펴보았다. 무안박씨는 영해지역의 5대성씨로 불릴 정도로 이 지역에서 사회적으로 높게 평가되고 있으며, 17세기 중엽 이후 무의공의 후손들이 세거해 온 도곡마을은 영해지역의 대표적인 반촌의 하나로 인정받고 있다.

도곡마을과 무안박씨에 대한 이러한 사회적 평가에는 임란공신으로서 조정의 명에 의해 백세불천지위(百世不遷之位)가 된 박의장이란 훌륭한 조상이 그 중심에 있다. 자손들 또한 훌륭한 조상의 혈통과 사회적 지위를 계승하였음을 자랑스럽게 생각하고 이에 높은 긍지를 지니고 있다. 이 점은 무의공파 문중이 지역사회에서 왕성한 종족활동을 전개할 수 있는 기본 바탕이 되고 있다.

그러나 저명한 종족집단이라고 하더라도 문중조직의 운영방식과 종족활동의 전개양상은 종족집단이 처한 현실적 여건에 따라 각기 다양한 모습으로 나타날 수 있다. 도곡마을 무안박씨 종족집단의 문중조직과 종족활동에서도 다음과 같은 몇 가지 특징을 찾아볼 수 있다.

첫째, 무의공파 문중에서는 종손과 문장의 존재가 뚜렷하게 부각되지 않고 있다. 종손은 최고 조상의 가계계승자로서 종가를 지키고 조상의 유물을 보존하며, 제사의 주재자인 동시에 문중 운영의 중심인물이 된다. 그러나 무의공파 문중에서는 종손이 조상 제사에 초헌관으로서 상징적인 제사의 주재자가 되고 있으나 문중조직의 운영에 있어서는 주도적인 역할을 수행하지 않고 있다. 종손이 리더십을 발휘하는데 어려움이 있을 경우에는 종손을 대신하여 문장이 중심이 되어 문중을 이끌어 가는 것이 일반적인 현상이지만 무의공파 문중에서는 전통적인 문장의 존재도 뚜렷하지 않다. 인근 마을인 원구리의 영양남씨 문중이 종손중심의 전통적인 문중 운영방식을 견지하고 있는 점과 대조되는 모습이다.

둘째, 종손과 문장이 부각되지 않는 대신에 무의공파 문중에서는 계보조직을 공식화하여 '무의공파종회'를 결성하고 이 종회가 문중 운영의 주체가 되고 있으며, 종의(宗議)에 의해 '선출'된 종회장이 공식적으로 문중을 대표하고 문중운영에 주도적 역할을 담당하고 있다. 종손을 중심으로 문중을 운영하는 원구마을의 영양남씨 문중에서 계보조직이 구체화되지 않는 것과 역시 대조되는 모습이다. 무의공파 문중에서는 종손의 리더십이 취약한 점을 공식조직인 종회를 통해 보완하고 문장의 역할을 종회장이 대신 수행하고 있는 것으로 볼 수 있다. 원구마을 영양남씨 문중과 도곡마을 무안박씨 문중의 비교를 통해서 종손의 리더십 여부가 문중조직의 운영방식에 중요한 영향을 미치고 있음을 확인할 수 있다.

셋째, 전통적인 한국 종족집단의 본질적인 기능으로 지적되었던 사회적 위세의 과시 기능이 현저하게 약화되고 있다. 최재석(1966)이 지적하고 있는 바와 같이 제사를 성대하게 모시는 일이나 조상의 업적을 대외적으로 과시하기 위한 여러 활동들도 사회적 위세의 과시가 동기를 이루고 있다고 볼 수도 있지만 무의공파에서 행해지는 조상 제사나 유적의 보존은 의례적 수준이나 관리 유지의 차원을 크게 벗어나지 않는다는 점에서 사회적 위세의 과시라기보다는 기본적인 조상숭배의례로 볼 수 있지 않을까 한다. 유명한 조상이 존재하지도 않고 문중재산도 빈약한 한미한 가문에서는 조상제사(묘제)의 봉행을 문중의 중심적인 기능으로 삼고 있지만 무안박씨 무의공파 문중과 같이 저명한 조상을 모신 명망 있는 가문에서도 사회적 위세의 과시 기능은 크게 약화되고 있다는 것을 확인할 수 있었다.

넷째, 종손이 크게 부각되지 않고 문중운영에 주도적인 역할을 수행하지 않는데도 불구하고 종손과 종가에 대한 지원이 적지 않게 이루어지고 있다. 종택이 문화재로 지정되어 중요한 종택의 보수는 당국의 지원으로 이루어지고 있지만 소소한 수선이나 보수공사에 수반된 부수 경비, 종택을 방문하는 인사들에 대한 접대비 등은 문중의 재정에서 지출하고 있으며, 문중의 운영에 공로가 있는 몇몇 인물에 대한 부조 이외에 일반 종족원에 대한 공적인 부조가 거의 없음에도 종가의 길흉사에는 적지 않은 부조가 이루어지고 있었다. 특히 종가의 어려운 경제사정을 고려하여 절사(節祀)의 경비를 보조하거나, 최근에 종손의 경제력이 회복되면서 중단되었지만 종가에 대한 특별 재정지원이 이루어지기도 하였다. 종가를 문중의 얼굴로 의식하여 종가를 특별히 보호하고 후원하여야 한다고 의식하는 전통적인 보종관념이 발현된 것으로 볼 수 있다.

무안박씨 무의공파 문중에서 나타나는 이러한 특징들은 종손과 종가의 현실적인 여건들이 반영된 것이다. 종손이 독립운동에 참여하여 해외로 망명하고 거액의 가산과 문중재산을 독립운동 자금으로 출연함으로써 종손이 문중운영에 리더십을 발휘하기 어려웠으며, 종가와 문중의 경제력이 크게 위축되었다. 광복 이후에도 경제력을 회복할 기회를 마련하지 못하였고, 현재의 종손은 20대의 젊은 나이에 종손의 지위를 계승하였을 뿐만 아니라 객지에서 사업을 함으로써 문중운영에 적극 참여하여 리더십을 발휘하기가 어려웠을 것으로 보인다. 종손의 리더십 약화, 종가의 경제력 취약, 문중재산의 축소 등의 요인들이 복합되어 무의공파 문중은 공식조직인 무의공파종회와 선출직인 종회장을 중심으로 문중을 운영하는 방식으로 현실의 여건에 적절히 적응해 가고 있다. 종손의 존재와 종가의 여건이 문중조직의 운영방식과 종족활동의 전개양상에 매우 중요한 요소가 되고 있음을 보여주는 좋은 사례이다.

참고문헌

김필동, 1999, 종족조직의 변화, 『종족마을의 전통과 변화』(개정판), 백산서당.
_____, 2009, 17세기 사족문중의 형성, 『사회과학연구』 20-3, 충남대사회과학연구소.
도계정사사적국역간행위원회, 2013, 『국역도계정사사적(國譯陶溪精舍事蹟)』.
여중철, 1974, 동족집단의 제기능, 『한국문화인류학』 6, 한국문화인류학회.
영덕군, 1992, 『영덕군 향토사.
_____, 2002a, 『영덕군지(상)』.
_____, 2002b, 『영덕군지(하)』.
예병주, 1999, 『무의공 박의장 장군』, 도서출판 겨레.

이연숙, 2006, 동족마을의 서당 설립과 근대적 변화,『조선시대사학보』37, 조선시
　　대사학회.
＿＿＿, 2009), 조선 후기 양반가의 문중교육,『역사와 담론』52, 호서사학회.
이창기, 1977, 한국동족집단의 기능변화에 관한 연구,『한국사회학』11, 한국사회
　　학회.
＿＿＿, 1991, 한국동족집단의 구성원리,『농촌사회』창간호, 한국농촌사회학회.
＿＿＿, 2011, 영해 원구리 영양남씨의 문중조직과 종족활동,『민족문화논총』49,
　　영남대민족문화연구소.
이창언, 2005, 청주정씨의 경산 정착과 종족활동의 변화,『대구사학』79, 대구사학회.
＿＿＿, 2007, 밀양박씨 송정파의 울산 정착과 종족활동의 전개,『민족문화논총』
　　35, 영남대민족문화연구소.
최재석, 1966, 동족집단의 조직과 기능,『민족문화연구』2, 고려대민족문화연구소.
＿＿＿, 1983,『한국가족제도사연구』, 일지사.
＿＿＿, 1987, 이촌과 문중조직의 변화,『한국사회사연구회논문집』8, 한국사회사
　　연구회.

제7장

어촌마을의 인구이동
-차유마을의 사례-

I. 서 론

1960년대 중반 이후 산업화와 도시화가 빠른 속도로 진행되면서 우리 사회는 격심한 인구이동을 경험하게 되었다. 인구센서스 자료를 통해서 5세 이상 인구의 총이동률[1]을 살펴보면 1965~1970년의 16.2%를 필두로 1975~1980년에 22.6%, 1985~1990년에 24.6%, 1995~2000년에 22.7%의 높은 수준을 유지하고 있다(통계청 1970b. 1980b. 1990b. 2000b).

20세기 후반에 경험한 우리 사회의 인구이동의 패턴은 농어촌지역의 인구가 대거 도시지역으로 유입되는 이촌향도(離村向都)로 특징지을 수 있다. 농어촌지역에서 도시지역으로 이동한 인구가 전체 이동인구에서 차지하는 비율이 1960년대 후반의 50.1%에서 1970년대 후반 44.9%, 1980년대 후반 33.4%로 점차 낮아지고 있기는 하지만 이것은 농어촌인구가 상대적으로 감소한 데에서 기인하는 것일 뿐(최진호 1997: 67) 농어촌인구의 유출현상 자체가 정체된 것은 결코 아니다.

꾸준히 지속된 이촌향도는 농촌인구의 절대수 감소와 구성비의 저하로 나타나고 있다. 인구센서스의 자료에 의하면 1970년에 15,369,969명(49.8%)이든 면지역 인구가 1980년 11,460,536명(30.6%), 1990년 7,497,857명(17.3%), 2000년에는 5,600,788명(12.2%)으로 격감하고 있다(통계청 1970a. 1980a. 1990a. 2000a).

이러한 농어촌인구의 급격한 감소는 농어촌지역의 성별·연령별 인구구성을 크게 변화시켰을 뿐만 아니라 은퇴 연령의 연장, 여성노동력의

---

1) 총이동율은 5세이상 총인구에서 과거 5년 동안 거주지를 이동한 인구의 비율로 산출하였다.

본격적인 농업노동 투입, 결혼시장의 혼란 및 이혼의 증가, 가족생활의 불안정 등 주민들의 생활양식에도 많은 변화를 가져왔다(권태환 1992).

그러나 지금까지 인구이동에 관한 연구는 넓은 지역을 대상으로 하는 거시적 관점에서 주로 이루어졌다. 전국을 단위로 하거나 특정한 광역시·도를 단위로 하는 연구가 대부분이었다. 마을 단위의 미시적 연구는 매우 희소하다. 간혹 마을 단위의 인구이동에 관한 보고가 없는 것은 아니지만 대개 다른 연구에 부수적인 자료로 제시된 것들이어서 매우 단편적이고, 인구이동 양상을 구체적으로 파악하는 데에는 한계가 있었다.

이 장에서는 동해안의 한 어촌마을(경북 영덕군 축산면 경정2리 차유마을)을 대상으로 인구이동의 양상을 구체적으로 살펴보고자 한다.

이 연구에 사용된 주된 자료는 주민들의 전출입신고를 집계한 자료이다. 영덕군에서는 민원행정을 위한 전산시스템을 구축하여 과거 10년 동안의 전출입 내용을 입력해 두고 있어서 손쉽게 자료를 활용할 수 있었다. 차유마을을 관할하는 축산면 축산출장소에는 1990년 6월 15일 이후의 전출신고와 1991년 3월 5일 이후의 전입신고의 주요 내용을 정리하여 전산으로 입력해 두고 있다. 이 자료에는 가구주 성명과 주민등록번호, 전출자와 전입자의 성명과 주소, 전출자의 전출지와 전입자의 전거주지 등의 자료가 날자 별로 정리되어 있어서 장기간의 전출입 상황을 파악할 수 있다. 다만 가구주 이외에는 주민등록번호가 입력되어 있지 않아서 이동인구의 연령을 파악하기 위해서는 이동자의 생년월일을 확인하는 후속 작업이 필요하였다. 이 자료와는 별도로 1995년 5월 이후에는 전출입 신고서 원본을 입력해 두고 있어서 자료를 대조해서 확인하는데 큰 도움이 되었다. 전산자료로 입력되어 있는 차유마을의 전출입 신고자 수는 총 279명(전출신고 161명, 전입신고 118명)으로 집계되었다.[2]

---

2) 어려운 여건 속에서도 귀중한 자료를 활용할 수 있도록 배려해 주신 축산출장소 관계자 여러분들과 김수동 이장님의 협조에 깊이 감사드린다.

전출입신고를 집계해서 인구이동 자료를 수집하는 방법은 간편하게 자료를 수집할 수 있는 장점이 있는 반면에 신고누락이나 위장신고 등이 빈번하여 자료의 정확성을 보장할 수 없는 단점이 있다. 이러한 단점을 보완하기 위해서는 별도의 확인작업이 필요하다. 이 연구에서는 경정2리 이장의 도움을 받아서 전출입신고 내용과 주민등록대장의 내용을 일일이 점검하였다. 그는 과거 20년 가까이 이장을 맡아서 이 마을의 사정을 소상히 알고 있었다.

확인작업의 결과 실제 이동을 하지 않았으면서 서류상으로만 전출입신고를 한 소위 위장 전출입의 사례가 다수 발견되었으며(위장전출 22명, 위장전입 27명), 전출신고를 하지 않고 마을을 떠난 미신고 전출자도 34명이나 확인되었다. 미신고 전입자는 단 1명뿐이었다. 미신고 전입자를 포함해서 주민등록대장에 등재되지 않은 거주자도 4명이 있었다.[3]

이러한 전출입신고의 부정확은 인구이동의 실상을 제대로 파악할 수 없게 하는 착란요인이 되고 있다. 인구이동의 실상을 제대로 파악하기 위해서는 자료의 보정이 필요하다. 그래서 이 연구에서는 먼저 위장신고와 신고누락 등 자료의 부정확 문제를 면밀하게 검토하고, 이를 바탕으로 전출입신고의 자료를 보정해서 실제적인 이동자만을 대상으로 구체적인 분석에 임하였다. 이러한 원칙에 따라 위장신고자 49명은 구체적인 분석 대상에서 제외하였다. 미신고 전입자 1명과 미신고 전출자 34명은 서류상 신고를 하지는 않았지만 실제로 이동한 자들이기 때문에 분석대상에 포함시켰다. 이러한 과정을 거쳐서 최종으로 확정된 분석 대상자는 총 265명(전출자 173명, 전입자 92명)이다.

이러한 확인과정을 거쳤음에도 불구하고 최종 분석 대상자로 확정된

---

3) 4명중에는 위장 전출자 1명(여: 61세)과 미신고 전입자 1명(여: 연령 미상), 출생신고를 하지 않은 당년(2000년) 출생 여아 1명이 포함되어 있다. 나머지 1명은 중풍으로 거동이 불편한 56세의 남자로 부인만 단독가구로 등재되어 있다.

265명 속에는 미처 가려내지 못한 위장신고자가 소수 포함되어 있을 가능성을 배제할 수 없다. 또한 확인된 34명 외에 미신고 전출자가 더 있을지도 모른다. 그러나 그렇다고 하더라도 차유마을의 인구이동 실태를 이해하는데 지장을 줄 정도는 아니라고 생각한다.

Ⅱ. 조사대상 마을의 개황

이 연구의 조사대상 지역은 경북 영덕군 축산면 경정2리 차유마을이다. 영덕읍에서 동북쪽으로 약 15km, 영해면에서 동남쪽으로 약 9km 떨어진 위치에 있으며 동해안 7번 국도로부터 약 4km 떨어져 있는 해안마을이다. 동해안의 해안마을이 다 그러하듯이 가파른 경사면에 계단식으로 마을이 형성되어 마을 주변에는 경작지가 거의 없다. 농사를 짓는 주민들은 주로 마을 뒤편의 고개 너머에 있는 농경지를 이용하고 있으며, 마을 앞의 바다가 주민들의 주된 생활 터전이 되고 있다.

2000년 8월 1일 현재 79가구 228명의 주민이 거주하고 있다.[4] 축산면 축산출장소의 주민등록부에는 87가구 253명이 등재되어 있으나 확인 결과 주민등록상으로만 등재되어 있고 실제 거주하지 않는 인구가 8가구 29명이나 되었으며, 4명은 주민등록부에 등재가 누락되어 있었다.

주민들의 연령분포를 보면 15세 미만이 32명(14.0%), 15~64세가 162명(71.1%), 65세 이상이 32명(14.0%)으로서 소년인구의 비중이 매우 낮고 노인인구의 비중이 높게 나타나고 있다. 이러한 연령분포는 최근 우

---

4) 대구·경북 일원에 소재한 대학에 재학 중인 자로서 주말마다 본가에 돌아오는 대학생(남자 3명, 여자 2명)과 사병으로 군복무 중인 자(남자 2명)는 마을에 거주하는 것으로 간주하였다. 이들 7명의 연령은 모두 20대이다.

리나라 농어촌인구의 전형적 형태로서 2000년 인구센서스의 면부인구
(15세 미만 16.2%, 15~64세 65.7%, 65세 이상 18.1%)와 비교해 보면 소
년인구(15세 미만)와 노인인구(65세 이상)의 비율이 약간 낮고 생산영령
인구(15~64세)의 비율이 다소 높게 나타나고 있지만 거의 비슷한 모습을
보여주고 있다. 15~64세의 비율이 70%를 상회하는 것은 생산연령층의
인구유출이 크지 않다는 것을 의미한다. 1980년대 이후 대게잡이를 비롯
한 어업활동의 수익성이 크게 향상되었고, 마을 뒤편을 통과하는 강축도
로(강구와 축산을 잇는 해안도로)가 1994년에 개통되어 횟집과 민박을
통한 관광수입도 크게 증가하였기 때문이다.

〈표 7-1〉 차유마을 주민들의 연령분포(2000. 7. 31. 현재)

연령	남자		여자		계		성비	
0-14	16(15.1)		16(13.1)		32(14.0)		100.0	
15-29	23	78 (73.6)	19	84 (68.9)	42	162 (71.1)	121.1	92.9
30-49	30		31		61		96.8	
50-64	25		34		59		73.5	
65⁺	11(10.4)		21(17.2)		32(14.0)		52.4	
미상	1(0.9)		1(0.8)		2(0.9)		100.0	
계	106(100.0)		122(100.0)		228(100.0)		86.9	

자료: 영덕군 축산면 축산출장소a/저자 수정·보완

  차유는 영덕군에서 〈영덕대게 원조마을〉로 지정하면서 널리 알려지
게 된 전형적인 어촌마을이다. 전체 79가구 중 23가구가 대게잡이를 위
한 3~4톤 규모의 어선을 소유하고 있으며,[5] 문어통발이나 오징어잡이,
자망어업 등을 위한 1톤 미만의 소형 어선을 소유한 가구도 19가구나 되
어 모두 42가구가 어선을 소유하고 있다. 이 중 17가구는 규모는 작지만
농사도 짓고 있다.

----

5) 이 마을에서는 3~4톤 규모의 어선을 이용한 대게잡이만을 '어선어업'이라 부르고
   있다.

이 마을에서 농사를 짓고 있는 가구는 전체 79가구 가운데 29가구에 지나지 않는다. 우리나라 어촌이 반농반어(半農半漁)의 겸업형태를 띤다고 하지만 이 마을에서는 농업의 비중이 현저히 낮다. 농사를 짓는 29가구도 대부분은 겸업을 하고 있고 전업농은 9가구에 불과하다. 겸업농 20가구 중에 17가구가 선박을 소유하고 있고, 해산물장사를 하면서 농사를 짓고 있는 가구가 1가구, 부부가 함께 직장생활을 하면서 농사를 짓는 경우도 1가구 있다. 횟집을 경영하면서 농사를 짓는 가구도 4가구가 있었다(이 중 3가구는 어선도 소유하고 있다).

농사를 짓고 있는 가구의 경작규모를 살펴보더라도 이 마을의 농업이 얼마나 영세한가를 알 수 있다

<표 7-2> 농가의 경작규모

경작규모 (m²)	1000미만	1000~ 2000	2000~ 3000	3000~ 4000	4000~ 5000	5000이상	계
가구수	2	5(1)	9(4)	9(2)	1	3(2)	29(9)

자료: 영덕군 축산면 축산출장소b/저자 수정·보완.
(   )안의 숫자는 전업농의 가구수 임.

<표 7-2>에서 보는 바와 같이 이 마을 농가의 경작규모는 5000m² 이상의 비교적 넓은 면적을 경작하는 농가가 3가구 있지만[6] 대부분의 농가는 1,000m²~4,000m² 정도를 경작하고 있다. 농업 이외의 직업을 가지고 있는 겸업농의 경우는 물론이거니와 농업을 전업으로 하는 경우에도 소위 대농이라 일컫는 3가구를 제외하고는 농업을 통해서 주된 수입을 얻고자 하기 보다는 가족의 식량을 충당하는 정도에 지나지 않는다.

어선을 이용한 어로활동과 농사를 짓는 이외의 직업으로는 어물행상

---

6) 이들은 모두 10,000m²(약 3,000평)~15,000m²(약 4,500평) 정도를 경작하고 있다. 마을에서는 이들을 대농이라 부르고 있다.

(6가구), 선원(2가구), 나잠어업(3가구), 단순노동(1가구), 운수업(1가구), 잡화가게(1가구), 안동병원 연수원 관리인(1가구) 등 다양하다.

뚜렷한 생계수단을 갖지 않은 경우도 13가구나 된다. 이들은 대부분 여성 단독가구(10가구)로서 자녀의 송금이나 어구손질 등의 단순작업을 통해서 생활비를 충당하고 있으며, 7가구는 정부로부터 생계비를 보조받고 있다.

Ⅲ. 위장신고와 신고누락의 실태

전산자료가 입력되어 있는 1990년 6월 15일부터 2000년 7월 31일까지 신고된 전출입자는 총 279명(전출신고자 161명, 전입신고자 118명)으로 기록되어 있다. 이 중에는 실제 이동을 하지 않았으면서 서류상으로 위장신고를 한 49명(위장전출 22명, 위장전입 27명)이 포함되어 있다. 위장신고의 비율은 17.6%(위장전출 13.7%, 위장전입 22.9%)에 이른다. 전출보다는 전입에서 위장신고의 비율이 좀 더 높게 나타나고 있다. 위장전출의 비율이 비교적 낮게 나타난 것은 미신고 전출자 34명을 포함시키지 않았기 때문이다. 미신고 전출자를 포함시킨다면 전출신고의 오류의 정도는 훨씬 높아지게 된다. 전출입신고를 마치고 실제로 이동을 한 인원은 230명(전출 139명, 전입 91명)이다.

위장신고자는 실제로 이동을 하지 않았다는 점에서 구체적인 인구이동의 분석에서는 제외하는 것이 마땅하리라 생각한다. 그러나 다른 한편으로는 위장신고도 농어촌 주민들의 사회관계의 일면을 보여주는 자료로서 주의 깊게 관찰할 필요가 있다. 몸은 이동하지 않았지만 어떤 현실적 필요가 있어서 위장신고를 하였을 것이고, 전혀 연고가 없는 곳에 신고하는 경우는 드물기 때문이다. 위장신고의 사유는 매우 사적인 것이기 때문에 밖으로 쉽게 드러나지 않지만 주민들의 말을 종합해 보면 자녀교육문제, 부동산 취득 및 인허가상의 필요, 이사 중간의 일시적 주민등록이전, 채무자의 추적 기피 등이 지적되고 있다. 그러므로 위장신고의 대상 지역은 이미 가족 중 일부가 거주하고 있는 곳이거나, 부동산 취득·인허가·자녀교육 등과 같은 경제적 행정적 교육적 필요가 있는 곳, 처가나 외가가 있는 곳 등 어떠한 형태로든 긴밀한 관계가 형성되어 있는 곳들이다.

위장신고를 한 49명의 신고 당시 성별·연령별 분포는 다음 〈표 7-3〉과 같다.

<표 7-3> 위장신고자의 성별·연령별 분포

	전출자			전입자		
	남자	여자	계	남자	여자	계
0-9	-	-	-	1	1	2
10-19	1	2	3	1	2	3
20-29	1	2	3	2	1	3
30-39	-	-	-	1	1	2
40-49	3	4	7	3	3	6
50-59	2	2	4	2	4	6
60$^+$	2	3	5	3	2	5
계	9	13	22	13	14	27

자료: 저자 조사 확인.

〈표 7-3〉을 보면 위장신고자는 40대 이상이 매우 많은 특징이 있다. 위장전출자 22명 중 16명, 위장전입자 27명 중 17명이 40대 이상이다. 10대 이하의 위장전출입자는 대개 40대 이상 위장 전출입자의 동반 이동자들이다. 20대와 30대의 위장 전출입자는 8명에 지나지 않는다. 위장 전출입자의 연령이 40대 이상이 많은 것은 자녀교육, 부동산 취득·인허가, 이사 등 앞서 지적한 위장 전출입의 사유와 관련이 깊은 것 같다.

위장 전출입은 실제의 거주를 위한 것이 아니라 행정상의 요건을 갖추기 위한 경우가 많기 때문에 요건을 충족시키고 나면 곧 귀환하는 특징을 보인다. 퇴거신고 후 곧 전입신고를 하거나, 전입신고 후 곧 퇴거신고를 하는 것이다. 49명의 위장전출입자 중 40명이 이러한 반복이동 신고자들이다. 동일인이 전출(전입)과 전입(전출)을 반복해서 신고한 것을 한 건의 반복이동 신고로 간주하면 반복이동 신고 건수는 모두 20건이다. 16명이 위장전출입을 한 차례 반복하였고, 2명(부부)은 두 차례나 반복하였다. 위장전출이나 위장전입을 단 한 번 신고를 한 사람은 9명에 지나지 않는다.

반복이동 신고자들은 신고 후 곧 바로 귀환이동을 하기 때문에 전출(전입)신고와 전입(전출)신고 사이의 시간 간격이 매우 짧을 수밖에 없다. 대개 6개월을 넘지 않고 있다. 20건의 반복이동 신고 가운데 6개월 이내에 귀환신고를 한 경우가 17건(85%)으로 대부분을 차지한다. 이중 2개월 이내가 12건(60%)이다. 최단기간은 1주일만에 귀환이동 신고를 하는 경우로서 4건이나 있다. 1년 이상 경과한 경우는 3건에 불과하다.

전출입신고를 하지 않고 이동한 신고누락자도 다수 발견된다. 이들은 대부분 미신고 전출자들이다. 마을의 주민등록대장에 등재되어 있으나 실제로는 마을에 거주하지 않는 자들이다. 이들은 모두 28명(남자 16명, 여자 12명)인데 위장 전출입자들이 40대 이상의 연령층이 많았던 데에 비해서 미신고 전출자들은 20대가 17명(60.7%)으로 다수를 점하고 있다. 포항이나 대구 등의 도시지역에서 직장생활을 하거나 졸업 후 취업을 준비하는 미혼자들이다. 미신고 전입자는 20대의 여성 단 1명뿐이다.

마을에 주민등록을 두고 실제로 마을을 떠난 이들 이외에 주민등록대장에 명단이 누락된 미신고 전출자도 6명이 확인되었다. 이들은 92년에 전입한 일가족 4명과 93년에 단독으로 전입한 2명인데 전입 후 잠시 거주하다가 전출신고를 하지 않고 마을을 떠났으나 주민등록부에 명단

188 영해지역의 반촌과 어촌

이 누락되어 있다.

마을에 주민등록을 둔 미신고 전출자와 주민등록 기록이 없는 미신고 전출자를 합하면 실제 미신고 전출자는 모두 34명이다. 이들은 전출신고를 하지는 않았지만 실제로 이동한 자들이기 때문에 구체적인 이동자 분석에서는 이들을 포함시켜서 분석하기로 한다. 마찬가지로 미신고 전입자 1명도 분석대상에 포함시키기로 하였다.

전출신고를 하지 않고 마을을 떠난 34명의 2000년 7월 31일 현재 연령 분포는 다음 〈표 7-4〉와 같다.

〈표 7-4〉 미신고 전출자의 연령 분포(2000. 7. 31. 현재)

연령	0-9	10-19	20-29	30-39	40-49	50-59	60$^+$	계
남자	2	2	10	3	1	1	-	19
여자	1	1	8	4	-	-	1	15
계	3	3	18	7	1	1	1	34

자료: 저자 조사 확인.

IV. 연도별 인구이동 추세

전산자료가 입력되어 있는 1990년 6월 15일부터 2000년 7월 31일까지의 전출신고자수와 1991년 3월 5일부터 2000년 7월 31일까지의 전입신고자수에서 위장 신고자를 제외하고, 미신고 전출입자를 합한 실제 이동자수는 265명이다. 이들을 연도별로 정리하면 다음 〈표 7-5〉와 같다. 미신고 전출자 34명 중 28명은 정확한 이동시기를 확인하지 못하여 연도미상으로 처리하였다.

자료를 입력하기 시작한 시점에 약간의 차이가 있기는 하지만 전출자가 총 173명, 전입자가 총 92명으로 전출자가 전입자에 비해 훨씬 많은 수를 기록하고 있다. 전입자에 비해 전출자가 많은 현상은 1960년대 이후 우리나라 농어촌 인구이동의 보편적인 경향이라 하더라도 80호 정도의 규모를 가진 마을에서 매년 평균 10명 가까이 전입하고 있는 것은 내륙의 일반적인 농촌마을에서는 찾아보기 어려운 현상이다. 손쉽게 일거리를 찾을 수 있고, 수산물의 경제적 가치가 높아진 어촌마을의 경제 상황과 관련되어 있는 것으로 보인다.

〈표 7-5〉 연도별 인구이동 추세

	전출자(1990.6.15.~2000.7.31.)			전입자(1991.3.5.~2000.7.31.)		
	남	여	계	남	여	계
1990	5	-	5	-	-	-
1991	10	12	22	5	3	8
1992	10	7	17	3	8	11
1993	12	12	24	10	13	23
1994	6	4	10	1	3	4
1995	7	3	10	5	3	8
1996	7	8	15	3	3	6
1997	5	5	10	6	5	11
1998	5	3	8	8	5	13
1999	11	5	16	1	2	3
2000	6	2	8	3	2	5
연도미상	15	13	28	-	-	-
계	99	74	173	45	47	92

자료: 영덕군 축산면 축산출장소c. d. e./저자 수정·보완.
이하 〈표 7-13〉까지 동일함.

주민들의 증언에 의하면 어촌에는 토지와 같은 생산도구가 마련되어 있지 않더라도 건강한 육체만 있으면 어로작업을 통해서 생업활동이 가능하기 때문에 마을 떠났던 이촌자들도 객지 생활이 여의치 않을 때는 비교적 쉽게 돌아올 수 있다고 한다. 특히 최근에는 과거에 비해 수산물의 가격이 상승하고 관광객이 증가하여 어촌 주민들의 소득이 크게 향상되었기 때문에 많은 주민들이 마을을 떠나고 있음에도 불구하고 적지 않은 사람들이 전입하여 주민의 감소추세는 많이 완화되었다고 한다. IMF 사태를 맞으면서 경제적으로 어려움을 겪게 되었던 1997년과 1998년에 전입자가 특히 많았던 것은 어촌마을의 이러한 여건이 영향을 미친 것으로 보인다.

또 하나의 요인으로는 강구와 축산을 잇는 해안관광도로(강축도로, 최근에 대게로로 명칭이 변경되었다)의 개통과 영덕대게 원조마을 지정이 차유마을의 사회경제적 위상을 크게 높여주었다는 것이다. 1994년에 강축도로가 개통되고 전통적으로 대게잡이를 해 온 〈영덕대게의 원조마을〉로 공인되면서 관광객이 급격히 증가하게 되었고, 수산물 판매 및 횟집과 민박을 통한 관광수입도 크게 늘어났다. 낡은 가옥을 개량하거나 신축하여 마을의 외양도 크게 일신하였다. 이러한 마을의 변화가 전입인구를 증가시키는 흡인요인으로 작용한 것으로 보인다. 강축도로의 개통을 앞둔 1993년에 전입인구가 크게 늘어난 것도 그 때문이 아닌가 한다.

차유마을의 전출자는 1990년대 초반에 비교적 높은 빈도를 보이고 있다. 올림픽 이후 비교적 호황을 누렸던 당시 우리 사회의 경제상황이 반영된 것이라 생각된다.

대도시 주변의 근교농촌에서는 이러한 영향이 더욱 선명하게 나타나고 있지만(김태헌, 1993) 차유마을에서도 우리 사회 전체의 경기변동과 마을 주변의 개발 사업이 주민들의 인구이동에 영향을 미치고 있는 것이다.

전출시기를 확인할 수 없는 28명은 모두 미신고 전출자들이다. 미신고 전출자 34명 중 전출시기를 확인할 수 있는 사람은 6명에 불과하였다. 그러나 2000년 7월 현재 연령분포가 20대에 집중되어 있는 것으로 보아 이들은 대체로 90년대 중·후반에 이 마을을 떠난 것으로 추정된다.

V. 이동인구의 성별·연령별 구성

전출인구와 전입인구의 특성을 파악하기 위하여 위장신고자를 제외한
실제 이동자들의 이동 당시 성별·연령별 분포를 살펴보기로 한다.

〈표 7-6〉 이동인구의 성별·연령별 구성

	전출자			전입자		
	남자	여자	계	남자	여자	계
0-9	4	8	12(6.9)	6	8	14(15.2)
10-19	15	6	21(12.1)	6	6	12(13.0)
20-29	46	39	85(49.1)	17	21	38(41.3)
30-39	11	3	14(8.1)	11	5	16(17.4)
40-49	3	3	6(3.5)	2	4	6(6.5)
50-59	4	2	6(3.5)	2	2	4(4.3)
60$^+$	1	-	1(0.6)	1	1	2(2.2)
연령미상	15	13	28(16.2)	-	-	-
계	99	74	173(100.0)	45	47	92(100.0)
성비	133.8			95.7		

먼저 전출인구의 연령분포를 살펴보면 전출 당시의 연령을 확인할 수
없는 자가 28명(16.2%)이나 되지만 이들을 논외로 한다면 20대가 49.1%
로서 압도적 다수를 점유하고 있다. 20대 다음으로는 10대 12.1%, 30대
8.1%, 10세 미만 6.9%로 나타나고 있으나 20대에 비해 현저하게 적은
수이다. 연령 미상자 28명은 전출시기를 확인하지 못한 미신고 전출자들
이다. 그런데 이들 미신고 전출자들의 절반 이상이 조사 당시 20대였던
점으로 보아 전출시기가 오래지 않은 것으로 보이며, 전출할 당시에도
20대가 다수였을 것으로 짐작된다. 이런 점을 고려한다면 20대 전출자의
분포 비율은 60% 가까이 되지 않을까 한다.[7]

전출인구가 20대에 특히 집중되어 있는 것은 많은 젊은이들이 학업이
나 취업을 위해서 도시로 떠나기 때문인 것으로 보이며, 20대의 여성 전
출자 중에는 결혼으로 인해서 마을을 떠나는 여성도 상당수 포함되어 있
다. 전출신고서와 추적조사를 통해서 17명의 여성이 혼인으로 마을을 떠
났음이 확인되었다. 이들은 모두 20대의 여성으로서 20대 여성 전출자의
거의 절반에 가까운 수이며, 전체 여성 전출자 74명의 23%에 해당한다.

전출인구의 성비(여성인구 100에 대한 남성인구의 비)를 살펴보면
133.8로 여성에 비해 남성이 30% 이상 더 많이 전출하고 있다. 젊은 여
성이 더 많이 전출하는 농어촌지역 인구이동의 일반적 경향에 비추어 보
면8) 차유마을의 전출인구의 높은 성비는 다소 특이한 모습이다. 전출인
구의 성비가 높은 연령층이 10대에서 30대에 걸쳐 있는 것으로 보아 이
마을에서는 외지의 상급학교로 진학하거나 외지에서 취업하는 기회가
남성들에게 더 많이 열려 있는 것으로 판단된다. 다음 〈표 7-9〉에서 포
항지역으로 전출한 자들의 성비가 특히 높게 나타난 현상이 이를 뒷받침
하고 있다. 포항은 차유마을 사람들이 외부 세계로 통하는 관문이 되고
있으며, 고등학교와 전문대학 등 상급학교에 진학하거나 중공업 중심의
철강공단에 취업하기 위한 중요한 대상지가 되고 있는 것이다. 상급학교
진학을 위해서 마을을 떠나 외지로 유학하거나 중공업 중심의 포항지역
에 취업하기 위하여 마을을 떠나는 인구 중에 남성이 보다 많은 것으로
판단된다. 서울지역으로 이출한 자들 중에 남성이 훨씬 많은 것도 비슷
한 원인이라 해석된다. 특정 지역사회와 긴밀하게 관련된 도시지역의 특
성(흡인요인)이 이출인구의 성격에 크게 영향을 미치고 있다는 것을 보

---

7) 종래 농촌의 이동인구는 10대 후반(15세~19세)에서 활발하였으나(권태환 1992:
   43~46) 1980년대 이후 20대가 가장 많은 비중을 차지하고 있는 모습이 충북의
   농촌마을에서도 나타나고 있다(김태헌 1996: 88; 김태헌·이창송 1995: 107).
8) 2000년 인구센서스의 5년전 거주지별 인구 통계에서도 전국 군부의 5세 이상 이
   출인구 성비는 96.7로 남성에 비해 여성이 더 많이 이출하고 있다.

여주는 것이라 하겠다.

전입자의 연령분포는 20대가 41.3%로 다수를 차지하고 있지만 전출자의 20대 추정치 60%에 비하면 현저히 낮은 수준이며, 10세 미만과 30대의 비율은 전출자보다 높은 모습을 보여주고 있다. 다시 말하면 전입자의 연령분포는 20대에 집중된 정도가 낮고, 상대적으로 여러 연령층으로 확산되어 있다. 특히 30대의 전입자 비율이 상당히 높은 것이 주목된다. 앞서 언급한 바와 같이 토지자산과 같은 특별한 생산도구가 없어도 벌이가 가능한 차유마을의 경제적 조건이 30대의 유입을 촉진한 것으로 보인다. 30대 전입자의 증가는 이들과 동반이동하는 10세 미만의 전입자 비율도 늘어나게 하였다. 동반이동자의 연령은 10대 초반에까지 이어지고 있다. 이런 점들은 가구단위 이동의 비율이 전입자에게서 높게 나타나는 〈표 7-7〉의 경향과도 일치하고 있다. 그럼에도 20대의 전입자가 다수를 차지하는 것은 대량으로 전출한 20대 중에서 학업을 마치거나 직장생활이 여의치 않아 부모나 가족이 거주하고 있는 차유마을로 귀환하는 수가 적지 않기 때문인 것으로 보인다.

20대의 여성 전입자 중에는 이 마을로 시집온 여성도 다수 포함되어 있다. 전입신고서와 추적조사를 통해서 확인된 혼입 여성의 수는 모두 9명으로 19세에 이 마을로 시집온 1명을 제외하고는 모두 20대의 여성이었다. 혼입 여성의 수는 전체 전입 여성 47명의 19%에 해당되며, 20대의 여성 전입자 중에서는 40%를 차지하고 있다.

Ⅵ. 이동유형

인구이동의 특성을 좀 더 구체적으로 알아보기 위하여 가구원들이 모두 함께 이동하는가 아니면 가구원들이 여러 차례로 나뉘어 부분적으로 이동하는가를 살펴보기로 한다.

전출입신고서에는 이동유형을 〈세대전부〉와 〈세대일부〉로 구분하고 있다. '세대전부'는 가구주와 가구원이 모두 함께 이동하는 것으로 이 연구에서는 이를 '가구이동'으로 분류하였다. '세대일부'는 이동자가 한 사람이든 여러 사람이든 간에 가구원 중 일부가 잔류하고 일부가 이동하는 경우를 말하는 것으로 이 연구에서는 이러한 이동을 '개별이동'으로 분류하였다. 전출입신고서에서는 단독가구주의 이동도 '세대전부'로 간주하고 있으나 이 연구에서는 가구원들이 모두 떠나고 최종적으로 가구주가 단독으로 이동하는 경우는 '개별이동'에 포함시켰다.[9]

그러나 가구이동과 개별이동을 엄밀하게 구분하기는 대단히 어렵다. 가구원 중 일부가 부분적으로 이동하고 난 뒤에 남아있는 나머지 가구원 (이들이 한 사람이든 두 사람 이상이든 간에)이 한꺼번에 이동을 하게 되면, 이것을 가구단위의 이동으로 간주해야 할 지 아니면 가구원의 일부가 부분적으로 이동한 것으로 보아야 할 지 애매하기 때문이다. 실제 이동의 전체 과정으로 보면 가구원의 일부가 부분적으로 이동한 것으로 볼 수 있지만 공부상으로는 가구단위 이동으로 기록되고 있어서 엄격하게 구분하기가 쉽지 않은 것이다.

〈표 7-7〉은 과거 약 10년간 차유마을에서 전출한 주민들과 차유마을로 전입한 주민들을 가구이동과 개별이동으로 나누어서 정리한 것이다.

---

9) '한 사람 또는 두 사람 이상이 모여서 취사, 취침 등 생계를 같이하는 생활단위' (통계청 2000a: 8)를 가구로 규정하는 원래의 가구 개념에 충실한다면 단독가구주의 이동도 가구이동으로 간주함이 마땅하지만 이 연구에서는 가족성원들이 모두 함께 이동하는가 아니면 가족성원들이 여러 차례로 나누어 이동하는가 하는 점을 살펴보고자 하는 것이 주된 목적이기 때문에 단독가구주의 이동을 '개별이동'에 포함시켰다.

〈표 7-7〉 이동유형

	이동자 총수	개별이동자수(A)	가구이동자수(B)	B/A×100
전출자	173(100.0)	137(79.2)	36(20.8)	26.3
전입자	92(100.0)	54(58.7)	38(41.3)	70.4

〈표 7-7〉을 보면 전출자나 전입자 모두 가구단위 이동보다는 개인이나 가구원 일부가 이동하는 개별이동이 훨씬 많은 것으로 나타나고 있다. 그러나 가구이동과 개별이동의 비율에 있어서는 전출자와 전입자 사이에 상당한 차이가 있어서 개별이동은 전입(58.7%)보다 전출(79.2%)에서 상대적으로 많이 나타나고 있고, 가구이동은 전출(20.8%)보다는 전입(41.3%)에서 상대적으로 많은 비중을 차지하고 있다. 개별이동자의 수에 대한 가구이동자의 상대적 비중(B/A)을 측정해 보면 이러한 차이를 더욱 선명하게 관찰할 수 있다. 가구단위 이동자의 상대적 비중은 전입자(70.4)가 전출자(26.3)의 2.7배에 이르고 있다.

이러한 차이는 학업이나 취업을 위해서 개인단위로 전출한 자들이 차유마을로 귀환하는 비율이 낮기 때문에 나타나는 현상이다. 결국 전출자 총수와 전입자 총수의 차이는 주로 개인단위 이동자의 차이에서 연유하는 것이다. 그 외에 가구단위 전입자의 비율을 높이는 부분적 요인으로는 차유마을에 연고가 없는 사람이 이 마을로 이주하는 경우에 가구단위로 전입하는 경우가 많다는 점과 시기를 달리하여 개인단위로 전출한 자가 귀환할 때는 가구단위로 귀환하는 경우가 많다는 점도 지적할 수 있다. 전혀 연고가 없는 사람이 개인단위로 전입하거나 가구단위로 전출한 사람이 개인단위로 전입하는 경우는 상대적으로 드물게 나타나고 있다.

가구이동은 지역적으로 편중되어 있어서 전출은 포항(4가구 10명)과 울산(3가구 8명)에, 전입은 부산(4가구 15명)에 높은 빈도를 보이고 있다. 가구이동의 지역적 분포는 다음 〈표 7-8〉과 같다.

<표 7-8> 가구이동의 지역분포

지역		포항	경주	대구	안동	울산	부산	군내	미상	계
전출	가구	4	-	1	-	3	1	1	2	10
	인원	10	-	3	-	8	4	3	8	36
전입	가구	1	1	1	2	2	4	1	-	12
	인원	3	2	4	6	5	15	3	-	38

Ⅶ. 이동인구의 지역분포

차유마을에서 전출하는 자들의 행선지와 전입자들의 전거주지는 어떻게 분포되어 있을까? 이동인구의 지역분포는 마을 주민들이 외부 사회와 맺고 있는 사회관계망을 살펴볼 수 있는 중요한 자료이다. 전출입신고서와 추적조사를 통해서 파악한 전출자와 전입자의 지역적 분포를 구체적으로 정리하면 다음 〈표 7-9〉와 같다.

〈표 7-9〉에 의하면 차유마을 주민들의 이동은 전출과 전입을 불문하고 대부분 도시지역을 대상으로 하고 있다는 공통점을 지닌다. 전출자의 81.5%가 도시지역으로 전출하고 있으며, 전입자의 84.8%가 도시지역에서 전입하고 있다. 전출지역을 확인하지 못한 14명중에도 도시지역으로 전출한 자들이 다수일 것으로 본다면 도시지역으로 전출한 자의 비율은 이 보다 훨씬 높아질 것이다. 농촌지역으로 전출하거나 농촌지역에서 전입하는 주민은 10~15%에 지나지 않는다.

차유마을 주민들의 이동대상 지역을 좀 더 구체적으로 살펴보면 도시지역의 전출지로서는 포항이 압도적으로 많은 수를 차지하고 있고, 그 다음으로는 대구, 울산, 부산이 높은 빈도를 보이고 있다. 구미, 서울, 경기지역으로도 비교적 많은 수가 전출하고 있다. 지리적으로 가깝고 공업

〈표 7-9〉 이동자의 지역분포

지역구분		전출자			전입자		
		남자	여자	계	남자	여자	계
도시	서울	8	1	9	2	2	4
	부산	14	12	16	14	10	24
	대구	15	14	19	4	5	9
	울산	9	9	18	3	4	7
	경북 포항	27	10	37	8	6	14
	경북 경주	1	-	1	-	2	2
	경북 구미	6	4	10	1	1	2
	경북 안동	1	-	1	4	3	7
	경북 경산	-	-	-	-	1	1
	강원	-	-	-	1	-	1
	경기	3	5	8	2	3	5
	경남	1	-	1	1	-	1
	충남·충북	1	-	1	1	-	1
	소계	86 (86.9)	55 (74.3)	141 (81.5)	41 (91.1)	37 (78.7)	78 (84.8)
농촌	영덕	4	5	9	3	7	10
	기타	4	5	9	1	3	4
	소계	8 (8.1)	10 (13.5)	18 (10.4)	4 (8.9)	10 (21.3)	14 (15.2)
지역불명		5 (5.0)	9 (12.2)	14 (8.1)	-	-	-
계		99 (100.0)	74 (100.0)	173 (100.0)	45 (100.0)	47 (100.0)	92 (100.0)

이 발달한 경상도지역의 대도시와 서울을 비롯한 수도권 지역들이다.

전입지역으로는 부산이 24명으로 가장 큰 비중을 차지하고 있다. 전출자가 그렇게 많지 않았던 부산에서 전출자보다 훨씬 많은 수가 전입하게 된 것은 다소 특이한 현상으로 보인다. 다른 지역과는 달리 가구단위 전입(4가구 15명)이 많았던 것이 한 요인이 되고 있다. 그 이유는 명확하게 밝히기 어렵지만 1990년 이전에 전출한 자들이 조사대상 기간에 가구단위로 전입한 것이 아닌가 한다.

부산 다음으로 전입자가 많았던 지역은 포항(14명)과 대구(9명), 울산 (7명)을 들 수 있다. 이 지역들은 전출 인구도 많았던 지역들인데 학업과 취업을 위해 이들 지역으로 떠났던 전출자 중에서 본가로 귀환하는 이동 자가 많기 때문인 것으로 보인다. 안동시에서 7명이 전입한 것도 다소 특이한 현상으로 보이지만 여기에는 특수한 사정이 개입되어 있다.[10]

Ⅷ. 반복이동의 실태

차유마을의 인구이동에서 특징적으로 나타나는 현상 중의 하나는 동 일인의 반복이동이 매우 많다는 것이다. 전출했던 인물이 일정 기간이 경과한 후에 귀환하거나 전입했던 인물이 다시 전출하는 예가 다수 발견 되고 있다.[11] 전입과 전출 또는 전출과 전입을 한 차례 반복하는 2회 이 동의 경우가 가장 많지만 3회 이상 이동하는 경우도 적지 않게 나타나고 있다. 많은 경우는 과거 10년 동안 5회까지 이동한 경우도 있다. 반복이 동의 경험을 가진 자는 모두 58명으로 이들에 의한 이동 횟수(이동 연인 원)는 152회(명)에 이른다.[12]

---

10) 안동에서 전입한 7명 중 일가족 4명은 가구주의 처가 마을인 이곳에 92년 3월에 전입하였으나 이듬해에 모두 미신고 전출하였다. 이동사유와 전출지는 확인되지 않는다. 2명은 마을 우측 언덕에 신축한 안동병원 연수원 관리인으로 입주한 60 대의 부부이다. 나머지 1명은 20대 초반의 남성으로 91년 6월에 단독 전출하였 다가 8개월 후인 92년 3월에 다시 전입하였다.

11) 이동자들이 이 마을을 떠난 이후 또는 이 마을에 전입하기 이전에 다른 지역에서 반복해서 이동한 경우도 적지 않을 것으로 추정되지만 다른 지역에서의 반복이 동까지 파악하기란 거의 불가능하다. 여기에서 말하는 반복이동은 분석대상이 되는 기간 동안 이 마을을 중심으로 반복이동한 경우에 한한다.

12) 반복이동 152회 속에는 전입만 2회 연속되거나 전출만 2회 연속된 경우가 각 1 건씩 포함되어 있다. 전출입 신고가 전산화되지 않은 1995년 이전에 전출신고만

전출자와 전입자 중에서 반복이동자가 차지하는 비율을 살펴보면 차유마을의 인구이동 양상을 좀 더 선명하게 관찰할 수 있다. 반복이동 연인원 152명은 차유마을 전출입 이동자 총수 265명의 57.5%에 이른다. 이동의 절반 이상이 반복이동자들에 의한 이동인 것이다. 지난 10년 동안단 한번 전출하거나 전입한 사람은 113명(42.5%)에 지나지 않는다.

〈표 7-10〉 반복이동자의 수와 이동횟수

	2회	3회	4회	5회	계
남자	12(24)	10(30)	4(16)	2(10)	28(80)
여자	22(44)	5(15)	2(8)	1(5)	30(72)
계	34(68)	15(45)	6(24)	3(15)	58(152)

단위: 사람 수(이동 연인원)

반복이동의 비율은 전출자들보다는 전입자들에게서 더 높게 나타난다. 전출의 반복이동 비율은 47.4%인데 비해서 전입자들의 반복이동 비율은 76.1%에 이르고 있다. 다시 말하면 이 마을을 떠난 전출자들이 귀

〈표 7-11〉 반복이동의 비율

	전출자			전입자			계
	남자	여자	계	남자	여자	계	
이동총수(A)	99	74	173	45	47	92	265
1회이동	54	37	91	10	12	22	113
반복이동(B)	45	37	82	35	35	70	152
반복이동 비율 (B/A×100)	45.5	50.0	47.4	77.8	74.5	76.1	57.5

하고 전입지에 전입신고를 하지 않았거나, 전출신고는 하지 않고 전입지에 전입신고만 하였기 때문에 발생한 것으로 보인다. 이런 경우에는 전출신고나 전입신고는 접수되었으나 주민등록표가 이송되지 않기 때문에 그 후 다시 전출신고를하거나 전입신고를 하면 전출이나 전입이 연속되는 결과를 가져온다. 전출입신고가 완전 전산화된 1995년 이후에는 이러한 현상은 발생하지 않는다. 위의 두건도 1995년 이전의 사례이다.

환하는 비율은 비교적 낮지만 이 마을로 전입한 자들은 최근 10년 이내에 이 마을을 떠났다가 귀환하는 자들이 3/4을 차지하고 있다는 것이다.

반복이동을 하는 경우에 전출과 전입, 또는 전입과 전출 사이의 기간이 비교적 짧은 것도 하나의 특징으로 지적할 수 있다. 152회의 반복이동에서 우리는 모두 94건의 이동간격을 관찰 할 수 있는데[13] 이동 후 수년이 경과한 후에 다시 이동하는 경우도 다수 있지만 2년 이내에 다시 이동하는 경우가 61건으로 전체의 64.9%에 이른다. 그 중에는 2개월 이내에 다시 이동하는 경우도 2건이나 포함되어 있다.

〈표 7-12〉 반복이동자의 이동기간

이동간격	6월 미만	1년 미만	2년 미만	2년 이상	미상	계
남	5(9.6)	13(25.0)	16(30.8)	14(26.9)	4(7.7)	52(100.0)
여	6(14.3)	10(23.8)	11(26.2)	11(26.2)	4(9.5)	42(100.0)
계	11(11.7)	23(24.5)	27(28.7)	25(26.6)	8(8.5)	94(100.0)

반복이동자의 연령분포는 10대 이전에서 50대까지 그 폭이 넓지만 대체로 40세 이전이 높은 빈도를 보이고 있다. 이러한 반복이동자의 연령분포는 취업이나 학업으로 인한 신상의 변동이 반복이동의 중요한 원인이 되고 있음을 암시하는 것이라 생각된다. 반복이동자가 20대에 특히 집중되어 있는 것이 이러한 추정을 뒷받침하고 있다.

〈표 7-13〉 반복이동자의 연령분포

연령	0-9	10-19	20-29	30-39	40-49	50-59	미상	계
남	8	10	38	15	1	4	4	80
여	14	8	31	5	6	4	4	72
계	22	18	69	20	7	8	8	152

---

13) 전출과 전입을 반복한 2회 이동의 경우에는 1건의 이동 간격을 관찰할 수 있다 (총 34건). 마찬가지로 3회 이동의 경우에는 2건(총 30건), 4회 이동의 경우에는 3건(총 18건), 5회 이동의 경우에는 4건(총 12건)의 이동간격을 관찰할 수 있다.

IX. 맺는 말

인구이동의 연구는 정확한 자료가 뒷받침되어야 한다. 지금까지 인구이동 연구에 주로 사용된 자료는 국세조사의 5년전 거주지 조사와 전출입신고를 집계한 자료였다. 그러나 국세조사 자료는 넓은 범위에 걸친 개괄적 경향을 파악하는 데는 유용한 자료가 될 수 있으나 마을 단위의 구체적 분석에 활용할 수 없는 한계가 있으며, 전출입신고는 위장신고와 신고누락이 적지 않아 자료의 정확성을 보장할 수 없는 문제점이 있다. 마을 단위의 실제 조사를 통해서 자료를 수집하는 방법도 한 두 해의 짧은 기간을 대상으로 하는 연구에는 유용할 수 있으나 10년 이상의 장기간을 대상으로 할 경우에는 정확한 자료의 확보에 어려움이 있다.

이러한 문제점을 극복하기 위해서 저자는 전출입신고의 자료를 바탕으로 하면서 마을 사정을 소상히 알고 있는 중요한 인포먼트의 도움을 받아 이를 수정 보완하였다. 공적인 신고자료와 실사의 방법을 절충한 것이다. 양자가 안고 있는 문제점을 상당부분 제거할 수 있었을 것으로 믿는다.

자료를 수정하고 보완하는 과정에서 많은 위장신고와 신고누락을 확인할 수 있었다. 전출신고의 13.7%, 전입신고의 22.9%가 위장신고로 밝혀진 것이다. 위장 전출신고자보다 더 많은 미신고 전출자도 확인할 수 있었다.

인구이동을 통계적으로 분석하는 종래의 연구에서는 이동자를 각각 독립된 개체로 간주하여 이동횟수가 곧 이동자수인 것으로 파악하였다. 전출자와 전입자는 별개의 존재로 인식되었던 것이다. 그러나 10년간의 자료를 자연인 중심으로 추적해 본 결과 동일인의 반복이동이 매우 많다는 사실을 확인할 수 있었다. 이들의 반복이동에 의해서 이동의 총량이 크게 증가하게 되는 것이다. 반복이동의 비율은 전입자들에게서 특히 높게 나타났다. 전입자의 약 3/4이 과거 10년 사이에 이 마을을 떠났다가 다시 귀환하는 반복이동자였던 데에 비해 전출자 중에서 반복이동자가 차지하는 비율은 약 절반에 지나지 않았다. 반복이동자들의 이동간 시간적 간격도 매우 짧은 것으로 밝혀졌다. 약 65%가 2년 이내에 다시 이동하고 있었다.

위장신고와 신고누락의 실태, 반복이동의 실상, 반복이동의 시간적 간격 등을 구체적으로 밝힌 것은 지금까지의 인구이동 연구에서 거의 관심을 가지지 못했던 부분으로서 이 연구의 커다란 성과라 생각하며, 향후 전출입신고서를 이용한 인구이동 연구에 매우 중요한 참고자료가 될 수 있을 것으로 본다.

전출자이건 전입자이건 간에 이동자의 연령이 20대에 집중되어 있고, 80% 이상이 도시지역으로 전출하거나 도시지역에서 전입하고 있다는 점은 일반의 예상에서 크게 벗어난 것은 아니지만, 약 80가구 200여명이 거주하고 있는 마을에 매년 평균 10명 가까운 수가 전입하고 있다는 것은 내륙의 농촌마을과는 분명 다른 모습이라 생각된다. 노동력이 부족하고 노동력만으로 벌이가 가능한 어촌 경제의 특수성, 수산물을 통한 소득의 상승, 동해안 어촌마을의 관광 붐, 도로 개통이나 가옥 개량과 같은 취락 환경의 개선 등등 이 마을을 둘러싸고 있는 사회경제적 변화가 복합적으로 영향을 미친 결과로 해석된다.

특정지역을 대상으로 하는 사례연구에는 유사한 조건을 가진 다른 지역의 자료와 비교하는 과정이 필요하다. 이러한 비교를 통해서 자료 해석의 객관화와 일반화가 가능하다. 그러나 이 연구에서는 자료의 비교 검토를 거의 하지 못하였다. 유사한 조건을 가진 마을 단위의 연구 사례를 찾아보기가 어려웠기 때문이다.

비교 검토가 충분하지 못하였기 때문에 이 연구에서 밝혀진 사실들이 다른 어촌마을에서도 보편적으로 발견될 수 있을 것인지, 아니면 차유마을의 특수한 현상인지에 대해서는 아직 속단하기 어렵다. 이 점은 이 연구의 제한점이면서 동시에 향후의 연구과제이기도 하다. 앞으로 보다 많은 사례연구들이 발표되고 상호 비교 검토되어서 이 분야의 연구가 더욱 풍성해지기를 기대한다.

참고문헌

경제기획원·통계청, 1970a, 『총인구 및 주택조사보고』, 제1권 전국편.

경제기획원·통계청, 1970b, 『총인구 및 주택조사보고』, 제2권 인구이동편.

경제기획원·통계청, 1980a, 『인구 및 주택센서스보고』, 제1권 전국편.

경제기획원·통계청, 1980b, 『인구 및 주택센서스보고』, 제2권 인구이동편.

경제기획원·통계청, 1990a, 『인구주택 총조사 보고서』, 제1권 전국편.

경제기획원·통계청, 1990b, 『인구주택 총조사 보고서』, 제5권 인구이동편.

경제기획원·통계청, 2000a, 『인구주택 총조사 보고서』, 제1권 전국편(인구)

경제기획원·통계청, 2000b, 〈http: //www.sno.go.kr/cgi-bin/sws_999.cgi〉

권태환, 1992, 인구변동과 농촌사회의 변화, 『농촌사회』 2, 한국농촌사회학회.

김태헌, 1993, 인구 및 직업구조, 문옥표 외 공저, 『근교농촌의 해체과정』, 한국정신문화연구원.

_____, 1996, 농촌인구의 특성과 그 변화 : 1960~1995, 『한국인구학』 19-2, 한국인구학회.

김태헌·이창송, 1995, 도시와 농촌 인구현상의 격차와 심화 : 충북 인구현상의 변화(1960~1990)를 중심으로, 『농촌사회』 5, 한국농촌사회학회.

영덕군 축산면 축산출장소a, 〈거주자 개인별 명부〉(전산입력자료)

영덕군 축산면 축산출장소b, 〈농지대장〉

영덕군 축산면 축산출장소c, 〈전출입신고서〉(전산입력자료)

영덕군 축산면 축산출장소d, 〈주민등록 전입자 명부〉(전산입력자료)

영덕군 축산면 축산출장소e, 〈주민등록 전출자 명부〉(전산입력자료)

최진호, 1997, 인구이동 패턴의 변화: 1960~1990, 한국인구학회 편, 『인구변화와
  삶의 질』, 일신사.

제8장

어촌마을의 제사분할
-차유마을의 사례-

I. 서 론

조상제사는 가계계승의식의 과거지향적 표현이며, 문중조직이 수행하는 가장 중심적인 활동의 하나로서, 제사의 대상과 운행양식은 한국인의 친족의식과 친족조직을 이해하는데 매우 중요한 요소이다.

조상제사는 크게 기제(忌祭), 묘제(墓祭), 차례(茶禮)로 나누어 볼 수 있지만 그 중에서도 사망일 첫새벽에 지내는 기제사는 조상숭배의식의 직접적인 표현으로서 한국의 가정에서 가장 중시되는 의례이다.

이 기제사는 조선 중기 이후 가계를 계승한 장남 또는 종손이 맡아서 봉행하는 것으로 인식되었으나 1972년에 최재석(崔在錫)의 논문 「조선시대의 상속제에 관한 연구」가 발표된 이후 조선 중기 이전에 여러 자손들이 조상의 제사를 나누어 지내는 사례가 매우 많았다는 사실이 널리 알려지게 되었다. 좀 더 정확하게 말한다면 17C 말까지는 장남이 조상제사를 전담하는 장남봉사도 많이 존재하였지만 여러 자녀들이 돌아가면서 조상제사를 모시는 윤회봉사나 자녀들이 조상제사를 나누어서 봉행하는 제사분할의 양식이 양반 사대부 가정에서 널리 행해지고 있었던 것이다. 이러한 윤회봉사와 제사분할은 18C에 들어서면서 거의 사라지고 최근까지 우리들이 널리 관찰할 수 있었던 장남봉사가 보편적으로 정착하게 되었다.

제사양식에서 나타나는 이러한 변화는 재산상속의 변화와 시기적으로 밀접하게 관련되고 있다. 조선시대의 재산상속을 살펴보면 17C 중엽까지는 봉사조 재산을 별도로 마련해 놓고 일반 상속재산은 아들과 딸, 장남과 차남을 구별하지 않고 꼭 같이 나누어주는 균분상속에 철저하였다.

이러한 균분상속은 17C 중엽부터 점차 약화되기 시작하여 18C 중엽 이후에는 장남우대·여자제외의 차등상속으로 굳어지게 된다.

즉 제사가 장남에게 고정되면서 재산상속도 장남우대 상속으로 이행되어 간 것이다. 그런 점에서 재산의 균분상속은 조상제사의 분담을 전제한 것이라 볼 수 있으며, 균분상속의 전제가 되는 윤회봉사나 제사분할이 소멸하고 장남이 조상제사를 전담하면서 재산상속의 형태도 점차 장남을 우대하는 형태로 바뀌어 간 것으로 볼 수 있는 것이다(최재석 1983).

그런데 1970년대 이후 여러 가지 현지조사 자료에 의하면 조선중기 이후 우리 사회에 보편적인 것으로 믿었던 장남봉사의 제사양식과는 상이한 제사분할의 사례가 제주도, 전남 진도, 강원도 삼척군, 경북 영일군, 경남 통영군 등 한반도의 동·남해안과 산간지역 등 일부 고립된 지역에 산재하고 있음이 밝혀지고 있다. 조상제사를 자손들이 나누어 지내는 제사분할이 여러 지역에 산재하고 있다는 것이 사실이라면 그러한 관행이 어떤 지역에서, 어떠한 모습으로 존재하고 있으며, 그 요인은 무엇인지 밝히는 것은 관행적 의례의 생성에 미치는 생태학적 조건(환경)의 영향이나 한국친족제도의 역사적 변천과정을 이해하는데 대단히 중요한 의미를 지닌다.

이 장에서는 제사분할에 관한 기존 연구들을 살펴보고 동해안의 어촌마을에서는 제사분할의 관행이 어떠한 모습으로 존재하고 있으며, 다른 지역의 제사분할과는 어떻게 다른지 살펴보고자 한다.

이 연구의 조사대상 지역은 경북 영덕군 축산면 경정2리 차유마을이다. 영덕읍에서 동북쪽으로 약 15km, 영해읍에서 동남쪽으로 약 9km 떨어진 해안마을로서, 〈영덕대게 원조마을〉로 널리 알려진 전형적인 어촌마을이다. 가파른 경사면에 계단식으로 마을이 형성되어 마을 주변에는 경작지가 거의 없다. 일부 농사를 짓는 주민들은 주로 마을 뒤편의 고개 너머에 있는 농경지를 이용하고 있으며, 마을 앞의 바다가 주민들의 주된 생활 터전이 되고 있다. 2000년 8월 1일 현재 79가구 228명의 주민이 거주하고 있다.[1]

이 마을에 거주하고 있는 주민들을 성씨별로 살펴보면 김해김씨가 25가구로 가장 많고, 영양천씨 11가구, 밀양박씨 11가구, 경주이씨 7가구, 안동김씨 5가구, 기타 20가구로 구성되어 있다. 김해김씨와 영양천씨가 오랫동안 세거하여 이 마을이 김씨와 천씨 마을로 알려져 있기는 하지만 현재의 성씨구성으로는 각성마을에 가깝다고 할 수 있다. 밀양박씨와 경주이씨, 안동김씨가 다수 마을 내에 거주하고 있으나 입주 과정을 달리하는 여러 계보로 구성되어 종족으로서의 결합성은 보여주지 못하고 있다. 김해김씨 중에도 계보가 다른 김해김씨가 한 두 가구 포함되어 있다. 그러나 영양천씨는 모두 동일한 입촌조의 자손들로 구성되어 있다.

II. 제사분할에 관한 기존 연구들

오늘날 한국 사회에 제사분할의 사례가 존재하고 있다는 사실은 제주도를 조사한 현용준(玄容駿 1973: 80)과 이광규(李光奎 1974: 52)의 간단한 보고에 의해서 학계에 알려지게 되었으나 제주도의 제사분할에 관한 보다 구체적인 사례는 한 당내집단의 상세한 가계도와 함께 제사분할의 내용을 비교적 상세하게 소개한 사토오(佐藤信行 1973: 135~136)와 현용준(1977: 262~265)에 의해 보고되었다. 특히 현용준(1977)은 제사의 분배와 재산상속의 관계를 면밀히 검토하면서 차례(茶禮)의 분할까지 소개하

---

1) 차유마을의 개황에 대해서는 제7장에서 상세하게 언급한 바가 있기 때문에 이 자리에서는 간략하게 소개하기로 한다.

여 제사분할에 관한 논의의 지평을 확대시켰다.

전남 진도의 제사분할 사례는 이토오(伊藤亞人 1973: 153)에 의해 보고되었다. 그는 구체적인 사례를 소개하지는 않았지만 전남 진도에서는 장남이 아버지의 제사를, 차남이 어머니의 제사를 모시는 것을 원칙으로 삼고 있다고 하였다. 이토오의 보고 이후 전경수(全京秀 1977: 66)도 부모나 조부모의 제사를 형제가 분할해서 봉행하고 있음을 확인하고 있다. 진도의 제사분할에 관한 구체적인 사례는 다께다(竹田 旦 1984)에 의해 보고되었다. 그는 세 마을에서 관찰된 세 개 제사집단의 제사분할 사례를 제주도와 비교하면서 제사분할의 논의를 공간적으로 확대시키고 있다. 특히 그는 제사분할의 국제적인 비교에까지 관심을 가져 제주도의 제사분할을 분주은거(分住隱居)에 바탕을 둔 일본의 분패제사(分牌祭祀)와 대응시킴으로써 매우 주목되고 있다.

여중철(呂重哲 1980)은 과거 화전민촌이었던 강원도 삼척군 도계읍 신리의 기제사분할 관행을 조사하여 11개의 풍부한 사례와 함께 보고함으로써 고립된 산간촌락에서 조상제사의 분할이 하나의 사회적 관행으로 행해지고 있음을 밝혔다. 여중철이 보고한 신리의 제사분할 사례는 장남봉사와 형제간의 제사분할이 혼재되어 있지만 제사를 분할하는 경우에는 장남이 아버지의 제사를, 차남이 어머니의 제사를 모시는 경향을 강하게 보여주고 있다.

한편 유명기(劉明基 1983)는 경남 통영 지역의 기제사분할을 보고하였다. 두 당내집단의 사례를 다룬 이 보고에 의하면 통영지방에서는 전남 진도나 강원도 신리와는 달리 종손(宗孫)이 남자 조상의 제사를, 지손(支孫)이 여자 조상의 제사를 모시는 것과 같은 정형화된 제사분할의 관습이 나타나지 않고, 개인의 생활주기와 사회경제적 맥락에 따라 동태적 모습으로 존재한다고 하였다. 유명기는 이 연구에서 제사분할을 어촌의 생태적 환경과 결부시켜 설명함으로서 제사분할에 대한 이해의 폭을 넓했다.

이러한 선행 연구에 바탕을 두고 이창기(李昌基 1991b 1992 1999)는 제주도 여러 지역의 제사분할 사례를 수집하여 제주도 제사분할의 지역 적 분포와 운행양식, 제도사적 배경까지 검토한 바 있다. 이에 의하면 제주도의 제사분할은 함덕에서부터 시작하여 제주시와 애월·한림을 거 쳐 모슬포에 이르는 서북지역에 널리 분포되어 있었으며, 어느 조상의 제사를 누가 담당할 것인가 하는 것은 뚜렷한 원칙이 존재하지 않고 재 산상속의 비율이나 자손의 사회경제적 상황을 고려하여 적절하게 안배 하고 있음을 밝혔다. 특히 그는 제주도의 제사분할이 조선시대의 윤회봉 사와 접맥되고 있음을 확인하여 제사분할 연구의 지평을 제도사적 연구 로 확대시켰다.

동해안의 어촌마을에서 형제간에 조상제사를 분할하고 있다는 사실은 여중철(1980)에 의해서 구체적으로 보고되었다. 그 이전에 이광규(1975: 217)도 '동생이 모친의 제사를 봉사하는 것을 영덕군 노물동에서 목격하였 다'고 간단하게 언급한 바가 있으나 구체적인 사례는 제시하지 않았다.

여중철은 강원도 삼척군 신리의 제사분할상속을 보고하면서 영일군 청하면 이가리의 제사분할을 3사례 소개하고 있다. 이 중의 한 사례는 당내의 가계도까지 제시하면서 동해안 어촌 마을에서 행해지는 제사분 할을 비교적 상세하게 소개하고 있다. 그런데 여중철의 이 보고에는 무 속인의 점괘에 제사를 모시는 것이 좋다고 하여 4남이면서 부모의 제사 를 모시게 되었다거나, 망자의 유언에 의해서 막내아들이 모친의 제사를 모시게 된 사연이 소개되고 있고, 무후한 숙부의 제사를 조카가 모시는 등 특수한 사연이 개재되어 있어서 청하면 이가리의 제사분할이 사회적 관행으로 인정된 것인지 아니면 특수한 예외적 사례인지 판단하기가 어 려운 점이 있었다. 신병이나 사업실패 등 가정에 우환이 있을 때 점술인 의 권유에 의해 제사를 모시는 사례는 장남봉사가 보편화되어 있는 지역에서도 가끔 발견되고 있기 때문이다.

그러나 여중철의 보고 이후 쓰에나리(末成道男 1985), 김미영(1999) 등이 동해안 지역의 어촌마을에서 제사분할이 이루어지고 있음을 보고하여 여중철의 보고를 뒷받침하고 있다. 김미영은 영덕군 축산면과 울진군 죽변면에서 관찰된 3사례를 보고하면서 장남이 아버지의 제사를, 차남이 어머니의 제사를 모시는 것을 원칙으로 하지만 차남 이하가 제사를 '모셔가는' 것은 의무적 관행이 아니라 본인의 자발적 요청에 따라 행해진다고 밝혔다.[2]

여중철과 김미영의 보고는 약 20년의 시차가 있고, 조사대상 마을이 상당히 떨어져 있지만 장남이 아버지의 제사를, 차남 이하가 어머니의 제사를 모시는 경향이 강하게 나타나고 있다는 점에서 공통적인 요소가 발견되고 있다. 이러한 모습은 제주도나 통영의 제사분할 양상과 다소 상이한 면이 있지만 진도나 신리의 제사분할과는 매우 흡사한 모습을 보여주고 있다. 지금까지 제사분할이 존재하는 것으로 보고된 동해안 지역을 소개하면 다음과 같다.

> 경북 영덕군 영덕읍 노물동 (이광규 1975)
> 경북 영일군 청하면 이가리 (여중철 1980)
> 강원 삼척군 근덕면 궁촌리 (여중철 1980)
> 경북 영덕군 영해면 사진리 (쓰에나리 1985)
> 경북 영덕군 축산면 경정리 (김미영 1999)
> 경북 울진군 죽변면   (김미영 1999)

---

2) 김미영은 차남 이하가 조상의 제사를 모시는 것은 본인의 자발적 요청에 의해 이루어지는 것임을 강조하여 '제사분할'이란 용어 대신에 '제사 모셔가기'란 용어를 사용하고 있다. 이 자리에서는 용어에 대한 논의는 생략하고자 한다.

III. 중요 성씨의 정착과정과 문중조직

1. 주요 종족의 정착과정

차유마을이 언제 설촌되었는지는 자세히 알 수가 없다. 주민들 사이에 '안씨 터전에 권씨 골목'이라 구전되는 것으로 보아 안씨와 권씨가 처음으로 이 마을을 개척한 것으로 짐작되지만 그 후손들은 찾아볼 수 없다. 마을에서는 설촌조로 간주되는 안씨와 권씨를 마을 수호신으로 모시고 매년 정월 보름과 중구에 동제를 지내고 있다. 현재 마을에 거주하고 있는 주민들 중에서는 김해김씨(金海金氏)와 영양천씨(潁陽千氏)가 가장 먼저 이 마을에 입주하였다. 두 집안에서 보관하고 있는 족보를 통해서 입촌조로 추정되는 조상의 생몰연대를 추적해 본 결과 이들은 대체로 17세기 말이나 18세기 초에 이 마을에 입주한 것으로 보인다. 거주의 역사가 약 300 년에 이른다. 거주의 역사가 긴 만큼 마을 주민들 중에서 두 성씨가 차지하는 비율도 높아 오랫동안 이 두 성씨를 중심으로 마을을 경영해 온 듯하다. 그러나 산업화에 수반하여 농어촌 주민들의 이촌이 격심해지면서 이 마을에서도 많은 주민들이 마을을 떠나게 되었다. 그 중에서도 특히 천씨들의 이촌비율이 높았던 것으로 보인다. 이로 인해서 오늘날은 천씨들의 마을 내 입지가 많이 약화되어 있다.

김해김씨와 영양천씨가 이 마을에 정착하게 된 과정은 정확하게 파악하기 어려우나 두 성씨의 몇 몇 가정에서 보관하고 있는 족보의 기록을 통해서 어느 정도 추정이 가능하다.

김해김씨는 김중흥(金重興)을 입촌시조로 삼고 있다. 김중흥의 이력에 대해서는 자세한 기록을 찾아볼 수 없지만 족보에 의하면 자는 사여, 호는 망향, 장수하여 노직으로 가선대부 동지중추부사를 제수받았으며,

광해조에 벼슬길에 나아갔으나 원주로부터 낙동강변 영해부 축산항에
유배되어 차유동에 은거하였다(字士汝 號望鄕 以壽嘉善大夫同知中樞府
事, 光海立朝 自原州 流落東濱寧海府丑山港 隱居車踰洞)고 기록하고 있는
것으로 보아 모종의 정치적 사건에 연루되어 이 지방으로 유배되어 온
것으로 추정된다. 이러한 추정은 그의 선대의 이력을 통해서도 어느 정
도 짐작이 가능하다. 족보에 의하면 그의 백부 수강(守岡)은 병조참의(兵
曹參議), 그의 조부 순직(順直)은 병조참판(兵曹參判)을 지낸 것으로 기
록되어 있다. 또 증조부 희룡(希龍)은 손자 수현(守玄 : 金重興의 선친)이
귀하게 되어 통정대부 승정원좌승지(通政大夫 承政院左承旨)를 증직받았
으며, 고조부 말수(末壽)는 증손자 수현이 귀하게 되어 통훈대부 통례원
좌통례(通訓大夫 通禮院左通禮)를 증직받은 것으로 기록되어 있다. 그러
나 정작 중흥의 선친인 수현은 자 및 관작이 미상이며 묘는 원주에 있다
고 전해지나 자세히 알 수 없다(字及官爵未詳 墓在原州云未詳)고 기록되
어 있고, 중흥 본인은 유배되어 은거한 것으로 기록되어 있는 것이다.
이로 미루어 김중흥의 선대는 경기도 여주지방에 세거하던 양반가문이
었으며, 그의 부친 수현도 상당한 위계의 관직을 지낸 것으로 보이나 김
중흥의 대에 와서 모종의 정치적 사건에 연루되어 부자 양대가 몰락하고
중흥 본인은 축산항에 유배되었다가 차유마을에 정착한 것으로 추정할
수 있다. 김중흥의 후대에는 손자 인희(仁熙)가 가선대부 용양위부호군
(嘉善大夫 龍驤衛副護軍), 증손자 원덕(遠德)이 참봉 가선대부 용양위부
호군(參奉 嘉善大夫 龍驤衛副護軍), 현손 기현(基鉉)이 통정대부 사헌감
찰겸오위장(通政大夫 司憲監察兼五衛將)을 역임한 것으로 족보에 기록하
고 있으나 실직인지 여부는 확인할 수 없다.

그런데 입촌조 김중흥의 생몰 연대는 족보에 기록되어 있지 않아 그
가 차유마을에 정착한 시기를 정확하게 추정하기가 어렵다. 광해조
(1609~1623)에 출사하였다는 족보의 기록을 근거로 한다면 그는 16세기

말에 태어난 인물로 볼 수 있으며, 이러한 추정은 족보에 기록되어 있는 그의 선조들의 생존시기와 견주어 보면 어느 정도 신빙성이 있다. 부와 조부의 생몰연대에 관한 기록은 찾아볼 수 없지만 그의 고조부 말수(末壽)가 1507년에 출생하였고, 증조부 희룡(希龍)은 1532년에 출생한 것으로 기록되어 있으므로 부자간의 연령차를 약 20년으로 본다면 그가 1590년대에 태어났을 가능성은 충분하다. 이러한 추정이 사실에 가깝다면 그가 차유동에 정착한 시기는 17세기 중·후엽으로 추정할 수 있는 것이다. 이렇게 본다면 차유동 김해김씨들의 역사는 약 300년 이상을 기록하게 된다.[1]

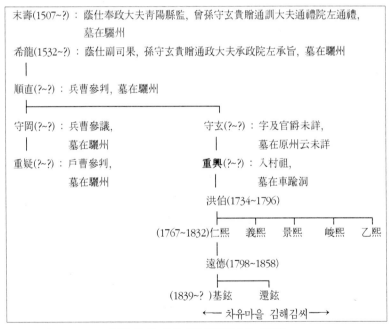

〈그림 8-1〉 차유마을 김해김씨의 세계도

---

[1] 그러나 그의 후손들의 생몰연대를 기준으로 역산해 보면 重興의 출생연대는 1700년 이전으로 거슬러 올라가기가 어렵다. 약 1세기의 시차가 발생하는 것이다. 이러한 현상은 족보 기록의 신뢰성을 의심케 하는 요인이 될 수 있다.

차유동 김해김씨의 선대 세계를 간단히 정리하면 〈그림 8-1〉과 같다.

영양천씨(潁陽千氏)는 임진왜란 시 명나라 장수 이여송(李如松)의 부장(副將)으로 참전하였다가 귀화한 천만리(千萬里 : 1543~1617)의 후손으로서 그의 증손자인 영흠(永欽 : 1629~?)이 안동지방에 정착하여 세거하다가 17세기 후반이나 18세기 초반에 이 마을로 이거한 것으로 보인다. 이 마을의 천씨들이 보관하고 있는 필사본 족보에 의하면 천만리의 6세손 세관(世寬 : 1644~?)의 묘가 안동군 임하면 마일촌에 있고,[2] 그의 아들 용순(龍純 : 1670~?)의 묘는 차유마을에서 1km 떨어진 양장동 한계곡(현재의 염장동 찬샘골)에, 그리고 용순의 아들 만흥(晩興 : ?~1800)의 묘는 차유마을 부근에 소재한 것으로 기록되어 있는 것으로 보아 세관이 사망한 후 그의 아들 용순과 손자 만흥이 세거지 안동을 떠나 차유마을이나 차유마을 인근지역으로 이주한 것으로 추정된다. 차유동 천씨문중에서는 만흥을 입촌조로 간주하고 있다. 천세관의 사망 연도가 족보에 기록되어 있지 않아 정확하게 알 수는 없으나 세관이 사망하고 용순이 성년이 된 후에 이거하였다면 이들의 차유마을 입촌시기는 1600년대 말이나 1700년대 초로 보면 크게 무리가 없을 것으로 생각된다.

용순의 아들 만흥의 묘에는 1801년에 건립한 묘비가 있다. 마모가 심하여 비문의 전문을 정확하게 판독하기는 어려우나 탁본을 통해서 대체적인 내용은 파악할 수 있다. 이 비문에 의하면 만흥은 장수하여 노직으로 가선대부 동지중추부사(嘉善大夫 同知中樞府事)를 제수받았고, 1800년에 향년 98세로 사망하였다. 1800년에 향년 98세면 그의 출생 연도는 1703년으로 추정되지만 족보에는 갑술(甲戌 : 1694년)생으로 기록되어 두 자료가 일치하지 않는다. 자녀들을 소개하는 비문의 내용 속에 딸들

---

2) 마일촌의 영양천씨 종족집단에 대한 보다 자세한 내용은 다음을 참고할 것. 전경수, 동족집단의 지위상향이동과 개인의 역할: 안동거주 영양천씨를 중심으로, 『전통적 생활양식의 연구(하)』, 한국정신문화연구원, 1984. pp. 157~209.

을 소사(召史)로 칭하여 만홍의 신분적 지위는 상민의 범주를 벗어나지
못한 것으로 보이지만 노직을 제수받고 사망 이듬해에 곧바로 묘비를 건
립한 것으로 보아 당시 만홍은 상당한 재력을 갖추었던 것으로 짐작된다.

비문의 내용과 족보의 기록이 다소 차이가 있지만 차유마을의 영양천
씨들이 1700년을 전후한 시기에 이 마을에 정착하였다는 사실을 확인하
는데는 크게 무리가 없을 것으로 보인다.3) 이렇게 본다면 차유동 영양천

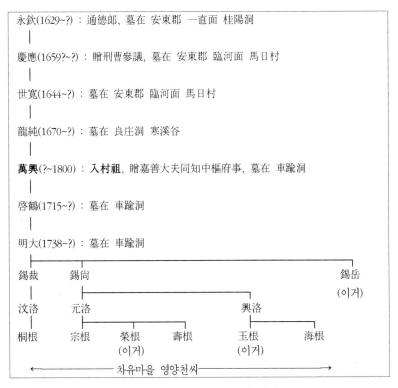

〈그림 8-2〉차유마을 영양천씨 세계도

---

3) 千世寬의 출생연도가 1644년(甲子生)으로 기록되어 있는데 그의 父 慶應의 출생
 연도는 1659년(己亥生)으로 기록되어 있어 이 점도 족보기록의 신뢰성을 의심케
 하는 부분이다. 시조 千萬里(1543~1617)의 생물기록과 그의 曾孫子 永欽의 출생

씨들은 약 300년의 역사를 갖는다. 용순과 만홍의 자손들은 이후 차유마을을 중심으로 세거하였으나 현재는 대부분이 마을을 떠나고 11가구만 거주하고 있다.

입촌조 천만홍을 중심으로 한 차유동 영양천씨의 선대 세계를 간단히 정리하면 다음 〈그림 8-2〉와 같다.

2. 중요 성씨의 문중조직과 종법질서

조선 중기 이후 부계혈연집단의 결속이 강화되고 종법질서에 따라 종족집단이 조직화되어 체계적인 문중조직을 형성하는 것은 한국사회의 보편적인 현상으로 인식되어 왔다. 특히 한 두 성씨가 특정 지역에 집단적으로 세거하는 경우에는 이러한 조직화현상이 더욱 두드러지게 나타나며 이러한 문중조직을 바탕으로 각종 문중활동을 활발히 전개한다.

그렇다면 동해안 어촌마을에서는 종족집단의 조직과 활동양상이 어떠한 모습으로 나타나고 있을까? 결론부터 말한다면 이 연구의 조사대상지인 차유마을에서는 오랜 세월 동안 한 마을에 집단적으로 거주하여 미약하나마 종족의식은 어느 정도 엿볼 수 있으나 종족성원들이 체계적인 조직을 결성하여 이를 바탕으로 종족활동을 전개하는 모습은 찾아보기 어려웠다.

우선 눈에 뜨이는 것은 이 마을의 중심적인 두 성씨가 모두 약 300년 전후의 오랜 세거 역사를 지니고 있으면서도 입촌조를 중심으로 한 상설 문중조직이 전혀 존재하지 않는다는 점이다. 대체로 한국의 농촌사회에

연도(1629)와 견주어 보면 永欽의 아들 慶應이 1659년에 출생하였다는 기록은 설득력이 있다. 또한 世寬의 손자 晩興의 출생연도를 비문과 족보의 기록에 근거하여 1700년 전후로 간주한다면 그의 父 龍純의 출생연도(1670)와 祖父 世寬의 출생연도(1644)도 무리가 없다. 그러나 부자간으로 기록되어 있는 慶應과 世寬의 출생연도가 뒤바뀌어 있는 점은 해명할 길이 없다.

서는 특정 성씨가 일정 지역에 오랜 세월 세거하게 되면 정착시조나 입촌조를 중심으로 하는 문중조직을 결성하고 다양한 문중활동을 전개하는 것이 일반적이었다. 다만 그 종족의 사회적 위상에 따라 조직의 규모나 활동양상에 차이가 있을 뿐이다. 명망있는 종족집단은 많은 문중재산을 바탕으로 대규모 조직을 운용하면서 대내외적인 활동을 매우 활발하게 전개하는데 비해 비교적 한미한 종족집단의 경우에는 대외적인 활동이 상대적으로 축소되고 주로 조상제사를 위한 활동에 치중하게 된다(이창기 1977). 아무리 한미한 종족집단이라 하더라도 조상제사(묘제)를 위한 조직조차 결성하지 않은 경우는 드문 일이다. 그러나 차유마을에서는 300년 전후의 세거역사를 지니고 있음에도 불구하고 입촌조의 모든 자손을 망라하는 계보조직으로서의 문중조직은 찾아 볼 수가 없었다.

굳이 종족성원들을 대상으로 하는 조직의 형태를 찾는다면 일년에 한 번 행하는 벌초를 위해서 일부 종족원들이 참여하는 모임을 들 수 있다. 주민들은 이 모임을 문중조직이라 말하고 있다. 유사 또는 총무라 부르는 임원이 있고, 약간의 기금도 마련되어 있다. 그러나 특정 조상의 모든 자손들이 자동적으로 귀속되는 계보조직도 아니고 종손이나 문장의 존재도 뚜렷하지 않다. 벌초에 참여하는 성원들이 약간의 회비를 거출하여 기금을 마련하고 주로 벌초장비와 벌초 당일의 식대나 주대를 충당하며, 위토가 마련되어 있는 특정 조상의 묘사를 담당하기도 한다. 주민들은 이 조직을 문중조직이라 부르고 있지만 문중조직이라기 보다는 벌초를 위한 계의 일종으로 봄이 합당할 것 같다. 이러한 벌초계는 김해김씨와 영양천씨에서 모두 발견되고 있다.

문중조직이 뚜렷하지 않기 때문에 종손이나 문장의 존재도 뚜렷하지 않다. 차유마을의 김해김씨와 영양천씨의 대종손은 오래 전에 출향하여 마을에 거주하지 않는다. 문중조직이나 문중활동이 뚜렷하지 않기 때문에 이들이 종손으로서 수행하는 역할도 부각되지 않는다. 김해김씨의 경우에 대종손이 오래 전에 출향하여 차종손이라 할 수 있는 瀯鉉(입촌조 重興의 현손)의 종손이 대종손 겸 문장의 역할을 담당하고 있다. 마을에 서는 이 분을 종손으로 인정하고 실제 종손이라 부르고 있다. 운명적으로 결정되는 종손의 유동현상이라 할 만하다.

차유마을에서는 문중재산도 찾아보기 어렵다. 김해김씨나 영양천씨 집안에 위토가 마련되어 있는 조상이 한 위씩 있으나 특정 조상의 벌초와 묘사만을 위한 것이고 문중의 공동활동에 사용될 수 있는 성격의 재원이 아니기 때문에 이것을 문중재산이라 할 수는 없을 것 같다.

또한 조상의 제사나 문중활동의 구심점이 되는 재실(齋室)과 같은 종법시설도 없다. 차유마을뿐만 아니라 동해안 어촌마을에서는 거의 재실을 찾아볼 수 없기 때문에 이 지역 마을 주민들은 재실이라는 말조차 생소하다. 저자가 '이 마을에 재실이 있느냐?'고 물었을 때 이들은 마을 수호신(洞神)을 모신 신당(堂宇)이나 동제를 준비하기 위한 제청을 가리켜 재실(제실)이라 하였다. 〈재실(齋室)〉과 〈제실(祭室)〉의 발음이 유사하기 때문일 것이다.

세대간의 질서를 분명히 하고 종족원들의 횡적 결속을 다지기 위해 사용하는 항렬(行列)도 대개 형제의 범위를 벗어나지 않는다. 족보에는 항렬자를 맞춰 등재하고 있지만 실재 사용하고 있는 이름과는 다르다. 혼동을 피하기 위해 〈일명 ○○〉라고 실명을 병기하는 방법을 사용하고 있다.

이처럼 차유마을에서는 문중조직과 종법질서가 매우 미약한 모습을 보이고 있다.

종족집단이 문중조직을 결성하여 활발한 활동을 전개하기 위해서는 종족성원들이 '우리라는 의식(종족의식)'을 가지고 강하게 결합되어야 한다. 종족의식은 부계혈연자 상호간에 형성되는 공동체적 일체감이라 할 수 있다. 그런데 내집단 성원들 사이에 형성되는 '우리의식'(wefeeling)은 외집단이 구체적으로 부각될 때 더욱 두드러지고 공고해지는 특성이 있다. 종족의식도 다른 종족의 존재를 경쟁적으로 의식할 때 더욱 강화된다. 그래서 종족의식은 혈연적 배타성과 신분적 우월감을 주요 내용으로 하는 〈배타적 족결합의식〉으로 표출된다. 그러나 종족의식은 배타적 족결합의식만 의미하지는 않는다. 종족집단이 내집단으로서의 준거점을 조상의 공유에 두고 있기 때문에 종족의식이나 족결합의식은 〈동조의식〉과 〈조상숭배의식〉을 내포하고 있으며, 이러한 의식의 배후에는 철저한 부계혈통 중심의 〈가계계승의식〉이 기초를 이루고 있는 것이다(이창기 1991a).

종족집단의 활동이 활성화되기 위해서는 강한 종족의식이 반드시 필요하지만, 종족의식만 있다고 해서 활성화되는 것은 아니다. 종족의식을 바탕으로 종족성원들이 구체적인 집단을 형성하고 조직적인 활동을 활발하게 전개하기 위한 현실적인 조건들 ─ 조상의 위세, 자손의 수와 밀도, 문중재산, 현존 성원들의 사회경제적 지위 ─ 이 충족되어야 한다(이창기 1991a).

이러한 조건들 중에서 가장 중요한 것은 사회적으로 높이 평가되는 중심 조상(顯祖)이 있어야 한다는 것이다. 조상의 사회적 위세는 정치적 지위, 학문적 성취, 도덕적 품격(충신·효자·열녀 등)으로 평가된다. 조상의 위세가 높을수록, 그리고 위세 높은 조상의 수가 많을수록 그 종족집단은 사회적으로 높이 평가되고, 문중활동에 성원들의 참여도 매우 활발해진다.

자손의 수와 밀도도 문중활동에 중요한 영향을 미친다. 자손의 수가 너무 적거나 넓은 지역에 흩어져 있을 경우에는 결집력이 떨어질 수밖에 없다. 자손의 수가 많고 특정 지역에 밀집하여 거주하게 될 때 강한 결집력을 가질 수 있고, 지역사회에서 영향력있는 종족으로 인정받을 수 있는 것이다. 한국에서는 그 지역에서 오랜 세월 세거하면서 영향력을 행사해 온 대표적 종족집단들이 각 지역마다 많이 있다.

모든 활동에는 재정적 뒷받침이 있어야 하듯이 활발한 종족활동을 전개하기 위해서도 물적토대가 되는 많은 문중재산이 필요하다. 예로부터 명문종족에서는 대단히 많은 문중재산을 공유하여 조상제사와 각종 숭모사업에 투입할 뿐만 아니라 다른 문중의 행사에도 찬조금을 많이 보내서 문중의 위상을 과시하는데 사용하였다.

현존 종족성원들의 사회경제적 지위도 활발한 문중활동을 뒷받침하는 중요한 요소가 된다. 성원들의 경제적 지위가 상승하면 문중조직의 재정동원능력이 증대하여 큰 사업을 추진하기가 쉬워진다. 그들 중에 사회적으로 명망있는 인물이 배출되면 종족성원들의 긍지를 높이고 참여욕구를 자극하게 된다. 명망있는 종족성원과 자기 자신을 동일시함으로써 신분적 우월감을 대리충족시키기도 하고, 그들과의 교제를 통해서 현실적인 이익을 얻을 수도 있을 것이란 기대를 가지도록 하기 때문이다.

종족집단이 조직화되고 활발한 활동을 전개하기 위해서는 이상과 같은 조건이 구비되어야 하지만 어촌인 차유마을에서는 이러한 조건을 구비하기가 어려웠을 것이다. 사회적으로 내세울 만한 명망있는 조상을 갖지도 못하였고, 바다를 상대로 한 고달픈 삶을 영위하면서 많은 문중재산을 형성할 수도 없었을 것이다. 한 마을을 중심으로 오랜 세월 세거하였다는 조건만으로는 활발한 문중활동을 기대할 수는 없는 것이다.

차유마을에서는 특정 조상의 모든 자손들이 자동적으로 귀속되는 상설 문중조직이 존재하지 않는다. 문중조직이 관리할 재실이나 사당 등의 종법적 시설도 갖추지 못하였으며, 이를 관리하고 종족활동을 뒷받침할 문중재산도 마련되어 있지 않다. 따라서 차유마을에서는 구체적인 문중활동이 활발하게 전개될 수 없다. 한미한 종족집단에서 중심적인 활동이 되어오던 묘사마저도 1980년대 이후 거의 소멸되고 있다. 굳이 문중조직이나 문중활동과 유사한 양상을 지적하자면 조상 묘소의 벌초를 위한 계모임 형태의 초보적인 조직과 활동이 있을 뿐이다.

3. 중요 성씨의 문중활동

앞서서 살펴본 바와 같이 차유마을에는 문중조직이 존재하지 않아서 제도적인 문중활동도 구체적으로 살펴보기가 어렵다. 그런 속에서도 종족 성원들을 중심으로 전개하는 활동으로서는 묘사와 벌초를 들 수 있다.

차유마을의 묘사는 1980년대 초까지는 음력 10월 중에 행하였다고 한다. 주민들의 진술에 일관성이 없어 당시의 묘사 운행 상황을 소상하게 파악하지 못하였지만(이 점은 향후 심층 조사의 과제가 될 것이다) 문중조직이 존재하지 않는 상황에서 제대로 격식을 갖춘 제의가 진행되지는 못하였을 것으로 짐작된다. 최근의 변화된 양상이기는 하지만 추석 차례 후의 성묘를 묘사라 하는 것으로 보아서 당시의 묘사도 성묘와 유사한 형태가 아니었나 짐작된다.

김해김씨 집안에서는 1983년 이후 음력 10월에 행하던 묘사를 폐하고 추석 차례 후 묘제를 지내는 형태로 바꾸었다고 한다. 부모나 조부모의 경우에는 간단한 제물을 차려서 묘사를 지내지만 그 이상은 술만 한 잔 올리고 절을 하는 정도라고 한다. 기제사의 대상자에게도 묘제를 올린다. 기제사의 대상이 되지 않는 조상의 묘사는 종족원들이 적절하게 나누어 맡고 있다. 그런 점에서 이 묘사는 문중행사라기 보다는 묘사를 담당하고 있는 개별 가족의 제의행사로 보이며, 형식면에서는 묘사라기보다 성묘라 보는 것이 적합할 듯하다. 입촌조 중흥(重興)의 묘사도 추석 차례 후에 지내는 것은 마찬가지이다. 다만 중흥의 아들 홍백(洪伯)과 증손자 원덕(遠德) 양위는 음력 8월에 유사가 벌초를 하고 간단하게 묘사를 지낸다고 한다. 아래위로 나란히 있는 이 두 묘소는 마을에서 멀리 떨어진 위치(약 20리)에 있어서 자손들이 참여하기 불편하기 때문이란

다. 소위 문중이라 부르는 벌초계에서 관여하는 묘사는 입촌조 중흥의 손자인 인덕(仁德) 내외의 묘사뿐이다. 묘소 가까이에 위토를 마련하여 위토 경작자가 벌초와 묘사를 담당하였으나 최근 경작자가 연로하고 그 자손들도 출향하여 벌초와 묘사를 감당하기가 어려워지자 경작자는 벌초만 담당하고 묘사는 유사가 준비하여 음력 10월에 행하게 되었다고 한다. 이 때는 마을에 거주하는 종족원이 수 명 참여한다.

영양천씨의 묘사운행도 김해김씨와 크게 다르지 않다. 입촌조로 간주되는 만홍(晩興)의 묘사는 그 동안 종손이 담당해 왔으나 약 20여 년 전 종손이 출향하자 제사가 없는 종족원 한 사람이 자청하여 지금까지 담당하고 있었고, 만홍의 손자인 명대(明大)와 그의 아들 석재(錫裁), 석상(錫尙) 3위의 묘사는 소위 문중이라 부르는 벌초계에서 담당하고 있다. 약 600평 정도의 밭이 위토로 마련되어 있기 때문이라고 한다. 그 외의 조상들의 묘사는 종족원들이 나누어 맡고 있었다. 이 집안에서도 80년대 들어와서 추석 차례를 지낸 후에 묘사를 지내다가 하루에 두 번 제사를 지낼 수 없다 하여 다시 음력 10월 첫 일요일로 변경하였다고 한다. 김해김씨 집안과 마찬가지로 개별가족의 제사의례적 성격이 강하고 형식면에서 성묘와 유사한 모습을 보여준다.

이러한 경향은 김해김씨와 영양천씨 집안뿐만 아니라 다른 집안에서도 공통적으로 나타나고 있다.

기제사를 제외하고 차유마을 주민들이 숭조의례로 가장 관심을 기울이는 공동행사는 조상 묘소의 벌초이다. 외지로 출향한 종족원들이 증가함에 따라 해마다 때맞춰 벌초를 할 수 없는 자손들이 늘어나게 되자 마을에 거주하는 종족원들이 더 많은 노역을 담당할 수밖에 없게 되었다. 더구나 마을에 거주하고 있는 종족원들이 자기 직계 조상의 묘소에만 벌초를 하고 인근에 산재해 있는 방계조상의 조상의 묘소는 그대로 방치할 수도 없었다. 벌초에 참여한 종족원들은 직계조상 뿐만 아니라 방계조상의 묘소까지도 함께 벌초를 하였다. 벌초에 참여한 종족원들의 노동량은 더욱 많아지게 되었다. 예초기의 구입과 수리, 참여자들의 식대와 주대 등 경비도 만만치 않았다. 당연히 참여자와 불참자 사이의 형평성 문제가 제기되지 않을 수 없었다. 이런 상황에서 등장한 것이 벌초인력을 동원하고 소요 경비를 공동으로 부담하기 위한 조직의 결성이었다.

김해김씨 집안에서는 입촌조 중흥의 모든 자손들을 대상으로 벌초를 위한 계를 조직하고 매년 음력 8월 1일을 벌초날로 정하여 외지로 출향한 종족원들의 참여를 독려하고 있다. 그러나 벌초일에 외지에서 참여하는 종족원의 수는 많지 않은 것으로 보인다. 벌초를 위해 모인 종족원들은 직계와 방계를 구분하지 않고 이 마을 김해김씨 조상들의 묘소를 모두 벌초한다. 벌초가 끝나면 유사 집에 모여서 총회를 개최한다. 총회의 안건은 결산보고, 회비갹출, 내년도 사업계획, 유사선출 등을 논의한다고 한다. 유사는 향후 수년 동안의 담당자를 미리 정해 두기 때문에 매년 선출 절차를 거칠 필요는 없다. 유사 이외의 임원은 없다. 종손의 존재가 부각되지 않고, 문장의 존재도 뚜렷하지 않다. 회비는 입촌조의 모든 자손들이 부담의무를 지니지만 실제 회비를 납부하는 종족원은 얼마되지 않는 것 같다. 여기에서 모인 회비로 벌초일의 경비를 지출하고, 입촌조 중흥의 손자인 인희(仁熙)의 묘사 경비를 부담한다.

영양천씨 집안에도 1991년에 입촌조 만홍의 자손들로 벌초를 위한 조직을 결성하였다. 이 조직을 종족원들은 문중이라 부른다. 마을에 거주하는 종족원은 회비를 내지 않고 마을 주변에 산소가 있는 출향 종족원들을 대상으로 가구당 연20,000원씩 거출하고 있다. 이들의 회계장부를 열람해 본 바에 의하면 벌초 장비인 예초기의 구입과 수선, 벌초일의 식대와 주대, 추석 회합시의 주대로 주로 지출하였고, 명대·석재·석상 삼부자의 묘사경비를 충당하고 있었다. 특별 지출로서는 회원의 흉사(길사는 제외) 시에 60,000원씩 부조를 하고 있었고, 안동종친회 참석 경비와 입촌조 묘비 문화재 지정 신청 건과 관련하여 출장 온 군청 직원의 식대가 눈에 띈다.

벌초와 묘사 및 추석 회합시에 소요되는 경비를 충당하기 위하여 약간의 공동 경비를 마련하는 이러한 모습은 밀양박씨 등 다른 집안에서도 관찰되고 있다. 공식적인 문중조직과 문중재산이 형성되어 있지 않은 상황에서 벌초와 묘사 등에 소요되는 경비를 마련하기 위한 최소한의 노력으로 보인다.

Ⅳ. 차유마을의 제사분할 사례

여중철과 김미영 등의 보고를 통해서 동해안의 어촌마을에 제사분할의 관행이 산재하고 있음이 확인되었다. 이러한 제사분할의 관행은 이 연구의 조사대상 지역인 영덕군 축산면 경정리 차유마을에서도 다수 발견되고 있다. 이 자리에서는 차유마을의 김해김씨와 영양천씨의 4개 당내집단의 사례를 중심으로 제사분할의 양상을 살펴보고자 한다. 이러한 사례보고는 기존의 연구에서 보고된 사실들을 재확인하는 계기가 될 것이며, 사례의 축적을 통해서 제사분할에 대한 향후의 연구를 더욱 촉진할 수 있으리라 생각한다.

〈사례 1〉은 종손 E1의 고조부를 중심으로 하는 김해김씨 당내집단의 제사분할 사례이다. 각 세대에서 제사분할의 모습을 뚜렷하게 관찰할 수 있다. A부부의 기제사는 이미 지제(止祭)되었지만 D1이 A의 제사를 모시고 C4가 Aw의 제사를 모셨던 것으로 봐서 A의 제사는 B1→C1→D1으로 계승되었고, Aw의 제사는 B2→C4로 계승된 것으로 보인다. B1과 B2

사이에서 이미 제사가 분할되었음을 알 수 있다.

B1의 아들 3형제(C1, C2, C3) 사이에서는 제사가 분할되지 않았다. 차남 C2와 삼남 C3가 일찍 사망하였기 때문이다. C3의 아들인 D3는 젊은 시절부터 조상에 대한 관심이 매우 희박하고 생활이 방탕하여 성인이 된 후에도 제사를 이양시키지 않았다.

C1이 사망하고 장남인 D1은 아버지의 제사와 아버지가 모시던 A, B1, B1w의 제사를 물려받고, 차남인 D2는 어머니 C1w의 제사를 모시게 되었다. 장남의 제사부담이 크지만 차남은 어머니의 제사만 나누어 맡고 있다.

D1이 사망하자 D1이 모시던 제사는 장남인 E1에게 모두 계승되었다. E1(62세)은 동생 3명이 마을에 거주하고 있지만 제사를 나누어주지 않고 있다. 그 이유는 명확하게 드러나지 않고 있지만 약 4km 떨어진 이웃마을에서 정치망어업을 하고 있는 E1이 경제력이 있기 때문에 제사를 전담하고 있는 것이 아닌가 한다. 장남인 E1에게 제사가 계승되면서 E1의 고조부모가 되는 A내외의 제사는 지제되었다. 이 집안에서는 종손을 기준으로 3대봉사를 하고 있는 셈이다.

B2의 아들들 사이에서는 제사가 분할되고 있다. 장남 C4는 아버지(B2)의 제사와 아버지가 모시던 조모(Aw)의 제사를 물려받았다. 종손인 D1이 사망한 후 Aw의 제사는 지제하였다. C4가 모시던 B2의 제사와 C4 내외의 제사는 장남인 D6이 물려받았다. D6의 동생들은 마을에 거주하지 않고 외지에 나가있어 제사를 나누어 맡지 않았다. B2의 차남 C5는 어머니(B2w)의 제사를 맡았으나 생활이 매우 곤궁한 가운데 일찍 사망하여 B2w의 제사는 삼남인 C6에게 이양되었다. 최근 C5의 자손들이 B2w의 제사를 모시고자 청하였으나 C6는 제사를 빈번하게 이동시킬 수 없다하여 이 요구를 거부하고 있다. 어머니의 제사를 조카들에게 이양하기 싫은 것으로 짐작된다.

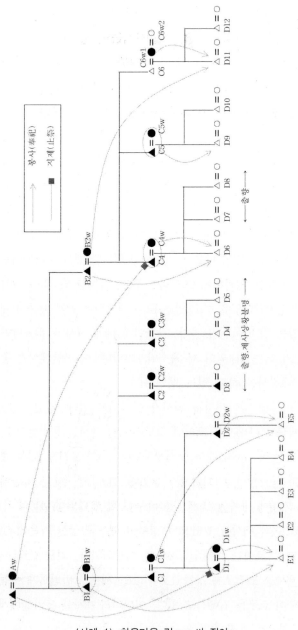

〈사례 1〉차유마을 김○○씨 집안

이 집안에서는 종손을 기준으로 3대봉사를 원칙으로 하고 있으며, 제사를 분할하는 경우에는 차남이 어머니의 제사를 나누어 맡는 경향이 나타나고 있다. 그러나 차남이 모의 제사를 맡는 것이 규범화되어 있는 것은 아닌 것으로 보인다. 제사를 담당할 봉사자의 사회경제적 상황, 차남의 제사봉행 의지, 장남의 제사이양 의사 등에 따라 달라질 수 있는 것이다.

〈사례 2〉도 현 종손(E1)의 고조부를 중심으로 하는 김해김씨 당내집단이다. 먼저 C세대의 제사분할 상황을 살펴보면 4형제가 제사를 고르게 분담하고 있다. 장남 C1이 조부(A)와 부(B)의 제사를 담당하고, C2가 모(Bw)의 제사를, C3와 C4가 두 분의 조모 제사를 각각 나누어 맡고 있다. 장남이 동생들에 비해서 제사를 하나 더 맡고 있지만 동생 3명이 각기 한 위의 제사를 나누어 맡고 있다. 이렇게 분할된 제사는 봉사자들의 사후 그들의 제사와 함께 아들들에게로 계승되었다.

D세대에서는 D4와 D5사이에서 제사분할의 모습을 볼 수 있다. 이들 형제는 장남이 아버지의 제사를 모시고 차남이 어머니의 제사를 모시는 동해안의 전형적인 제사분할의 형태를 취하면서 선친이 모시던 증조모(Aw1)의 제사를 장남이 물려받았다. 역시 이들 형제들 간에도 장남이 더 많은 제사를 부담하고 있다.

D1은 C2의 장남으로 백부인 C1 앞으로 입양하여 C1 내외의 제사와 C1이 모시던 조부(B1)와 증조부(A)의 제사를 물려받았다. 장남인 D1이 백부 앞으로 입양함에 따라 C2 내외와 C2가 모시던 B1w의 제사는 D2와 D3이 나누어 맡아야 할 것이지만 D2의 장남인 E1이 다시 D1 앞으로 입양하면서 생부(D2)와 생모(D2w)의 제사를 모시게 됨에 따라 C2 내외와 C2가 모시던 B1w의 제사는 삼남인 D3가 맡게 되었고, 이 제사들은 장남인 E3에게로 이양되었다. 이 집안에서는 종손이 가계계승자를 얻지 못할 때 지손의 장남을 양자로 입양하여 종가(큰집)를 우선시하는 보종관념의

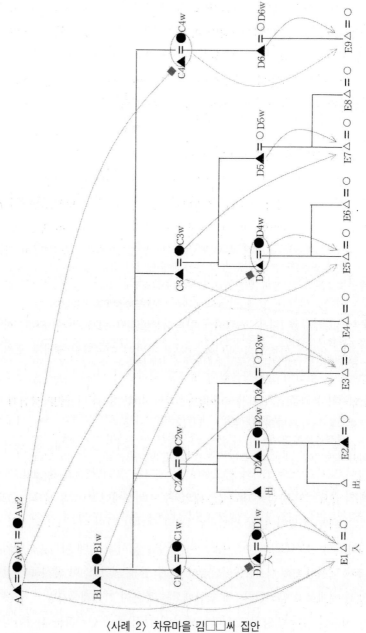

〈사례 2〉차유마을 김□□씨 집안

일단을 보여주고 있다. E1이 제사를 맡으면서 고조부모 3위(A, Aw1, Aw2)의 제사를 지제하여 〈사례 1〉에서와 같이 3대를 봉사하고 있다.[4]

E세대에서는 아직 제사분할이 뚜렷하게 이루어지지 않고 있다. E3와 E4, E5와 E6, E7와 E8 사이에서 제사분할의 사례를 찾아볼 수 없다. 차남들이 모두 40세가 넘은 연령층들이라 어리기 때문에 제사를 분할하지 못한 것은 아닌 것으로 보인다. 아마도 차남들이 모두 외지에 나가서 살고 있기 때문이 아닌가 한다.

〈사례 3〉은 영양천씨의 한 당내집단이다. 이 집안은 장남봉사의 전통을 지켜오다가 최근에 제사를 분할한 사례이다. 종손 E1이 생존해 있을 때에는 E1이 고조부모까지 4대의 제사를 모두 담당하였다. E1이 사망하자 A내외와 B내외의 제사를 지제하고 나머지 제사는 직계 자손들이 분할하였다. E1 내외의 제사는 외동아들인 F1이, D1의 제사는 삼남 E3이, D1w의 제사는 사남인 E4가 담당하였다. E2가 제사를 분할받지 못한 것은 제사를 분할받기 이전에 사망한 때문이다. C와 Cw1의 제사는 사남인 D4가, Cw2의 제사는 D5가 모셔갔다. D2는 조부모인 B와 Bw의 제사를 맡았다.

장남이 4대봉사를 하다가 갑자기 제사를 분할하게 된 것은 종손인 F1이 외지(서울)에서 생활하고 있는 데다 나이가 어렸기 때문인 것으로 보이지만 제사를 분할하는 과정에서는 혈연의 거리를 중시한 것으로 보인다. 제사를 나누어 맡은 봉사자들은 친아들이거나 친손자로서 부모나 조부모(종손에게는 고조부)의 제사를 이양받았던 것이다.

D2 자손들의 제사 봉행은 좀 더 복잡한 과정을 거치고 있다. D2는 첫째 부인(D2w1)이 사망한 후 재혼하여 첫째 부인 소생인 장남(E5), 차

----

4) 이 집안에서도 D1의 생존시에는 4대를 봉사하였는데 E1에 와서 3대봉사로 바꾸었다고 한다.

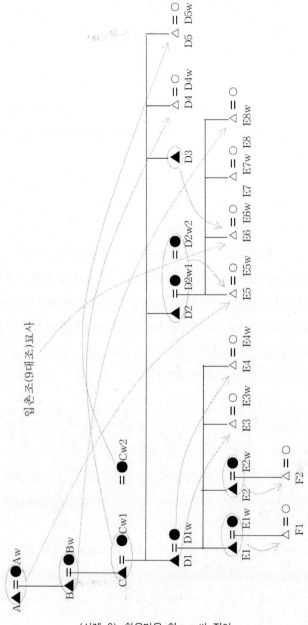

〈사례 3〉 차유마을 천○○씨 집안

남(E6), 삼남(E7)을 차례로 분가시키고 둘째 부인 소생인 막내 E8과 동거하였다. D2가 사망하자 D2 내외의 제사를 동거하던 막내아들 E8이 담당하였다. 그러나 최근(1997년)에 장남인 E5가 부모의 제사를 이양해 갔다. 친부모의 제사를 막내가 담당하는 것이 바람직스럽지 못하다고 생각한 듯하다. E5는 부모의 기제사 외에 E1이 사망하고 지제하였던 고조부 A내외의 묘사를 담당하고 있다. E8은 생모 D2w2와 동거하면서 D2 사망후 지제하였던 B내외의 묘사를 계속 담당하고 있다. E6은 미혼에 사망한 숙부 D3의 기제사를 봉행하면서 입촌조의 묘사를 담당하고 있다. 입촌조의 묘사는 마을의 대종손이 담당하였으나 1980년 경 종손이 이촌하면서 묘사 봉행이 어려워지자 자원하여 맡게 되었다. 본인은 제사가 없기 때문에 입촌조의 묘사라도 모시고 싶었다고 하지만 이미 미혼에 사망한 숙부의 제사를 모시고 있는 데도 입촌조의 묘사를 자청한 것은 제사가 없는 가정에서 가능하면 제사를 하나라도 모시고 싶어하는 어촌마을의 정서의 일단을 보여주고 있다. E7은 아직 제사를 분할받지 못하였다.

〈사례 4〉는 〈사례 3〉에서 분가한 영양천씨 집안의 당내집단이다. 이 집안에서는 C1과 C2 형제 사이에서 제사가 분할 되었다. 장남인 C1은 부와 조부, 조모의 제사를 담당하고, C2는 모의 제사를 나누어 맡았다. 장남이 3위의 제사를, 차남이 1위의 제사를 맡아 장남이 더 많은 제사를 부담하였지만 차남은 모의 제사만 분담하였다. 제사부담의 공평성은 별로 중시하지 않으면서 지차가 제사를 모실 때는 모의 제사를 모셔간다는 경향이 이 집안에서도 나타난다.

C1의 장남 D1은 일찍 이촌하여 강원도에서 생활하게 되어 C1 내외는 사망시까지 차남인 D2와 동거하였다. C1이 사망한 후 C1 내외 3위의 제사와 C1이 모시던 A, Aw, B의 제사는 모두 D2가 맡았다. 그러다가 D1이 50세가 되던 1982년경에 D2가 모시던 모든 제사를 D1이 모셔갔다. 이

때 제일 윗 세대인 A 내외의 제사는 지제하였다. D1 사망 후 이 제사는
E1이 계승하였다. 장남이 이촌한 경우에 마을에 남은 지차가 제사를 봉
행하는 예가 여기에서도 나타난다. 이러한 사례는 C2가 사망하고 C2의
제사와 C2가 담당하고 있던 Bw의 제사를 D6가 이양받은 데서도 찾아볼
수 있다. D5는 현재 포항에 거주하고 있고, D6은 마을에 거주하고 있다.
이 집안에서도 3대봉사의 원칙을 수용하고 있는 것으로 볼 수 있다.

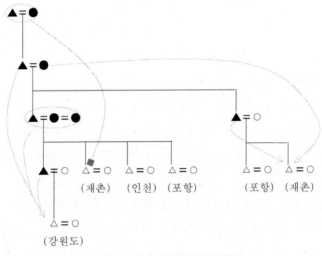

〈사례 4〉 차유마을 천□□씨 집안

V. 동해안 어촌마을 제사분할의 특징

이상에서 우리는 영덕군 차유마을에 거주하고 있는 김해김씨와 영양
천씨 집안의 4개 당내집단을 중심으로 동해안 어촌마을의 제사분할을 살
펴보았다. 이 사례조사를 통해서 여중철(1980)과 김미영(1999)이 보고한

동해안 제사분할의 특징들을 재확인할 수 있었다. 기존의 보고 내용과 본 연구에서 밝혀진 내용을 종합해 보면 동해안 제사분할의 특징은 다음과 같이 요약할 수 있다.

첫째, 어느 곳에서나 주민들이 조상 제사를 장남이 모시는 것이 원칙이라는 점을 강조하고 있다. 여중철의 보고에서도 이 점을 지적하고 있고, 쓰에나리와 김미영의 보고에서도 나타나고 있으며, 저자의 조사에서도 확인되고 있다. 제사분할을 매우 자연스러운 관행으로 인정하는 제주도의 모습과는 대조적인 모습이다. 제사분할이 폭넓게 행해지고 있음에도 불구하고 장남봉사 원칙을 강조하는 것은 우리 사회에 보편화된 유교적 이데올로기를 의식한 자기합리화의 방어기제로 볼 수 있지 않을까 한다. 김미영(1999)은 이를 오늘날 한국사회의 유교화 곧 양반지향화의 단면을 보여주는 것으로 해석하고 있다.

둘째, 부모의 제사를 분할하는 경우에 특별한 사정이 없는 한 장남이 아버지의 제사를 모시고 지차(차남 이하)가 어머니의 제사를 모시는 경향이 있다는 점이다. 여중철(1980), 쓰에나리(1985), 김미영(1999)의 보고에서도 나타나고 있고, 저자의 조사에서도 대체로 이러한 경향을 보이고 있다. 어머니의 제사를 장남이 모시고 아버지의 제사를 지차가 모시는 예는 발견되지 않는다. 김미영은 이를 동해안 제사분할(제사 모셔가기)의 중요한 원칙으로 규정하고 있다. 이렇게 분할된 제사가 다음 세대로 계승되면 고위(考位: 남자 조상)의 제사는 장손 계통으로, 비위(妣位: 여자 조상)의 제사는 지손 계통으로 전승되게 된다. 제주도(이창기 1991b 1992 1999)나 통영지방(유명기 1983)에서는 이러한 원칙이 별로 부각되지 않고 있으나 전남 진도나 강원도 신리에서는 정형화된 관습으로 나타나고 있다. 그러나 앞에서 소개한 〈사례 3〉이나 김미영의 보고에서 볼 수 있는 바와 같이 장자나 장손이 사망하고 제사를 다시 분할하는 경우에 남자 조상의 제사를 포함한 윗대의 제사가 지손에게로 이양되는 사례가 있는 것으로 보아 이 원칙은 상당히 신축성이 있을 것으로 보인다.

셋째, 지차의 제사분담은 규범적 강제나 의무적 관행이 아니라 제사를 분담할 지손의 자발적 요청에 바탕을 두고 있으며, 원칙적인 봉사자로 인식되는 장남이나 장손이 이에 동의할 때 제사분할이 이루어진다. 지손의 제사분담 요청이 없으면 장남이나 장손이 제사를 전담하게 되며, 지손의 요청이 있더라도 장남이나 장손이 동의하지 않으면 제사는 분할되지 않는다. 김미영은 이것도 동해안 제사분할(제사 모셔가기)의 중요한 원칙으로 지적하고 있다.

넷째, 지손의 제사분담 동기는 매우 다양하다. 조상의 음덕을 통해서 안전과 풍어를 보장받고자 하는 기복신앙적 동기, 장손의 제사부담을 경감시키고 짐을 나누어지겠다는 우애적 동기, 자신도 제사를 모시고 제사음식을 이웃과 나누고 싶어하는 호혜적 동기, 부모의 유언, 친부모의 제사를 조카나 종손자에게 맡기지 않고 직접 모시고자 하는 근친봉사의식 등등이 기존의 조사보고나 주민들의 증언을 통해서 지적되고 있다.

다섯째, 제사분할의 다양한 동기 가운데서도 무속인의 점복(占卜)이 중요한 동기로 등장하는 경우가 많다는 점이 어촌마을 제사분할의 한 특징으로 지적될 수 있다. 진도의 기둔제사[5](전경수 1977)나 통영지방의 제사분할(유명기 1983)에서도 나타나고 있으며, 동해안을 조사한 여중철(1980)과 김미영(1999)의 보고에서도 발견되고 있다. 저자의 조사에서는 구체적인 사례를 확인하지는 못하였지만 주민들과의 면담 속에서 이러한 사례가 적지 않다는 사실을 확인할 수 있었다. 이 점은 바다를 상대로 삶의 터전을 일구어 온 어촌 주민들의 생활여건과 깊이 관련되어 있는 것으로 제사분할의 가장 중요한 동기로 지적할 수 있지 않을까 한다. 김미영은 "거친 바다일을 하는 해촌이기 때문에 조상의 음덕을 조금이라도

---

5) 기둔제사란 부계직계의 축에서 벗어난 사람을 대상으로 하는 제사를 일컫는 진도 방언이다(전경수 1977).

더 보기 위해 차남 이하의 형제들이 어머니의 제사를 서로 모셔가기 위해 경쟁할 때도 더러 있다고 한다"(1999: 216)고 주민들의 진술을 소개하고 있다.

VI. 앞으로의 연구과제

동해안 제사분할에서 나타나는 이러한 특징들은 아직 심층적인 관찰이 이루어지지 못한 사례들을 바탕으로 추출한 것들이다. 앞으로 동해안의 제사분할에 관한 보다 많은 사례들이 축적되면서 좀 더 깊이있게 탐색해야 할 과제들이 남아있다.

조선시대의 윤회봉사와 제주도의 제사분할이 재산상속과 밀접하게 관련되어 있음은 이미 널리 알려진 사실이지만 동해안의 제사분할은 재산상속과 어떠한 관련이 있는지 확인할 필요가 있다. 이 연구에서는 이 점에 관해서 진지한 검토를 하지 못하였다. 여중철은 화전민 마을의 제사분할을 보고하면서 장남을 우대하거나 장남이 단독으로 상속하였으면서도 장남의 제사부담을 경감시키기 위하여 형제간에 제사를 분할한다고 지적한 바가 있다(여중철 1980). 어업을 주업으로 하는 차유마을에서는 토지재산의 의미는 그만큼 축소될 수밖에 없다. 많지 않은 토지는 나누어 줄 것도 없고 하여 대개 장남이 물려받는다고 한다. 그러면서도 제사는 형제가 나누어 맡고 있다. 장남의 제사부담이 너무 크기 때문이라고 한다. 여중철이 보고한 화전민촌의 사례와 매우 흡사한 답변들이다. 그러나 재산상속과 제사가 밀접히 관련된 것이라면 재산은 장남 우대 혹은 장남 단독으로 상속하면서 제사는 분할하는 원인에 대해서 좀 더 깊이있는 분석이 뒤따라야 할 것으로 보인다. 김미영은 장남이 특별히 많은 재산을 물려받은 것도 아닌데 제사부담을 지울 수 없다는 형제들의 정서가 제사분할(제사 모서가기)의 중요한 동기가 되고 있음을 지적한 바가 있다(김미영 1999: 223). 장남의 상속재산이 봉제사를 뒷받침할만한 수준이 되지 못한다는 것이다. 이러한 지적은 현존하는 어촌이나 산촌의 제사분할을 설명하는데 시사하는 바가 매우 크다고 생각한다.

　제사분할은 외형상 조선시대의 윤회봉사와 매우 흡사하여 오늘날 일부 지역에 잔존하고 있는 제사분할이 조선시대의 윤회봉사와 어떻게 접맥될 수 있는지 하는 점도 중요한 제도사적 관심의 하나이다. 제주도의 제사분할은 조선시대의 윤회봉사가 오늘날까지 잔존하고 있는 것임이 이미 밝혀진 바가 있다(이창기 1992 1999). 그렇다면 동해안 어촌마을의 제사분할은 어떻게 설명할 수 있는가? 조선시대의 윤회봉사가 잔존하고 있는 것인가 아니면 어촌마을의 생태학적 특수성으로 인해 자생적으로 형성되고 유지되어 온 것인가? 이 점도 이 연구에서는 진지하게 검토하지 못하였다. 역사적 추적을 가능케 하는 자료가 뒷받침되지 못하였기 때문이다. 다만 각 사례의 고조부나 증조부 대에서 제사를 분할한 흔적이 있는 것으로 보아 꽤 오래 전부터 제사를 분할하고 있었음을 짐작할 뿐이다. 제사분할의 역사적 추적은 향후 연구의 중요한 과제로 남겨둘 수밖에 없다.

　초자연적인 존재에 의탁하고자 하는 해안지역 주민들의 신앙체계와 관련해서 제사분할을 살펴볼 필요가 있다. 자생적 핵가족의 형태를 취하고 있으면서도 조상을 숭배하고, 조상 제사를 담당할 아들의 획득을 중시하는 제주도 가족제도의 특징을 인간의 힘으로 극복할 수 없는 거대한 자연의 힘 앞에서 무력한 인간의 한계를 절감하고 초자연적인 힘에 의존하여 현실을 극복하고자 하는 '초월의 메카니즘'으로 설명한 이창기(1999: 281~296)의 해석은 동해안 어촌마을의 제사분할의 설명하는 데에도 시사하는 바가 크리라 생각한다. 조상제사를 모시면 조상의 음덕으로 안전을 보장받을 수 있고 어획량도 증가될 수 있다는 믿음이 조상제사를 모시기를 원하는 중요한 동기의 하나가 되고 있으며, 이러한 기복신앙적 동기로 인해서 점을 치거나 굿을 하는 과정에서 점쟁이나 무당의 권유로 조상제사를 모시는 경우가 많이 나타나고 있는 것이다.

농업을 주로 하는 가까운 이웃 마을과 비교해서 고찰하는 것도 어촌 마을의 특수성을 이해하는데 대단히 중요하다. 공간적으로 근접해 있으면서도 어업을 주로 하는 마을과 농업을 주로 하는 마을 사이에 차이가 있는지 확인할 필요가 있는 것이다. 두 마을 사이에 차이가 존재한다면 어촌마을의 생태학적 조건의 영향을 좀 더 선명하게 밝힐 수 있기 때문이다. 지리적으로 근접해 있다고 하더라도 어촌마을과 농촌마을 사이에는 서로 통혼을 하지 않으며(이창기 2001 2009. 이 책 제9장 제10장), 문화적으로 단절되어 있는 모습을 발견할 수 있다. 저자의 탐색적 조사에서도 인근의 농촌마을에서는 제사분할의 관행이 존재하지 않았다. 차유 마을에서 내륙으로 불과 1km 정도 밖에 떨어지지 않은 염장마을이나, 영덕읍 오보리(어촌)에서 내륙으로 1km 정도 떨어진 매정리에서는 제사분할의 사례를 찾아보기 어려웠다. 이 점은 앞으로 동해안 제사분할을 연구하는데 중요한 과제가 될 것이다.

최근에 제사관행이 많이 변화하고 있다. 기제사를 모시는 조상의 범위가 전통적인 4대봉사에서 3대 또는 2대로 축소되고 있다. 묘사가 간단한 성묘와 유사한 형태로 극히 형식화되고 있다. 화장의 비율이 현저하게 높은 특징도 보여주고 있다. 이촌자가 늘어나면서 제사분할의 관행도 변화하지 않을 수 없다. 객지에서 생활하는 자에게는 제사를 나누어주거나 이양하지 않으려는 경향이 보인다. 장남이 이촌하고 마을에 거주하는 차남이 제사를 전담하는 경우도 있고, 동생들이 출향하여 제사를 나누어주지 못하고 장남이 전담하는 경우도 있다. 제사분할에 관한 연구의 시야를 확대하여 우리 사회의 다양한 변화와 관련지워 고찰할 필요도 증대되고 있다.

앞으로 더욱 많은 사례보고가 축적되어 제사분할의 공간적 분포와 역사적 맥락이 더욱 선명하게 규명되기를 기대한다.

참고문헌

김미영, 1999, '제사 모셔가기'에 나타난 유교이념과 양반지향성,『민속연구』9, 안동대민속학연구소.

여중철, 1980, 제사분할상속에 관한 일고,『인류학연구』1, 영남대문화인류학연구회.

유명기, 1983, 기제사 분할의 의미, 제15회 문화인류학전국대회 발표논문(미간행).

이광규, 1974, 사회,『한국민속종합조사보고서(제주도편)』, 문화재관리국.

_____, 1975,『한국가족의 구조분석』, 일지사.

이창기, 1977, 동족집단의 기능변화에 관한 연구,『한국사회학』11, 한국사회학회.

_____, 1991a, 한국동족집단의 구성원리,『농촌사회』창간호, 한국농촌사회학회.

_____, 1991b, 제주도의 제사분할,『한국의 사회와 역사』(최재석교수정년퇴임기념논총), 일지사.

_____, 1992, 제주도 제사분할의 사례연구,『민족문화논총』13, 영남대민족문화연구소.

_____, 1999,『제주도의 인구와 가족』, 영남대출판부.

_____, 2001, 동해안 어촌마을의 지역적 통혼권,『민족문화논총』23, 영남대민족문화연구소.

_____, 2009, 영해지역 반촌·농촌·어촌의 통혼권 비교연구,『민족문화논총』42, 영남대민족문화연구소.

전경수, 1977, 진도 하사미의 의례생활,『인류학론집』3, 서울대인류학연구회.

_____, 1984, 동족집단의 지위상향이동과 개인의 역할: 안동거주 영양천씨를 중심으로,『전통적 생활양식의 연구(하)』, 한국정신문화연구원.

최재석, 1972, 조선시대의 상속제에 관한 연구,『역사학보』53·54합집, 역사학회.

_____, 1983,『한국가족제도사연구』, 일지사.

현용준, 1973, 사회,『제주도문화재 및 유적종합조사보고서』, 제주도.

_____, 1977, 濟州島の 喪祭,『民族學硏究』42-3, 日本民族學會.

다께다 아키라(竹田 旦), 1984, 韓國における祖先祭祀の分割について, 『民俗學評論』
　　　24. (강용권 역, 한국에 있어서의 조상제사의 분할에 대하여, 『石堂論叢』
　　　제10집, 1985, 東亞大學校)

사토오 노부유끼(佐藤信行), 1973, 濟州島の 家族, 中根千枝 編 『韓國農村の家族と
　　　祭儀』, 東京大出版會.

쓰에나리 미치오(末成道男), 1985, 東浦の 祖先祭祀－韓國漁村調査報告, 『聖心女子
　　　大學論叢』 65, 日本聖心女子大學.

이토오 아비토(伊藤亞人), 1973, 韓國農村社會の一面, 中根千枝 編 『韓國農村の 家
　　　族と祭儀』, 東京大出版會.

제9장

어촌마을의 지역적 통혼권

─차유와 시나리마을─

I. 서 론

1. 통혼권에 영향을 주는 요인들

혼인은 인간의 가장 원초적인 행위유형이며, 가장 중요한 사회제도의 하나이다. 혼인을 통한 남녀의 결속은 가족을 형성하는 출발점이 될 뿐만 아니라 가족과 가족, 가문과 가문을 결합시켜 사회구조의 기본이 되는 친족제도를 구축하며 나아가서는 전체 사회의 질서와 통합에 기여하게 된다. 그러므로 혼인은 당사자의 자유의사에 전적으로 위임되어 있는 '개인적 행위'가 아니라 사회질서와 밀접히 관련되어 있는 '사회적 행위'로 간주되며, 당사자를 둘러싸고 있는 많은 사람들의 동의와 승인을 필요로 하는 것이다. 사회마다 배우자를 선택하는 조건과 범위가 관습이나 법률에 의해 규제되기도 하고, 혼인의 과정이나 절차가 중요한 의례로서 규범화되어 있는 것은 혼인이 사회성을 가지기 때문인 것이다. 다만 배우자를 선택하는 조건과 범위, 혼인의 과정과 절차에 관한 구체적 내용은 사회에 따라 다르고, 같은 사회에서도 시대의 흐름에 따라 변화하게 마련이다.

통혼조건 중에서 가장 기본이 되는 것은 혈연적 요소와 계급적 요소이다. 어느 사회나 특정한 범위 내의 친족 성원들과 혼인하는 것을 선호하거나 금지하는 일정한 규칙을 지니고 있다. 대체로 같은 씨족 내에서는 혼인할 수 없고 다른 씨족의 성원들과 혼인하도록 규범화된 씨족외혼제(氏族外婚制, clan exogamy)가 일반적이다. 조선시대에 들어와서 관습의 영역에서뿐만 아니라 법적으로도 철저하게 지켜져 온 동성동본불혼율(同姓同本不婚律)은 씨족외혼제의 전형적인 예이다. 또한 귀속적 지위

를 중시하는 신분사회에서는 대체로 동일한 신분이나 계급 내에서 배우
자를 선택하도록 규범화된 계급내혼제(階級內婚制, class endogamy)가
개인의 혼인을 규제한다. 우리나라에서도 제도로서의 신분은 1894년 갑
오개혁으로 폐지되었으나 오랜 신분사회의 전통이 반상관념으로 강하게
잔존하여 배우자 선택에 크게 영향을 미치고 있다.

배우자 선택의 사회적 범위를 제약하는 이러한 계급내혼제와 씨족외
혼제는 혼인의 지역적 범위를 한정하는 중요한 요인으로 작용하여 지역
적 통혼권을 형성하게 한다. 동성동본끼리의 혼인을 철저하게 금지하고
있는 한국사회에서 부계친족의 성원들이 한 마을에 집단적으로 거주하
여 종족마을을 형성하게 되면 마을 안에서 배우자를 구하는 것이 매우
어렵게 될 수밖에 없으며, 여러 성씨가 함께 거주하고 있는 각성마을이
라 하더라도 혼전 이성교제를 금기시하는 남녀의 사회적 격리의식이 강
하게 작용하여 촌락내혼을 바람직한 혼인양식으로 받아들이지 못하게
한다. 시집살이라는 고달픈 문화적 적응과정을 거쳐서 며느리가 시댁문
화에 철저하게 동화되기를 기대하는 부계중심의 친족구성원리도 가능한
한 멀리서 혼처를 구하게 만든 중요한 요인이 되고 있다. '화장실과 처갓
집은 멀수록 좋다'고 하는 말은 이러한 세속의 정서를 잘 표현한 말이다.
부계혈연의식이 강하고 부계친족집단이 조직화된 저명 양반 가문에서는
비슷한 신분적 배경을 가진 혼반을 찾아서 통혼의 지역적 범위를 더욱
확대시킨다(조강희 1984 1996).

그러나 사회경제적 지위가 높지 않은 일반 서민들의 경우에는 먼 거
리에서 배우자를 구하는 일이 결코 쉬운 일이 아니었다. 부계친족집단을
조직화하고 유교적 행위규범을 생활화하여 신분적 정체성을 유지하기
위해 노력해야 할 필요성이 절실하지도 않았을 뿐만 아니라 상대적으로
열악한 사회적 경제적 조건이 이들의 통혼 범위를 제약하였던 것이다.
그래서 이들은 비교적 가까운 거리의 생활권 범위 안에서 배우자를 구할

수밖에 없었다. 특히 양반가에 예속되어 있거나 특정 촌락에 거주가 제한되어 있었던 천민들의 경우에는 같은 마을 안에서 혼인하는 것이 매우 자연스러운 일이었다. 그럼에도 동성동본불혼율은 이들에게도 여전히 중요한 통혼조건이었다.

지역적 통혼권은 혈연적 요인과 신분적 요인 외에도 사회관계망에 크게 영향을 받는다. 저명한 양반들이 넓은 범위에 걸쳐서 배우자를 물색할 수 있었던 배경에는 유림을 통한 폭넓은 사회관계망의 형성이 현실적인 힘으로 뒷받침하고 있었던 것이다. 그러나 유림활동이 차단되어 있었던 서민들의 경우에는 이러한 폭넓은 사회관계망의 구축이 불가능하였다. 사회가 개방되고 직업적·지역적 이동이 빈번해지면서 통혼권의 지역적 범위가 확대되고 있는 현상은 개인의 배우자 선택권을 중시하는 가치관의 변화와 함께 사회관계망의 확대가 크게 작용하고 있는 것이다.

이와 같이 지역적 통혼권은 혈연, 신분, 경제적 여건, 사회관계망의 범위 등 여러 요인들의 상호작용에 의해서 형성되는 복합현상이며, 그 사회의 사회문화적 특성을 반영하는 지극히 사회적인 현상이다. 그러므로 통혼의 지역적 범위는 혼인 당사자나 그 가족이 속한 가문이나 지역사회의 특성에 따라 각기 다른 양상을 보여주게 되는 것이다. 사회적으로 높이 평가되는 저명한 양반 가문의 통혼범위와 그렇지 못한 일반 서민들의 통혼범위가 다르고, 고립된 산촌과 교통이 편리한 평야촌 사이에도 차이가 있을 것이다. 또한 농업을 주로 하는 내륙의 농촌마을과 어업을 주로 하는 해안의 어촌마을 사이에도 상이한 모습을 보여주리라 생각된다.

2. 연구의 대상과 방법

이 장에서는 동해안에 위치한 두 어촌마을을 대상으로 어촌마을 주민들의 지역적 통혼권을 살펴본다. 연구대상으로 선정된 마을은 축산면 경정2리 차유마을과 영해면 사진2리 시나리마을이다.[1] 축산항에서 남쪽으로 약 2.5km 떨어진 곳에 위치하고 있는 차유마을은 영덕대게의 원조마을로 알려져 관광객들의 발길이 끊이지 않는 마을이다.[2] 시나리는 축산항에서 북쪽으로 약 3km, 대진해수욕장에서 남쪽으로 약 5km, 영해면사무소에서 동쪽으로 약 4km 떨어져 있는 마을이다. 1980년대 새마을운동을 성공적으로 추진한 마을로 유명하다.[3] 이 두 마을은 배후에 농경지가 매우 협소하여 주민들이 거의 어업에 의존하고 있는 전형적인 어촌마을이다.

어촌마을의 통혼권에서 나타나는 특징을 보다 선명하게 관찰하기 위하여 농업을 주로 하는 인근 마을과의 비교도 시도해 보았다. 비교의 대상으로 선정한 농촌마을은 축산면 축산2리 염장마을이다. 염장마을은 차유마을에서 내륙으로 약 1.7km 떨어져 있다.

차유마을과 염장마을의 현지조사는 동해안 어촌연구의 일환으로 2001년에 이루어졌으며, 시나리는 농촌 어촌 반촌의 통혼권 비교연구의 일환으로 2007년에 조사가 진행되었다. 조사 시점에 약 6년의 시차가 있지만 지역적 통혼권의 경향을 파악하는 데는 크게 무리가 없을 것으로 생각한다.

통혼권을 연구할 때는 연구대상자를 누구로 할 것인지 먼저 결정하여야 한다. 통혼권은 시집온 며느리들의 유입지역(婚入圈)과 시집간 딸네들의 출가지역(婚出圈 또는 出嫁圈)을 다 포함한다. 이 두 권역은 약간의 차이가 있는 것으로 보인다. 며느리를 맞아들이는 쪽과 딸을 출가시키는 쪽은 입장이 서로 다르기 때문에 혼입의 범위와 출가의 범위도 다를 수

---

1) 이 논문을 처음 발표하였을 때에는(『민족문화논총』 23, 2001) 차유마을만을 대상으로 하였으나 논문발표 후 시나리마을의 자료를 보완하여 논문을 재구성하였다.
2) 차유마을에 대해서는 이 책 제7장 참조.
3) 시나리에 대해서는 이 책 제11장 참조.

있는 것이다. 실제 혼입과 출가를 함께 조사한 여러 조사보고(김택규 1964; 최재율 1969; 이해영·한상복 1973; 여중철 1975 1978; 한상복 1983)에 의하면 며느리나 아내를 맞아들이는 범위(혼입권)보다 딸을 출가시키는 지역적 범위(혼출권)가 다소 넓게 나타나는 경향을 보여주고 있다. 그러나 그 차이는 연구의 결과에 영향을 미칠 정도의 의미 있는 차이는 아닌 것으로 보인다. 또한 출가자를 대상으로 하는 조사는 대상자의 범주 즉 모집단을 설정하기가 어렵고, 가족이나 연고자가 마을에 거주하지 않는 경우에는 조사에서 누락되거나 출가지를 분명하게 파악할 수 없는 경우가 많기 때문에 조사에 적지 않는 어려움이 따른다. 이런 점들 때문에 많은 조사에서는 일반적으로 혼입권을 중심으로 통혼권을 분석하고 있고, 이 연구에서도 마을에 거주하고 있는 기혼여성들의 결혼 전 거주지를 확인하는 방법으로 통혼권을 분석하였다.

마을에 거주하고 있는 기혼여성들을 대상으로 하더라도 대상 마을의 순수한 혼입권을 파악하기 위해서는 마을에 거주하고 있는 남성에게 시집온 여성만을 대상으로 하여야 할 것이다. 마을 밖으로 시집을 갔다가 남편과 함께 또는 남편 사망 후 친정 마을로 돌아와 생활하는 여성들은 제외시키는 것이 바람직하다. 이들을 대상에 포함시키면 실제로는 마을 밖으로 시집을 갔는데 조사표 상의 친정이 '본동'으로 기록되어서 '마을 내혼'으로 간주될 위험이 있기 때문이다. 이러한 착란 현상은 이미 쓰에 나리(1982: 162)의 조사에서 부분적으로 나타난 바가 있다. 즉 친정이 '본동'으로 파악되어 '마을내혼'으로 집계된 여성 34명 중에 남편이 다른 마을 출신인 자가 19명이나 포함되어 있었던 것이다. 학업이나 취업 등을 목적으로 마을을 떠나 객지생활을 하면서 결혼한 후 다시 마을로 돌아온 귀향자의 부인도 마찬가지 논리로 연구대상에서 제외시킴이 마땅할 것이다.

이 연구에서는 이러한 경우에 해당되는 여러 사례들을 모두 제외하고 마을에 거주하고 있는 남성에게 시집온 여성들만을 대상으로 분석하였다. 이렇게 설정된 연구대상자는 차유마을 66명, 사나리마을 65명, 염장마을 46명이었다.

통혼권의 범주를 어떻게 설정할 것인지도 통혼권 연구에 매우 중요한 요소이다. 흔히 행정구역을 기준으로 〈같은 마을〉 〈같은 면〉 〈같은 군〉 〈같은 도〉 〈다른 도〉 등으로 범주를 구분하기도 하고, 행정구역별 범주 구분의 문제점을 보완하기 위하여 〈같은 마을(자연촌락)〉 〈일차적 통혼권(정기시장권)〉 〈이차적 통혼권(일차적 통혼권 인접 면)〉 〈원혼 지역(이차적 통혼권 외부)〉으로 구분할 것을 제안하기도 한다(이창기 2008). 그러나 이러한 범주구분은 어촌의 통혼권을 분석하는 데는 별 도움이 되지 않을 것으로 보인다. 다음에서 볼 수 있는 바와 같이 어촌마을 주민들의 대부분은 행정구역이나 일상적인 생활권과 상관없이 해안선을 따라 분포하고 있는 어촌마을들과 통혼을 하고 있으며 두 마을 사이의 공간적 거리만이 통혼권에 영향을 미치고 있기 때문이다. 그래서 이 자리에서는 촌락내혼과 어촌끼리의 통혼에 초점을 맞추어 살펴보고자 한다.

II. 선행연구의 검토

우리나라의 지역적 통혼권에 관한 연구보고는 1960년대 초반부터 나타나기 시작한다. 1960년대에 발표된 이만갑(1960: 97~104), 고황경·이만갑·이해영·이효재(1963: 97~90), 김택규(1964: 114~123), 양회수(1967: 251), 최재율(1969) 등의 연구에서 지역적 통혼권에 관한 내용들이 단편적으로 소개되고 있다. 지역적 통혼권에 관한 이들의 연구는 대개 농촌의 사회구조와 가족 및 친족생활에 관한 종합조사의 일부분으로 이루어진 것들이기 때문에 아직 심층적인 분석이 시도되지는 못하였지만 우리나라 농촌사회의 지역적 통혼권에 대한 대체적인 윤곽은 파악할 수 있었다. 그러나 이들은 대부분 통혼의 지역적 범위를 행정구역을 단위로 하여 〈같은 마을〉〈같은 면〉〈같은 군〉〈같은 도〉〈다른 도〉로 나누어 분석함으로써 주민들의 사회관계망을 파악하는 데는 적지 않은 한계를 보여주고 있다. 통혼권의 지역적 범위를 행정적 필요에 의해서 인위적으로 구획한 행정구역을 기준으로 분석하는 것은 편리한 방법이기는 하지만 통혼권의 실상을 제대로 파악하기 어려운 문제점을 안고 있다. 행정구역의 경계선 주변에 위치한 마을에서 지리적으로 가까운 경계선 밖의 마을과 통혼하는 경우에 〈다른 도〉나 〈다른 군〉으로 집계되어 실상과 다르게 원혼(遠婚)한 것으로 파악할 위험이 있는 것이다(이창기 2008).

지역적 통혼권에 관한 보다 집중적인 논의는 1970년대에 들어와서 활발하게 전개되었다. 1970년대에 발표된 것으로는 이창기, 최재율, 여중철의 논문이 주목된다. 이들은 통혼권을 독립된 주제로 다루고 있을 뿐만 아니라 통혼권 연구에 대한 방법론적 검토와 통혼권과 관련된 다양한 측면에 대한 심층적 분석을 시도하고 있다.

이창기(1973)는 행정구역을 단위로 통혼권을 분석하는 방법의 문제점을 제기하고 통혼권이 생활권 특히 5일장을 중심으로 하는 시장권과 밀접하게 관련되고 있음을 밝혔고, 최재율(1975)은 통혼거리를 통혼권 분석의 새로운 도구로 활용하여 1970년까지는 85~90%가 32km 이내에서 통혼하고 있음을 보여주고 있다. 여중철(1975)도 행정구역별로 통혼권을 분석하는 방법의 문제점을 열거하고 저명한 종족촌락의 사례를 중심으로 지역, 혈연, 계층, 종교 등 여러 측면에 걸친 분석을 시도하였다. 이어서 그는 60년대와 70년대에 이루어진 통혼권 연구를 종합하면서 마을구성, 생태적 조건, 시장권, 생활권, 방언권 등과 혼인권의 관련성까지 관심을 확대시키고 있다(1978). 이외에도 1970년대에는 이해영·한상복

(1973), 김태영(1973), 한상복(1977), 이성해(1978) 등의 논저 속에서 통혼권 문제가 부분적으로 다루어지고 있다.

1980년 이후에는 통혼권의 변화에 대한 관심이 높아지면서(한상복 1983; 한경혜·이정화 1993) 통혼권과 지역사회체계(정승모 1983), 통혼권의 공간동학적 의미(박성용 1995), 명문 양반가의 혼반연구(조강희 1984), 도시주민의 통혼권(한남제 1986) 등으로 관심영역이 확대되고 있다. 이 시기에는 종래 사회학이나 인류학자들이 주로 관심을 가지고 분석하던 통혼권 문제에 대해서 지리학자들이 관심을 가지기 시작했다는 점이 주목되고 있다. 이화숙(1986)과 인동환(1987)의 석사학위논문, 석사학위논문에 바탕을 둔 이한방(1987)의 논문 등이 지리학계의 관심을 반영하는 것이다.

그런데 1960년대 이후 통혼권에 관한 논의는 대부분이 농업을 주로 하는 내륙의 농촌지역을 대상으로 하고 있어서 어촌마을의 지역적 통혼권에 대한 실태파악은 매우 미흡한 실정이다. 지금까지 보고된 논저들 중에서 단편적이나마 어촌마을의 지역적 통혼권을 엿볼 수 있는 것으로는 최재율(1969), 이해영·한상복(1973), 한상복(1977 1983), 쓰에나리 미치오(末成道男 1982), 한상복·전경수(1992), 오쿠마 요코(奧間葉子 1996) 등이 있다.

어촌의 통혼권에 관한 최초의 관심은 최재율(1969)의 '어촌의 사회구조와 어민의 생활태도에 관한 연구'에서 나타나고 있다. 그는 전남 완도군에 위치한 어촌 28개 마을과 농촌 32개 마을을 조사하여 어촌과 농촌의 통혼권을 비교한 바가 있다.

이해영·한상복(1973)은 경기도 옹진군 백령도에 관한 종합조사보고서 속에 두 개 어촌마을의 통혼권에 관한 자료를 소개하고 있다. 또 한상복은 1977년에 간행한 저서에서 1968년에 조사한 전남 무안군 흑산면 가거도의 어촌마을 통혼권에 관한 자료를 소개하고 있으며, 1983년에는 경북

울진군 평해읍 후포 인근의 농·산·어촌 각 한 개 마을을 조사하여 통혼
권을 비교하고 있다. 이들의 조사내용을 간략하게 정리하면 다음 〈표
9-1〉과 같다.

〈표 9-1〉 어촌마을의 지역적 통혼권(혼입자)   (%)

		마을내	면내	군내	도내	도외	계
완도군(1969)	농촌	1.7	38.4	46.4	13.5		100.0
	어촌	6.6	60.8	28.9	3.7		100.0
백령도(1973)	어촌	52.8	40.2	1.6		5.5	100.1
가거도(1977)	어촌	80.4		19.6			100.0
후 포(1983)	어촌	14.0	30.0	16.0	24.0	16.0	100.0
	농촌	12.0	26.0	44.0	10.0	8.0	100.0
	산촌	6.0	32.0	20.0	32.0	10.0	100.0

〈표 9-1〉을 보면 마을에 따라 통혼권의 범위가 현저하게 차이가 나고
있다. 이것은 각 마을들의 입지조건과 주민들의 구성내용이 각기 다르기
때문에 나타난 현상으로 보인다. 특히 백령도나 가거도에서는 〈같은 마
을〉이나 〈같은 면〉에서 혼인하는 근혼의 경향이 뚜렷하게 나타나고 있
다. 면적이 좁고 고립되어 있는 도서지역에서 섬을 벗어나 배우자를 맞
아들이기가 매우 힘들기 때문인 것으로 보인다. 그에 비해서 비교적 넓
은 배후지를 가진 완도군이나 후포지역에서는 면을 벗어난 지역과의 통
혼비율이 상대적으로 높게 나타나고 있다.[4]

그러나 이들의 연구는 〈같은 마을〉이나 〈같은 면〉에서 혼인하는 근혼
의 경향은 어느 정도 파악할 수 있지만 행정구역을 단위로 해서 통혼권
을 분석하는 종래의 방식을 답습함으로써 어촌마을의 통혼권에 대한 보

---

4) 한상복과 전경수가 12개 낙도지역의 미발표 자료를 정리하여 편찬한 『한국의 낙
  도민속지』(1992)에도 통혼권에 관한 자료가 다수 수록되어 이 분야의 연구에 크
  게 기여하고 있다. 그러나 고립된 낙도의 특수성이 강하게 반영되어 있어서 이
  자리에서 자세하게 논의하는 것을 생략한다.

다 구체적인 실상을 파악하는 데는 역시 한계를 보여주고 있다.

이러한 가운데서도 한상복의 후포지역 연구에서는 어촌마을로 시집온 여성들의 친정마을을 일일이 밝혀서 어촌마을의 지역적 통혼권을 이해하는데 크게 도움을 주고 있다. 한상복에 의하면 어촌마을의 면내혼 15건 중 10건, 군내혼 8건 중 7건, 도내혼 12건 중 8건이 어촌마을과의 통혼으로서 촌락내혼 3건까지 합하면 총 50건의 혼인 중 32건(64%)이 어촌끼리의 혼인이었던 것이다(한상복 1983: 114).

이에 앞서서 여중철은 구체적인 자료를 제시하지는 않았지만 경북 영덕군 노물동(어촌)의 조사 경험을 바탕으로 '1km 떨어진 곳에 농촌마을이 있는데도 농촌이라는 이유로 잘 통혼하지 않으며, 해안선을 따라 약 50리(약 20km) 이내의 어촌마을에서 배우자를 찾는다'고 진술하여(여중철 1978: 202) 어촌마을의 지역적 통혼권에서 나타나는 특징을 단적으로 표현한 바가 있다.

어촌마을의 통혼권에 관한 보고는 일본인 학자들의 조사에서도 나타나고 있다. 쓰에나리 미치오(末成道男 1982)는 경북 동해안의 어촌마을 '동포'5)의 기혼여성 156명을 조사하여 그들의 출신지역을 지도와 함께 마을별로 소개하고 있다. 쓰에나리의 이 보고에 의하면 동포마을의 통혼권은 해안선을 따라 남북으로 길게 걸쳐있으며 10km 이내에 집중되어 있다. 조사대상자 156명 중 서울, 부산, 대구 등 도시지역으로부터 혼입한 자가 9명, 농촌지역으로부터 혼입한 자가 9명, 출신지 불명 2명 등 20명을 제외한 136명(본동출신 34명 포함)이 어촌마을 출신으로 그 비율이 무려 87%에 이른다. 그러나 본동 출신이 34명(21.8%)으로 집계되고 있으나 이들이 모두 촌락내혼을 한 것이라 볼 수는 없다. 조사자도 밝히

---

5) '동포(東浦)'는 마을의 실명이 아니라 인류학자들의 현지조사 관행에 따라 조사자가 임의로 붙인 가명인데 이 연구의 대상지인 영해면 사진2리 시나리마을과 같은 마을로 추정된다.

고 있는 바와 같이 이 속에는 남편이 다른 마을 출신인 경우가 19사례나 포함되어 있기 때문에 순수한 촌락내혼은 15사례(9.6%)로 보는 것이 타당할 것이다. 외지로부터 전입한 인구가 내륙의 농촌마을에 비해 상대적으로 많은 어촌마을의 특성을 감안한다면 타 지역 출신 부녀자 102명 중에도 외지에서 결혼한 후 전입한 자가 상당수 포함되어 있을 것으로 짐작된다. 이들은 사실상 이 마을의 통혼권을 분석하는 대상으로서는 부적절하다. 보다 정밀한 통혼권(혼입권) 분석을 위해서는 혼인 후 친정마을로 돌아왔거나 학업 및 취업을 위해서 외지에 나가 결혼한 후 귀향한 전입가족은 제외하고 분석하여야 할 것이다.

오쿠마 요코(奧間葉子 1996)의 학위논문 속에서도 동해안 어촌마을의 통혼권에 관한 간략한 보고를 찾을 수 있다. 축산면 경정1리 뱃불마을[6]을 조사한 오쿠마의 보고에 의하면 남편이 이 마을 출신인 부부 110쌍 중에 마을 내에서 결혼한 경우가 26쌍(23.6%), 면내 다른 마을이 10쌍(9.1%), 군내 다른 면이 53쌍(48.2%), 도내 다른 군이 10쌍(9.1%), 도외가 11쌍(10.0%)으로 나타나고 있다. 이들 중 결혼전 거주지가 영덕군내인 89명의 출신지를 농촌과 어촌으로 나누어 보면 어촌출신이 76명으로 85.4%에 이른다. 촌락내혼의 비율이 다소 높게 나타나고 있기는 하지만 쓰에나리의 동포마을 조사의 내용과 거의 일치하고 있다.

쓰에나리와 오쿠마의 보고는 영해지역을 대상으로 하고 있어서 이 연구와 좋은 비교의 대상이 되고 있다.

---

6) 뱃불마을은 차유마을에서 남쪽으로 약 1.5km 거리에 있다.

III. 차유마을의 통혼권

1. 통혼의 지역적 범위

마을 밖으로 출가하였다가 결혼 후 친정마을로 돌아와 정착하였거나 외지에서 결혼한 후 마을로 귀향한 이주자들을 제외하고 차유에 거주하는 남성에게 시집온 여성 66명의 혼인 전 거주지를 정리하면 다음 〈표 9-2〉와 같다.

〈표 9-2〉에 의하면 차유마을의 혼입권은 주로 영덕군 내의 어촌에 집중되어 있다. 혼입한 여성들의 출신지를 크게 어촌마을과 농촌마을 그리고 도시지역으로 구분해 보면 해안의 어촌마을 출신이 전체 66명 중 54명으로 81.8%의 절대 다수를 차지하고 있다. 농촌마을 출신(10.6%)과 도시지역 출신자(7.6%)는 전체의 1/5에도 미치지 못한다. 어촌마을과 통혼한 81.8%는 '동포'마을의 87%(쓰에나리 1982)나 뱃불마을의 85.4%(오쿠마 1996)에 비해서는 약간 낮은 수준이지만 후포지역 어촌마을에서 나타난 64%(한상복 1983: 114)에 비해서는 다소 높은 비율이다. 마을의 입지와 규모가 서로 다르고 조사기준에도 약간씩 차이가 있다는 점을 감안하면 이 정도의 차이는 그렇게 큰 차이는 아니라고 생각한다.

어촌마을의 분포지역을 좀 더 자세히 살펴보면 100km 이상 떨어진 감포읍과 경남 울주군이 각각 1사례씩 포함되어 있고, 영덕군과 인접한 영일군 송라면 조사리가 2사례 포함되어 있으나 어촌마을 혼입자의 대부분을 차지하는 50사례가 영덕군 내의 해안마을 들이다. 북쪽으로 19km 떨어진 병곡면 백석마을에서부터 남쪽으로 27km 떨어진 남정면 장사리에까지 걸쳐 있다. 장사리의 3사례를 제외하면 어촌마을에서 혼입한 여성의 87%에 해당하는 47사례가 육로거리 20km 이내에 위치한 어촌마을에

〈표 9-2〉 차유마을의 통혼권

지역구분	지 역 명	거리(km)	혼입자 수	
어촌마을	영덕군 병곡면 백석리	19	4	54(81.8)
	영덕군 병곡면 병곡리	16	1	
	영덕군 영해면 대진1리 공수진	9.5	2	
	영덕군 영해면 대진2리 대진	9	5	
	영덕군 영해면 사진1리 밭내미	6	5	
	영덕군 영해면 사진2리 시나리	5	1	
	영덕군 영해면 사진3리 말발	4	1	
	영덕군 축산면 축산리 축산	2.5	3	
	영덕군 축산면 경정2리 차유(본동)	0	10	
	영덕군 축산면 경정1리 뱃불	1.5	7	
	영덕군 축산면 경정3리 오매	2.5	1	
	영덕군 영덕읍 석리	3.5	1	
	영덕군 영덕읍 노물리	6	4	
	영덕군 영덕읍 창포리	11	2	
	영덕군 남정면 장사리	27	3	
	영일군 송라면 조사리	37	2	
	경주시 감포읍	110	1	
	경남 울주군	140	1	
농촌마을	영덕군 축산면 염장동	1.7	1	7(10.6)
	영덕군 달산면	30	1	
	영덕군 영덕읍	15	2	
	영덕군 영해면	9	1	
	의성군	120	1	
	청송군	70	1	
도시지역	대구	140	2	5(7.6)
	부산	170	3	
계			66(100.0)	

* 거리는 지도상으로 파악한 교통거리를 기준으로 하였다.

서 시집을 온 것이다. '해안선을 따라 약 50리(약 20km) 이내의 어촌마을
에서 배우자를 찾는다'고 한 여중철의 진술(1978: 202)이 차유마을에서도
확인된 셈이다.

차유마을의 남성이 농촌마을과 통혼한 사례는 매우 적다. 내륙에 위
치한 농촌마을과 통혼한 사례는 모두 7사례(10.6%)에 불과하다. 육지와
멀리 떨어져 고립되어 있는 도서지역도 아니고 넓은 농촌지역이 배후에

분포되어 있음에도 불구하고 농촌마을과 통혼한 사례가 1할 정도에 지나지 않는다는 것은 농촌지역과의 통혼이 그만큼 차단되어 있음을 의미한다. 특히 촌락내혼이 적지 않은데도 불구하고 1km 정도 떨어진 이웃 염장마을과 통혼한 사례가 단 1건에 지나지 않는 것은 농촌마을과의 통혼 차단을 보여주는 단적인 예라 할 것이다. 농촌마을과 혼인한 사례는 비교적 원거리인 경우가 많다.

대구 부산 등 도시지역 여성과 혼인한 사례는 5사례(7.6%)에 지나지 않는다. 이들은 도시지역에 거주하고 있는 친지의 소개로 혼인에 이르게 된 것이 아닌가 한다. 이들은 모두 40대 이하의 비교적 젊은 연령층에 속한다. 이 연구의 분석 대상에서는 제외되었지만 외지에서 직장생활을 하다가 현지에서 아내를 만나 결혼한 후 마을로 귀향한 경우도 6사례(대구4, 부산 1, 서울 1)나 있었다. 이들 중 50대의 서울출신 1명을 제외하고는 모두 40대 이하의 연령층이었다. 도시화가 촉진되고 도시지역으로 이주한 마을 주민들이 증가하면서 어촌마을 주민들의 통혼권이 도시지역으로 점차 확대되고 있는 변화의 한 단면을 보여주는 것이라 생각한다. 영덕대게의 원조마을로서 대게잡이의 어업소득이 증가한 점도 젊은층의 도시출신 여성이 남편을 따라 어촌마을에 정착하게 한 한 요인으로 볼 수 있다.

2. 촌락내혼

일반적으로 해안의 어촌마을에서는 같은 마을 안에서 혼인하는 촌락 내혼의 비율이 높은 것으로 알려져 있다. 앞서 살펴본 바에 의하면 전남 완도군의 6.6%(최재율 1969), 백령도의 52.8%(이해영·한상복 1973), 영덕군 동포마을의 9.6%(쓰에나리 1982), 울진군 후포의 14.0%(한상복 1983), 영덕군 경정리 뱃불마을의 23.6%(오쿠마 1996) 등으로 나타나고 있으며, 제주도에서도 30% 이상이 촌락내혼을 하는 것으로 보고되고 있다(이창기 1999: 307~309). 조사 대상지에 따라 이처럼 촌락내혼의 비율에 큰 차이를 보이는 것은 마을의 입지조건, 마을의 규모, 성씨구성 등여러 요인에 영향을 받기 때문인 것으로 보인다. 특히 마을의 단위를 자연촌락을 기준으로 하느냐 행정촌락을 기준으로 하느냐에 따라서도 결과는 크게 달라질 수 있다.

차유마을에서는 이 마을 출신 남성과 결혼한 기혼여성 66명 중에서 10명이 본동 출신으로 순수한 촌락내혼의 비율은 15.2%로 나타나고 있다. 입지조건이 비슷한 동해안의 여러 마을들과 비교해 보면 이웃한 경정리 뱃불의 23.6%에 비하면 상당히 낮은 비율이지만 동포마을의 순수촌락내혼율 9.6%보다는 다소 높게 나타났다. 그러나 후포지역의 14.0%와는 비슷한 수준이다. 이렇게 본다면 동해안 어촌마을의 촌락내혼율은 마을에 따라 다소의 차이가 있기는 하지만 대체로 10~20% 수준으로 볼수 있지 않을까 한다.

순수한 촌락내혼자로 분류된 10명 외에도 이 마을에는 본동 출신 기혼여성이 9명이나 더 있다. 그 중 7명은 외지인과 결혼한 후 남편이 처가가 있는 이 마을로 이주하여 정착한 사례이고, 2명은 남편이 사망한 후친정마을로 돌아와 생활하는 사례이다. 처가마을에 정착한 이들의 출신지도 통혼권의 한 단면을 보여주고 있다. 즉 7명 중 5명이 차유마을의주 통혼권 내에 있는 어촌마을인 대진1리(공수진), 경정1리(뱃불), 석리,노물리, 창포리 출신이었고, 나머지 2명은 농촌마을인 인근의 염장마을과 멀리 청송군 출신으로 결혼 후 이 마을에 정착하였다. 이들은 처가를기반으로 선원생활이나 대게잡이 등 계속 어업에 종사하였다. 농촌지역인 이웃 염장마을에서 이주한 사람도 결혼 후 정치망어업을 하기 위해서처가마을에 정착하였다. 지금은 고인이 된 청송군 출신은 조실부모하고어렵게 살다가 소아마비 불구자인 이 마을 여성과 결혼하여 처가에서 가옥과 토지를 제공받아 이 마을에 정착하게 되었다. 결혼 후 처가마을에 정착하는 이러한 사례는 동해안 어촌마을에서 매우 빈번한 것으로 보인다. 쓰에나리가 조사한 동포마을에서도 본동출신 기혼여성 34명 가운데 결혼 후 남편이 처가마을로 이주한 경우가 19사례나 발견되었다. 기혼여성의 결혼 전 거주지를 기준으로 통혼권을 분석할 때 이들은 모두 촌락 내혼자로 간주될 위험이 있기 때문에 조사 시에 특히 주의해야 할 부분이다.

Ⅳ. 시나리마을의 통혼권

1. 통혼의 지역적 범위

차유마을로부터 북쪽으로 5km 떨어진 시나리마을의 지역적 통혼권도 차유마을과 거의 비슷한 경향을 보여주고 있으나 어촌마을과의 통혼비율이 차유마을에 비해 더 높게 나타나고 농촌지역과의 혼인은 매우 낮은 비율을 보이고 있다.

시나리마을의 통혼권을 구체적으로 정리한 〈표 9-3〉을 보면 어촌마을과 통혼한 사례가 전체 64명 가운데 61명으로 95.3%에 이르고 있다. 농촌지역과 통혼한 사례는 단 3건(4.7%)에 불과하며, 도시지역과 혼인한 사례는 한 건도 발견되지 않았다. 어촌마을 주민들은 어촌마을과 혼인한다는 특징을 극명하게 보여주고 있다. 1982년에 쓰에나리가 '동포'란 가명으로 발표한 이 마을의 자료에는 어촌간의 통혼이 87%(쓰에나리 1982)로 나타나고 있으나 여기에는 외지에서 혼인한 후 이 마을로 전입한 사례가 일부 포함되어 있을 것으로 추정되는데 이들을 제외하고 분석한다면 실제로 어촌마을과 통혼한 비율은 90%를 넘어설 것으로 보인다.

〈표 9-3〉 시나리마을의 통혼권

지역구분	지 역 명	거리(km)	혼입자 수	
어촌마을	울진군 평해읍 거일리	30	3	61(95.3)
	울진군 후포면 삼율리	21	1	
	울진군 후포면 금음리	20	1	
	영덕군 병곡면 백석리	12	2	
	영덕군 병곡면 병곡리	10	2	
	영덕군 병곡면 원황리	8	2	
	영덕군 영해면 대진리	4	5	
	영덕군 영해면 사진1리	1	5	
	영덕군 영해면 사진2리(본동)	0	6	
	영덕군 영해면 사진3리	1	1	
	영덕군 축산면 축산리	3	6	
	영덕군 축산면 경정2리	5	1	
	영덕군 축산면 경정1리	6	7	
	영덕군 축산면 경정3리	7.5	2	
	영덕군 영덕읍 노물리	11	2	
	영덕군 영덕읍 오보리	12	7	
	영덕군 영덕읍 대탄리	12.5	3	
	영덕군 영덕읍 창포리	16	2	
	영덕군 영덕읍 대부리	17	1	
	영덕군 영덕읍 하저리	19	1	
	울릉도		1	
농촌마을	영덕군 영해면 성내리	4	1	3(4.7)
	영덕군 축산면 축산2리 염장마을	5	1	
	포항시 북구 죽장면	80	1	
도시지역			0	0
계			64(100.0)	

* 거리는 지도상으로 파악한 교통거리를 기준으로 하였다.

어촌마을과 통혼한 61사례를 좀 더 구체적으로 살펴보면 울릉도 출신 1명과 북쪽으로 30km 떨어진 울진군 평해읍 거일리 출신이 3명으로 나타나고 있으나 거의 대부분에 해당하는 57명(91.9%)이 약 20km 이내의 어촌마을에서 시집온 것으로 나타나고 있다. 차유마을의 87%와 거의 비슷하며, 여중철의 지적이 여기에서도 확인되고 있다. 다만 시나리가 차유마을보다 약 5km 정도 북쪽에 위치하고 있기 때문에 통혼이 빈번한 어촌의 지역범위도 북쪽으로 울진군 후포면까지 북상하고 있을 뿐이다.

시나리마을의 남성이 농촌마을과 통혼한 사례는 극히 적다. 80km 떨어진 포항시 북구(도농복합시 이전의 영일군) 죽장면의 농촌 출신 여성과 중매로 결혼한 한 사례와 인근의 농촌마을인 영해면 성내리, 축산면 축산2리 염장마을과 통혼한 사례 등 3사례에 불과하다. 세 사례 이외에 경남과 전남의 농촌지역에서 혼입한 사례가 한 건씩 있으나 이들은 외지에서 혼인 후 이 마을로 귀향한 전입자였다. 1982년 쓰에나리의 보고에는 농촌지역에서 혼입한 자가 8명으로 기록되어 있으나 2007년 현재에는 그 수가 대폭 줄어들었다.

도시지역에서 시나리마을로 시집 온 여성은 전혀 보이지 않는다. 외지에서 결혼하여 이 마을로 이주한 자들 중에 도시지역 출신이 일부 포함되어 있을 수 있으나 이들은 이 마을의 통혼권 분석 대상에서 제외되었다. 1982년의 쓰에나리 조사에서는 도시지역 출신이 서울 2명, 대구 2명, 부산 2명, 기타 3명 등 9명으로 기록되어 있으나 이들 중 상당수도 결혼 후 전입자일 가능성이 높다.

시나리마을 남성들은 거의 대부분이 약 20km 이내에 위치한 어촌마을과 통혼하고 있으며, 농촌마을과 혼인한 사례는 극소수에 지나지 않는다. 도시지역에서 이 마을로 혼입한 여성은 2007년에는 발견되지 않았다. 같은 어촌마을인 차유마을과 비교하더라도 시나리마을은 어촌적 특징을 더욱 뚜렷하게 보여주고 있다.

2. 촌락내혼

시나리의 기혼여성 64명 중에서 같은 마을의 남성과 혼인한 여성은 6명(9.4%)이다. 1982년 쓰에나리가 '동포'란 가명으로 발표한 이 마을의 촌락내혼율 9.6%와 거의 일치하고 있다. 그러나 인근에 위치한 뱃불

(23.6%), 차유(15.2%), 후포(14.0%)등의 마을에 비하면 다소 낮은 비율이다.

시나리에도 다른 마을 남성과 결혼하여 친정마을에 정착한 여성이 8명이 있다. 이 여성들은 조사표에 출신지가 '본동'으로 기재되어 촌락내혼으로 혼동될 수 있으므로 주의해야 할 부분이다. 이들의 남편들은 구룡포 출신 1명을 제외하고는 반경 20km 이내의 어촌마을 출신들이다.

V. 인근 농촌마을의 통혼권

차유마을과 시나리마을의 지역적 통혼권에서 나타나는 이러한 특징들은 어촌마을에서만 고유하게 나타나는 것일까, 아니면 배후의 농촌지역까지도 포함하는 보다 넓은 인근 지역사회에서도 공통적으로 나타나는 현상일까? 이 점은 어촌마을의 특성을 이해하는데 대단히 중요한 문제라고 생각한다.

그러나 지금까지 발표된 기존의 문헌에서는 이 문제에 대해서 구체적인 논의가 전개되지 못하였다. 완도지역의 60개 마을을 조사한 최재율의 보고(1969)에서는 어촌마을이 농촌마을에 비해 촌락내혼이나 면내혼의 비율이 높아서 근혼하는 경향을 뚜렷이 보여주고 있으나 행정구역을 단위로 분석하여 통혼하는 마을의 생태적 조건에 따른 차이를 알아볼 수가 없다. 다만 한상복의 후포지역 조사(1983)에서, 통계자료를 정확하게 소개하지는 않았지만, 어촌마을에서는 주로 어촌마을과 통혼하고 농촌마을이나 산촌마을에서는 주로 농촌이나 산촌마을들과 통혼하는 경향이 강하다는 점을 지적하고 있을 뿐이다.

저자는 이 점을 보다 분명하게 밝히기 위하여 조사대상 마을과 인접한 농촌마을을 선택하여 주민들의 지역적 통혼권을 비교해 보기로 하였

다. 비교의 대상으로 선택한 마을은 축산2리 염장마을이다. 이 마을은
행정구역상으로는 축산2리로 편제되어 있으나 축산항으로부터 내륙 쪽
으로 약 2.5km 떨어진 위치에 자리 잡고 있어 거리상으로는 1.7km 떨어
진 차유마을에 더 가깝다. 이 마을에 거주하는 주민은 76가구로서 규모
면에서는 차유마을과 거의 비슷하지만 축상항에 일터를 가진 일부 주민
을 제외하고는 모두 농업에 종사하는 농촌마을이라는 점에서 차유와는
커다란 차이가 있다. 주민들의 성씨구성에 있어서도 다양한 성씨들이 혼
재하는 각성마을이다.

　이 마을의 주민들 중에는 외지에서 이입한 전입자가 대단히 많은 특

〈표 9-4〉 염장마을의 통혼권

지역구분	지 역 명		혼입자 수(%)	
농촌마을	영덕군	본동	1	34(73.9)
		축산면	5	
		영해면	4	
		창수면	6	
		병곡면	2	
		영덕읍	3	
		강구면	1	
		지품면	1	
	울진군		1	
	영양군		4	
	청송군		1	
	봉화군		1	
	영천군		1	
	군위군		1	
	의성군		1	
	고령군		1	
어촌마을	영해면 대진리		3	9(19.6)
	축산면 축산리		3	
	축산면 경정2리(차유)		1	
	남정면		2	
도시지역	포항		2	3(6.5)
	대구		1	
계			46(100.0)	

징을 지니고 있다. 76가구 중 전입가구가 29가구에 이른다. 전입가구가 특히 많은 문제에 대해서는 별도의 분석이 필요하지만 이들 전입자들은 이 마을의 통혼권을 분석하는데 적절한 대상이 될 수 없다고 판단되어 일단 분석대상에서 제외시키고, 어린 시기부터 이 마을에서 성장한 남성과 결혼한 기혼여성들만을 대상으로 결혼 전 거주지를 조사하였다. 분석 대상이 된 46명의 기혼여성들의 결혼 전 거주지는 다음 〈표 9-4〉와 같다.

〈표 9-4〉에 의하면 염장마을의 통혼권은 인접한 차유마을이나 시나리 마을과 근본적으로 다른 모습을 보여주고 있다.

우선 눈에 뜨이는 것이 촌락내혼이 거의 나타나지 않는다는 점이다. 후포지역이나 이 마을과 가까운 차유, 경정1리 뱃불, 시나리(동포) 등의 어촌마을에서 10~20%에 이르는 촌락내혼이 이 마을에서는 단 1사례밖에 발견되지 않고 있다. 내륙의 농촌마을에서 볼 수 있는 촌락내혼 기피 의식이 이 마을에서도 강하게 자리 잡고 있는 것이 아닌가 한다.

통혼하는 마을을 농촌마을, 어촌마을, 도시지역으로 나누어 살펴보더라도 차유나 시나리와 현저하게 다른 모습을 보여주고 있다. 차유마을에서는 어촌과의 통혼이 8할을 넘고, 시나리에서는 95%에 이르고 있어서 농촌마을이나 도시지역과의 통혼이 극히 적은 수에 지나지 않는데 염장 마을에서는 역으로 농촌지역과의 통혼이 거의 3/4에 이르고(73.9%) 어촌마을이나 도시지역과의 통혼은 1/4 정도에 그치고 있다.

농촌지역에서 혼입한 여성들의 출신지를 좀 더 구체적으로 살펴보면 본동 출신 1명을 포함한 같은 축산면 출신자(6명)와 창수면(6명), 영해면(4명), 병곡면(2명) 등 원영해지역에 속하는 마을 출신자가 다수(18명)를 점하고, 원영덕 출신은 5명(영덕읍 3명, 강구면 1명, 지품면 1명)에 지나지 않는다. 이 중 창수면과 지품면은 내륙에 위치한 농촌지역이며, 영덕읍과 강구, 축산, 영해, 병곡은 바다에 연해 있지만 혼입자들의 출신지는 7번 국도 서편의 내륙 쪽에 주로 분포되어 있다.

　영덕군을 벗어난 지역으로서는 영양군에서 혼입한 자가 4명이나 되는 점이 특이하다. 아마도 연줄혼인의 결과가 아닌가 한다. 영양군 이외에는 비록 1명씩뿐이긴 하지만 울진, 청송, 봉화, 영천, 군위, 고령 등 경북 도내의 여러 군에 두루 걸쳐 있는 점도 차유마을이나 시나리와 대조되는 모습이다.

　염장마을이 해안으로부터 불과 1.7km밖에 떨어져 있지 않지만 어촌 마을과 통혼한 사례는 11건(22.4%)에 불과하다. 비교적 거리가 먼 남정 면의 어촌마을에서 혼입한 자가 2명이 있지만 대부분은 8.5km 떨어진 대진리(3명)와 같은 행정리에 속하는 축산항(3명)에서 혼입한 자들이며, 바로 이웃한 차유마을에서 혼입한 자는 단 1명뿐이었다.

　농업을 주로 하는 염장마을의 통혼권이 같은 지역 내의 비교적 가까운 거리에 있는 어촌마을(차유, 시나리)과 이처럼 현격한 대조를 보이는 것은 어촌마을과 농촌마을 사이의 문화적 간격을 보여주는 것이라 하지 않을 수 없다. 이러한 문화적 차이는 통혼권에서만 나타나는 것이 아니라 조상제사의 관행에서도 뚜렷한 대조를 보이고 있었다. 즉 어촌마을인 차유에서는 조상제사를 형제가 나누어 모시는 제사분할의 관행이 매우 자연스럽게 수용되고 있는데 비해 농촌마을인 염장에서는 제사분할이 거의 발견되지 않았던 것이다. 제사관행의 이러한 차이는 1km 정도의 거리를 두고 있는 영덕읍 오보리(어촌)와 매정리(농촌) 사이에서도 확인할 수 있었다(이 책 제8장).

　도시지역에서 혼입한 경우는 3명(포항시 2명, 대구시 1명)에 지나지 않지만 인구이동과 생활권의 확대가 반영된 변화의 양상으로 볼 수 있을 것 같다. 도시지역에 거주하고 있는 친지의 중매로 결혼한 것이 아닌가 한다. 대구에서 혼입한 경우는 대구에 거주하는 친구가 중매하여 이 마을로 시집을 온 것으로 확인되었으며 포항에서 혼입한 경우도 비슷한 경우가 아닐까 한다. 이 점은 차유마을의 경우와 크게 다르지 않은 것으로 보인다.

VI. 결 론

이상에서 저자는 동해안에 위치한 차유마을과 시나리마을의 사례를 중심으로 어촌마을의 지역적 통혼권을 살펴보았다. 이 마을에서 성장한 남성과 결혼한 혼입자들의 출신지를 통해서 어촌마을 주민들은 마을 내에서 혼인하는 비율이 비교적 높고, 주로 어촌마을 사람들끼리 혼인한다는 사실을 경험적으로 확인할 수 있었다. 어촌인 차유와 시나리에서는 촌락내혼이 10% 전후를 보이고 있고 어촌끼리의 혼인이 80~90%를 웃돌고 있는데 농촌마을인 염장에서는 촌락내혼자가 단 1명뿐이었으며 3/4이 농촌마을과 통혼하고 있었다.

인접하고 있으면서도 어촌마을과 농촌마을의 지역적 통혼권에 이처럼 현격한 대조를 보이는 것은 어디에서 연유하는 것일까? 서론에서 언급한 바와 같이 통혼권은 혈연적인 요소, 신분적 배경, 경제적 여건, 사회관계망 등 여러 요인에 의해서 영향을 받는 복합현상이다. 그렇다면 어촌마을에서 나타나는 지역적 통혼권의 특징은 주로 어떤 요소에 의해서 형성된 것일까? 어촌마을에서 어촌마을끼리 혼인하는 것을 선호하기 때문일까, 아니면 농촌마을에서 어촌마을과 혼인하는 것을 기피하기 때문일까? 이러한 의문에 해답을 찾는 것은 어촌마을의 통혼권, 더 나아가서는 한국사회의 통혼권의 기본성격을 규명하는데 대단히 중요한 과제라고 생각한다.

어촌마을의 주민들은 농촌출신의 배우자(아내)들이 어업활동에 적응하지 못하여 생업활동에 많은 장애가 되기 때문에 농촌지역과 통혼하지 않는다고 말한다. 어업활동에 경험이 축적된 어촌마을 출신자와 혼인하는 것이 결혼생활의 적용과 생산 활동에 도움이 된다는 것이다. 문화적 동질성과 경제적 합리성을 강조하는 생태학적 적응논리라 할 수 있다. 그러나 농촌마을과 통혼하는 것을 기피하거나 강하게 거부하는 태도는 보이지 않는다.

그러나 농촌주민들은 이러한 합리적 이유를 앞세우기보다는 비록 지리적으로 인접해서 생활하고 있지만 '바닷가 사람'이라는 사실 자체에 강한 거부감을 보이고 있었다. 인근 농촌마을에서 만난 한 노인은 '저희들끼리 마음 맞아서 짝 맞추는 것이야 시대가 시대이니 만큼 말릴 장사가 없지만 중매하는 경우에는 황금을 짊어지고 온다고 하여도 어림없는 일'이라고 어촌마을과의 통혼에 강한 거부감을 표시하였다.

두 마을 주민들의 이러한 상반된 태도는 통혼권이 단순히 합리성이나 생태학적 적응논리로 설명될 수 없는 문제임을 암시하고 있다. 그 속에는 어촌마을, 어촌주민, 어업에 대한 신분적 차별의식이 강하게 자리 잡고 있는 것으로 보인다. 특히 인접한 마을 사이에서 현격한 대조를 보이고 있는 것은 어촌마을의 통혼권을 합리적 적응을 위한 생존 메카니즘으로 설명하기에 한계가 있음을 보여주는 것이라 할 수 있다. 어촌마을 주민들의 주체적 선택에 의해서가 아니라 농촌마을 주민들의 기피의 결과로서 어촌마을의 통혼권이 해안을 따라 어촌마을에 한정되고 있다는 점에서 어촌끼리의 통혼은 합리적 적응을 위한 생존전략이 아니라 신분내혼제의 한 양상으로 해석해야 하지 않을까 한다.

참고문헌

고황경·이만갑·이해영·이효재, 1963, 『한국농촌가족의 연구』, 서울대학교출판부.

김태영, 1973, 농촌가족의 혼인관행, 『여성문제연구』 3, 효성여대 여성문제연구소.

김택규, 1964, 『동족부락의 생활구조연구』, 청구대출판부.

박성용, 1995, 통혼권의 공간동학적 의미, 『한국문화인류학』 28.

쓰에나리 미치오(末成道男), 1982, 東浦の村と祭, 『聖心女子大學論叢』(日本) 59.

양회수, 1967, 『한국농촌의 사회구조』, 고려대아세아문제연구소.

여중철, 1975, 동족부락의 통혼권에 관한 연구, 『인류학논집』 1.

＿＿＿, 1978, 한국농촌의 지역적 통혼권, 『신라가야문화』 9·10합집.

오쿠마 요코(奧間葉子), 1996, 韓國漁村における 「村落統合」 の 社會人類學的 硏究, 日本東洋大學博士學位論文.

이만갑, 1960, 『한국농촌의 사회구조』, 한국연구도서관.

이성해, 1978, 도시근교농촌의 혼인에 관한 연구, 『사회문화논총』 창간호.

이창기, 1973, 한국농촌의 혼인권에 관한 연구, 『사회학논집』 4, 고려대 사회학과.

＿＿＿, 1999, 『제주도의 인구와 가족』, 영남대학교출판부.

＿＿＿, 2008, 지역적 통혼권 연구의 비판적 검토 －행적구역별 분석의 문제점－, 『민족문화논총』 40, 영남대민족문화연구소.

이한방, 1987, 농촌지역 통혼권의 구조와 변화과정, 『지리학논총』 14.

이해영·한상복, 1973, 백령도의 사회학 및 인류학적 조사보고, 『문리대학보』 28.

이화숙, 1986, 한국농촌통혼권의 요인별 지역성, 경북대대학원 석사학위논문

인동환, 1987, 동족부락의 형성과정과 통혼권에 관한 지리학적 연구, 청주대대학원 석사학위논문.

정승모, 1983, 통혼권과 지역사회체계 연구, 『한국문화인류학』 15.

조강희, 1984, 영남지방의 혼반연구, 『민족문화논총』 6. 영남대민족문화연구소.

최재율, 1969, 어촌의 사회구조와 어민의 생활태도에 관한 연구, 『전남대논문집』 15.

＿＿＿, 1975, 농촌 통혼권의 성격과 변화, 『호남문화연구』 7.

한경혜·이정화, 1993, 농촌지역의 통혼권 변화에 관한 연구, 『농촌사회』 3, 한국농촌사회학회.

한남제, 1986, 한국도시주민의 통혼권에 관한 연구, 『사회구조와 사회사상』(황성모교수 회갑기념논총), 심설당, pp.729~758.

한상복, 1977, 『*Korean Fisherman*』, 서울대출판부.
_____, 1983, 후포인근 농산어촌의 통혼권과 초혼연령, 『한국문화인류학』 15.
한상복·전경수, 1992, 『한국의 낙도민속지』, 집문당.

제10장

어촌·농촌·반촌의 통혼권 비교

I. 서 론

1. 통혼의 사회적 의미

혼인은 한 남성과 한 여성이 배타적이고도 영속적으로 결합하는 사회적 관계의 형성과정이다. 그러나 혼인은 당사자의 개인적 결합으로 그치는 것이 아니라 가족과 가족, 가문과 가문이 상호 인척관계로 긴밀하게 연결되어 보다 넓은 범위의 친족관계를 형성한다. 전통적인 한국 농촌사회에서 혼인은 자족적인 마을공동체에서 대부분의 생활을 영위하던 농촌 주민들이 마을을 넘어서서 사회관계를 확대시켜 나가는 중요한 계기가 되는 것이다(이창기 2008).

통혼의 범위는 친인척 관계, 문중간의 교류, 선비들의 학문적 교유, 시장출입, 관공서 출입, 근대 이후의 학교교육 등 기존에 형성된 사회관계망에 의해서 영향을 받는다. 그러므로 통혼권은 농촌 주민들의 사회관계망을 살펴볼 수 있는 중요한 지표가 될 수 있다.

신분이 중시되는 사회에서는 혼인이 신분적 정체성을 확립하고 유지하는 중요한 수단이 된다. 자신과 비슷하거나 자신들보다 사회적 평가가 높은 집안과 통혼함으로써 자신들의 신분적 지위를 유지하거나 향상시키고자 노력하며, 신분적 지위를 격하시킬 수 있는 낮은 신분과의 통혼은 기피하게 된다. 명문 양반가에서 먼 거리를 마다하지 않고 자신들과 어울리는 혼반을 찾아 혼인을 하고자 하는 것은 이러한 신분적 요소가 작용한 결과이다.

동성동본간의 혼인을 철저하게 금지해 온 한국 사회에서는 마을의 종족구성도 통혼에 영향을 미치는 중요한 요소가 된다. 한 성씨가 집단으로 거주하는 종족마을에서는 마을 내에서 배우자를 선택할 수가 없게 된다. 부계혈연집단이 조직화되고 종족마을이 발달하게 된 조선 중기 이후 촌락내혼을 기피하게 된 것은 여기에서 연유한다.

또한 통혼의 지역적 범위는 거주하고 있는 지역의 지리적 여건과 주민들의 사회관계망에 의해서도 영향을 받게 된다. 교통이 불편한 산촌 주민들의 통혼범위는 비교적 좁게 나타나고 있는 반면에 교통이 편리한 평야촌 주민들은 비교적 넓은 범위에서 배우자를 구할 수 있다. 학문적 교류나 유림 활동을 통해서 폭넓은 사회관계망을 형성할 수 있었던 양반 사대부 계층에서는 원거리 혼인도 가능하지만 유림의 활동이 차단되었던 일반 서민들의 경우에는 지리적으로 구획된 일정 범위의 생활권 내에서 배우자를 맞이할 수밖에 없었던 것이다.

이처럼 혼인은 신분, 마을의 종족구성, 주민들의 사회관계망, 지리적 여건 등에 의해서 크게 영향을 받는 매우 사회적인 특성을 지니고 있다. 이러한 여러 요인들이 배우자 선택과정에 작용하여 가족이나 친족집단의 사회적 위상이나 마을의 특성에 따라 통혼의 범위가 다르게 나타날 수가 있다.

이 연구는 영해지역을 중심으로 마을의 특성에 따라 통혼의 범위에 어떠한 차이가 있는지 살펴보고, 어촌과 일반농촌 그리고 저명반촌의 통혼권을 비교해 보고자 하는 의도에서 착수되었다.

2. 기존 연구에 대한 비판적 검토

지금까지 한국 농촌 사회의 통혼권에 대해서는 1960년 이후 사회학 인류학 지리학 등의 영역에서 많은 연구가 진행되어 왔다.

주로 통혼의 지역적 범위에 관심을 집중하고 있는 이들 연구들을 종합해 보면 마을의 특성에 따라 통혼의 공간적 범위가 서로 다른 모습을

보여주고 있다(이창기 2008). 대체로 고립된 도서지역이나 산촌은 통혼
의 지역적 범위가 좁고 촌락내혼의 비율이 높으며(이해영·한상복 1973;
한상복 1977; 한상복·전경수 1992; 여중철 1978; 이창기 1999: 307-309),
연안 어촌에서는 촌락내혼의 비율이 높은 특성과 더불어 주로 어촌끼리
통혼하는 특성을 보여주고 있다(최재율 1969; 여중철 1978; 쓰에나리
1982; 한상복 1983; 오쿠마 1996; 이창기 2001). 반면에 저명한 양반 종족
의 경우에는 거리가 멀더라도 비슷한 신분의 혼반을 찾아 통혼함으로써
원혼(遠婚)하는 경향이 있음을 보고하고 있다(김택규 1964; 여중철 1975;
조강희 1984 1996). 이러한 경향은 마을의 특성이 통혼의 공간적 범위에
크게 영향을 미치고 있음을 보여주는 것이라 할 수 있다.

그런데 기존의 연구들이 한국 농촌 사회의 통혼권에 대한 대체적인
윤곽을 파악할 수 있는 매우 값진 자료들임에도 불구하고 몇 가지 점에
서 아쉬움을 금할 수 없다.[1]

첫째는 한 마을을 대상으로 조사한 경우에는 그 자료를 바탕으로 통
혼의 일반적 경향을 도출하는데 어려움이 있고, 입지조건이 상이한 다른
마을의 자료와 비교하는데 한계가 있다는 점을 지적하지 않을 수 없다.
통혼의 범위는 마을의 종족구성(종족마을과 각성마을), 마을의 신분적
배경(반촌과 민촌), 생업조건(농촌과 어촌), 지리적 위치 등 마을의 특수
성이 강하게 반영되고 있기 때문이다.

둘째는 여러 마을을 대상으로 한 연구에서도 연구 대상이 된 마을들
이 지리적으로 멀리 떨어져 있거나 생활권을 달리하고 있어서 역시 상호
비교하기에 한계가 있었다. 조사 결과로 나타난 통혼 범위의 차이가 지
역사회의 문화적 차이에서 연유된 것인지, 지리적 입지나 생업조건의 차

---

1) 통혼의 공간범위에 대한 연구방법의 문제점에 대해서는 다음 논문에서 자세하게
논의한 바가 있다. 이창기, 지역적 통혼권 연구의 비판적 검토, 『민족문화논총』
40, 영남대민족문화연구소, 2008.

이에서 연유된 것인지, 종족구성이나 신분적 위상의 차이에서 연유된 것인지를 분별하기 어려운 경우가 많은 것이다.

셋째는 통혼의 공간적 범주를 〈면〉, 〈군〉, 〈도〉 등의 행정구역을 단위로 분석함으로써 생활권으로서의 통혼권을 분석하는 연구의 본래 의미를 크게 제약하는 경우가 적지 않았다. 특히 군과 도는 생활권이라는 측면에서는 하나의 동일한 단위로 보기 어려운 점이 있는 것이다. 같은 군이라 하더라도 자세히 관찰해 보면 그 내부에 몇 개의 의미 있는 생활권으로 구획되고 있으며, 같은 도의 멀리 떨어져 있는 군보다는 다른 도의 인접한 군이 일상생활에서는 관계가 훨씬 밀접할 수 있기 때문이다.

이러한 점들은 애써 조사한 자료의 학술적 가치를 저하시키고 경우에 따라서는 통혼권의 실상을 잘 못 드러낼 위험이 있을 뿐만 아니라 다른 자료와 비교분석하는데 장애가 될 수 있기 때문에 연구를 설계하는 과정에서 신중하게 검토해야 할 부분이다.

II. 연구대상과 연구방법

1. 조사대상 마을의 특성

이 연구는 특성을 달리하는 여러 마을들 사이에 통혼의 범위에 어떠한 차이가 있는지 살펴보고자 하는 비교연구로서 기존의 연구에서 나타난 몇 가지 문제점을 최소화하고 비교의 기준을 통일하기 위하여 하나의 생활권으로 간주할 수 있는 경상북도 동해안에 위치한 영해지역 내의 10개 마을을 대상으로 하였다.

영해지역은 경상북도 영덕군의 일부를 이루고 있는 영해면, 축산면, 창수면, 병곡면 일원을 일컫는다. 영덕군은 경상북도의 동쪽에 위치하여 동해안에 연해있는 지역으로서, 남쪽으로 포항시, 북쪽으로 울진군, 서북쪽으로 영양군, 서남쪽으로 청송군과 접해있으며, 안동군과도 역사문화적으로 긴밀한 관계를 가지고 있다.

영덕군은 1읍 8면으로 구성되어 행정적으로 하나의 자치단위를 이루고 있으나 주민들의 생활은 영덕읍을 중심으로 강구면, 남정면, 달산면, 지품면이 하나의 생활권을 이루고(주민들은 이 범위를 元盈德이라 부른다), 영해면을 중심으로 축산면, 창수면, 병곡면이 또 하나의 생활권을 이루어(주민들은 이 범위를 元寧海라 부른다) 두 개의 권역으로 나누어져 있으며, 사회문화적으로도 상당한 차이를 보이고 있다.

특히 영해지역은 조선 중기 이후에는 퇴계의 학통을 이어받은 많은 유학자들이 학문에 진력하여 다수의 과거급제자를 배출함으로써 문향으로서의 명성을 얻게 되었다. 이러한 인적자원은 영해평야의 풍부한 물산을 바탕으로 인근 여러 곳에 집성촌을 이루어 동해안 지역에서는 보기 드물게 유수한 반촌을 형성 발전시켰다. 이로부터 영해지방을 소안동(小安東)이라 부르게 되었다. 이러한 역사적 과정이 영덕과 영해를 각기 정체성을 지닌 독자적 생활영역으로 의식하게 한 것으로 보인다. 오늘날도 영해지역 주민들은 이 고장을 〈원영덕〉과 구별하여 〈원영해〉라 부르고 있으며, 예향(禮鄕), 문향, 양반고을로서의 긍지를 지니고 있다. 군청, 경찰서, 법원지원, 농협 등의 관공서가 영덕읍에 소재하고 있음에도 불구하고 행정업무 이외에는 영덕읍에 크게 의존하지 아니하고 영해면 소재지인 성내리를 중심으로 독자적인 생활권을 이루어 사회경제적인 일상생활을 영위하고 있다.[2]

조사대상 마을은 우선 생업조건이 매우 상이한 농촌과 어촌으로 나누고, 농촌은 신분적 배경에 따라 다시 일반농촌과 저명반촌으로 나누었다.

---

2) 영해지역의 역사문화적 배경에 대해서는 이 책 제1장 참조.

이 연구의 조사대상으로 선정된 마을과 조사대상자수는 다음 〈표 10-1)과 같다. 자료는 2007년 7월 1일을 기준으로 작성하였으나 차유마을과 염장마을의 자료는 2001년 8월 1일을 기준으로 조사한 기존 자료를 활용하였다.

〈표 10-1〉 조사대상 마을과 조사대상자 수

마을구분		대상지역	가구수	조사 대상자	비고
어 촌		축산면 경정2리(차유)	79	66	기존자료 활용
		영해면 사진2리(시나리)	88	64	
농촌	일반농촌	축산면 축산2리(염장)	76	46	기존자료 활용
		병곡면 각1리(각실)	58	52	
		창수면 미곡1리(너우내)	22	17	
		창수면 미곡1리(양지마을)	30	22	
		창수면 미곡2리(음지마을)	37	35	
	저명반촌	영해면 괴시1리(호지말)	126	37	
		영해면 원구1리(원구)	106	82	
		창수면 인량2리(웃나라골)	70	58	
계			692	479	

어촌으로서 조사대상이 된 마을은 축산면 경정2리 차유마을과 영해면 사진2리 시나리마을이다.

축산면 경정2리 차유마을은 축산항에서 남쪽으로 약 2.5km 지점에 위치한 전형적인 어촌마을이다. 영덕대게의 원조마을로 잘 알려진 마을로서 저자가 '동해안 어촌마을의 지역적 통혼권'(이창기: 2001) 연구를 위해 조사한 적이 있는 마을이다. 이때 수집한 자료를 수정 보완하여 비교의 자료로서 활용하였다.

영해면 사진2리 시나리 마을은 축산항에서 북쪽으로 약 3km, 대진해수욕장에서 남쪽으로 약 5km 떨어진 위치에 자리 잡고 있는 어촌이다. 가파른 경사지에 형성된 마을이라 농경지가 거의 없어서 전적으로 어업에만 의존했던 마을이다. 1980년대에 새마을운동을 통해서 열악한 환경을 극복한 마을로서 잘 알려져 있다.[3]

일반농촌으로 분류된 마을은 축산면 축산2리 염장마을과 병곡면 각1리 각실마을, 창수면 미곡1리 너우내와 양지마을, 미곡2리 음지마을 등 5개 마을이다.

축산면 축산2리 염장마을은 차유마을의 뒷산을 넘어 축산면 소재지로 향하는 길가에 위치하고 있다. 차유에서 약 1.7km 정도 밖에 떨어지지 않았지만 어업에 종사하는 주민은 없고 농업에 의존하고 있는 마을이다. 이 마을은 '동해안 어촌마을의 지역적 통혼권' 연구에서 차유마을과 비교하기 위해서 저자가 자료를 수집한 바가 있다. 이때 수집한 자료를 수정하여 이 연구에 비교의 자료로서 활용하였다.

병곡면 각1리 각실마을은 영해면 소재지에서 울진방향으로 약 3km 진행하다가 7번국도의 좌측으로 약 1km 들어간 위치에 자리잡고 있는 마을이다. 마을 앞에 영해평야의 넓은 들판이 펼쳐진 전형적인 농촌마을이다.

창수면 미곡1리의 너우내는 창수면 소재지에서 장육사 방면으로 가다가 고개 너머 약 2km 지점의 길가에 위치한 마을이다. 숲안, 중간마을, 두들이라 부르는 세 개의 취락으로 구성되어 있는데 지리적으로 근접해 있을 뿐만 아니라 동제를 함께 지내 등 사회적으로는 하나의 자연촌락으로 간주할 수 있다. 삼계계곡과 장육사에서 흘러내리는 서천(송천강 중류) 주변의 농경지를 경작하는 농촌마을이다.

창수면 미곡1리의 양지마을은 서천 건너편의 산록에 위치한 마을이다. 돌밭과 양지마을의 두 개 취락으로 구성되어 있으나 동제와 지신밟기 등을 함께 하는 하나의 자연촌락을 이루고 있다.

---

3) 시나리의 어촌새마을운동에 대해서는 이 책 제11장 참조.

창수면 미곡2리 음지마을은 너우내에서 계곡을 따라 약 2km 더 들어
가서 서천 강변에 자리잡고 있는 마을이다. 김녕김씨와 평산신씨가 세거
하던 마을이었으나 평산신씨가 많이 이촌하여 지금은 김녕김씨가 다수
를 차지하고 있다. 이 마을은 외지인의 이주를 차단하여 전입인구가 거
의 없는 특징을 보여주고 있다.

저명반촌으로 분류한 세 마을은 영해지역에서 잘 알려진 대표적인 반
촌들이다. 영해면 괴시1리 호지말은 영해 면소재지에 인접한 마을로서
목은 이색(牧隱 李穡)의 출생지로 유명하지만 17세기 중엽 이후 영양남
씨가 집성촌을 이루어 세거한 마을이다. 30여 동의 전통 가옥이 잘 보존
되어 있어서 민속마을로 널리 알려져 있다. 면소재지에 인접하여 외지인
의 이주가 매우 많은 특징을 보여주고 있다. 총 126가구 중 이 마을에서
계속 거주한 가구는 영양남씨 38가구와 타성 20여 가구로 전체의 절반에
도 미치지 못한다.

원구1리 원구마을은 영해면 면소재지에서 918번 지방도를 따라 영양
방면으로 가다가 약2km 지점에 위치한 마을이다. 영양남씨, 대흥백씨,
무안박씨가 약 500년간 나란히 세거해 온 이 지역의 대표적인 반촌이다.
영양남씨와 무안박씨의 종택이 잘 보존되어 있고, 특히 영양남씨의 중심
조상인 난고 남경훈(蘭皐 南慶薰)은 불천위로 봉해졌다.

창수면 인량2리 웃나라골은 영해지역의 주요 성씨들이 이 마을을 거
쳐서 영해지역에 정착하게 된 것으로 유명한 마을이다. 12성씨가 이 마
을을 거쳐 갔고, 8종가가 터를 잡았다고 회자되고 있다. 현재는 함양박
씨, 재령이씨, 평산신씨, 안동권씨가 각기 10가구 이상씩 거주하고 있으
며 마을에 종택이 보존되어 있다. 특히 재령이씨는 운악 이함(雲嶽 李
涵), 석계 이시명(石溪 李時明), 존재 이휘일(存齋 李徽逸), 갈암 이현일
(葛菴 李玄逸) 등 3대 4명이 불천위로 봉해져 지역사회에서 명성이 높으
며, 종택 충효당(忠孝堂)은 국가지정 중요민속자료 제168호로 지정되어

있다.

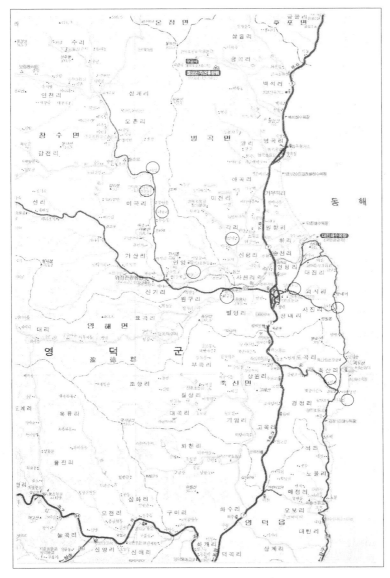

〈영해지역 지도〉 : ○는 조사대상마을

2. 가구표 작성과 조사대상자 선정

조사대상이 되는 10개 마을 중에서 이미 자료가 확보되어 있는 차유마을과 염장마을에 대해서는 2001년 8월 1일 기준으로 작성한 기존의 자료를 수정해서 활용하고[4] 나머지 8개 마을에 대해서는 2007년 3월부터 11월까지 집중적인 조사를 실시하였다. 우선 면사무소의 주민등록부를 기초로 각 마을의 가구별 조사표를 작성하였다. 그러나 주민등록부에는 위장 전입자가 다수 포함되어 있고, 위장전출자는 누락되어 있어서 그대로 분석 자료로 활용할 수 없었다. 그래서 이장이나 마을 사정을 잘 알고 있는 인사들의 도움을 받아 자료를 일일이 확인하여 수정하는 과정을 거쳤다. 이러한 과정을 거쳐서 혼인에 대한 본조사에 착수하였다.

본조사는 각 마을에 시집온 기혼여성을 대상으로 진행하였다. 통혼권은 혼입권(婚入圈)과 혼출권(婚出圈)으로 나누어 살펴볼 수 있으나 이 연구에서는 주로 혼입한 여성을 중심으로 분석하였다. 혼입과 출가(出嫁)를 함께 조사한 여러 조사보고에 의하면 며느리나 아내를 맞아들이는 범위(혼입권)보다 딸을 출가시키는 지역적 범위(혼출권)가 다소 넓게 나타나는 경향을 보여주고 있으나(김택규 1964; 최재율 1969; 이해영·한상복 1973; 여중철 1975 1978; 한상복 1983) 연구 결과에 영향을 줄만큼 큰 차이는 아닌 것으로 보인다. 또한 출가자를 대상으로 하는 조사는 대상자의 범주 즉 모집단을 설정하기가 어렵고, 가족이나 연고자가 마을에 거주하지 않는 경우에는 조사에서 누락되거나 출가지를 분명하게 파악할 수 없는 경우가 많기 때문에 조사에 적지 않는 어려움이 따른다. 이런

---

4) 두 마을의 기존 자료(이창기 2001)에는 이 마을 출신으로서 학업이나 직장생활을 위해 외지에 나갔다가 결혼 후 마을로 돌아온 일부가 포함되어 있었는데 이 연구에서는 마을에 거주하면서 혼인한 자만을 대상으로 하였기 때문에 기준을 통일하기 위하여 이들을 모두 제외시켰다. 이로 인해서 기존 논문의 통계자료도 수정되었다.

점들 때문에 많은 조사에서는 일반적으로 혼입권을 중심으로 통혼권을 분석하고 있다(이창기 2001, 이 책 제9장).

각 마을에 혼입한 기혼여성에 대한 조사는 혼입자의 혼인 전 출신지(친정 마을), 혼입자의 성씨와 관향, 연령, 그리고 남편의 성씨와 관향 등을 모두 확인하였다.

마을의 통혼권을 분석하기 위해서는 마을에 계속 거주하고 있는 주민들을 대상으로 하여야 할 것이다. 외지에서 살다가 결혼하여 마을로 입주한 이주민들은 마을의 혼인권을 분석하는데 착란 요인으로 작용할 수 있기 때문이다. 그래서 이 연구에서는 결혼 후 전입한 자들을 분석대상에서 모두 제외하였다. 마을에서 태어났으나 직장, 학업 등의 사유로 마을을 떠나 생활하다가 외지에서 혼인한 후 다시 마을로 돌아온 자들도 제외하였다. 이러한 작업을 위해서는 주민들의 생애사에 대한 확인이 필요하였고, 마을 주민들의 사정을 잘 알고 있는 인포먼트들의 협조를 얻어 이를 확인하는데 많은 시간과 에너지가 소요되었다. 마을에 따라서는 전입인구가 매우 많은 경우도 있었다. 영해면 면소재지에 인접한 괴시1리 호지말이 대표적인 예이다. 호지말에서는 마을에 거주하고 있는 전체 가구의 절반 이상이 전입가구들이었다.

전입자를 제외하고 마을의 원주민들만을 대상으로 한 것은 그 마을 본래의 통혼양상을 파악하고자 하는 의지가 반영된 것이지만 혼인 이후 마을을 떠난 다수의 출향민들이 제외되는 문제점이 있다. 출향민들까지 다 포함해서 조사해야만 마을의 통혼권을 정확하게 재구성하게 되겠지만 출향민들까지 모두 조사하는 것은 많은 농촌 인구가 대거 마을을 떠난 현재로서는 현실적으로 불가능한 일이었다. 이 점이 이 연구의 커다란 한계점이라 하지 않을 수 없다. 그럼에도 불구하고 동해안의 대표적인 예향으로 일컬어지고 있는 영해지방의 통혼양상을 그 잔영이나마 더듬어보기 위해 부득이 남아있는 자들을 중심으로 이 연구를 진행하였다.

장기간에 걸쳐서 조사를 진행하였음에도 끝내 혼입처가 확인되지 않은 4명과 해외에서 시집 온 3명(일본 2명, 중국 1명)은 분석 자료에서 제외되었다.

이러한 과정을 거쳐서 통혼권 분석에 유용한 자료로 선정된 분석 대상자는 10개 마을에 총479명이었다.

농촌인구의 고령화가 심화되고 있는 상황에서 원주민들을 대상으로 조사를 하였기 때문에 조사대상자들의 연령층도 50대 이상의 노년층 비중이 매우 크다. 2007년 7월 1일을 기준으로 50대 이상이면 대체로 1980년대 초반 이전에 결혼한 연령층에 해당된다. 다만 기존의 자료를 활용한 차유와 염장의 자료는 2001년 8월 1일을 기준으로 조사되어 2007년 7월 1일을 기준으로 작성된 여타 마을들과는 약 6년의 시차가 있음을 감안해야 한다. 조사 대상자의 연령분포를 보면 다음 〈표 10-2〉와 같다.

〈표 10-2〉 대상자의 연령분포

	대상마을	30대 이하	40대	50대	60대	70대	80대 이상	계
어 촌	축산면 경정2리(차유)	12	14	18	12	6	4	66
	영해면 사진2리(시나리)	1	4	17	21	18	3	64
일 반 농 촌	축산면 축산2리(염장)	9	2	13	12	5	5	46
	병곡면 각1리(각실)	1	10	8	14	11	8	52
	창수면 미곡1리(너우내)	·	·	·	4	11	2	17
	창수면 미곡1리(양지마을)	·	·	2	9	6	5	22
	창수면 미곡2리(음지마을)	·	·	4	16	12	3	35
저 명 반 촌	영해면 괴시1리(호지말)	·	3	4	12	11	7	37
	영해면 원구1리(원구)	6	8	11	29	15	13	82
	창수면 인량2리(웃나라골)	·	3	9	21	15	10	58
계		29 (6.1)	44 (9.2)	86 (18.0)	150 (31.3)	110 (23.0)	60 (12.5)	479 (100.1)

3. 통혼권의 범주구분

지역적 통혼권을 분석하기 위해서는 통혼하는 지역적 범위를 몇 개의 범주로 나눌 필요가 있다. 1963년 고황경 외 3인의 연구보고서가 발표된 이후 종래의 연구에서는 통상 〈같은 마을〉〈면내 다른 마을〉〈군내 다른 면〉〈도내 다른 군〉〈다른 도〉 등으로 나누어서 분석하였다. 인위적 으로 구획된 행정구역을 단위로 하는 이러한 분석은 통혼의 '의미있는 사회적 범위'를 밝히는데 별로 도움이 되지 않는다(이창기 2008). 통혼권 의 연구가 '의미있는 사회관계망'을 추적하는 작업이라면 통혼의 범위를 구분하는 기준에도 중요한 사회적 의미가 담겨있어야 한다. 그래서 이 연구에서는 조사대상자의 친정 지역을 구체적으로 확인하여 의미 있는 통혼의 지역적 범위를 재구성해 보고자 하였다.

저자가 이미 다른 논문에서 지적한 바와 같이(이창기 2008) 군(郡)은 하나의 생활권으로 보기 어려운 점이 있다. 행정적으로는 〈같은 군〉으로 구획되고 있지만 실제 주민들의 생활면에서는 '우리 지역'이라는 귀속의 식을 가지고 일상생활 과정에서 중요한 의미를 부여하며 긴밀하게 상호 작용을 교환하는 몇 개의 권역으로 나누어져 있는 모습을 여러 곳에서 찾아볼 수 있는 것이다. 영덕군에서도 역사적으로 동일한 행정구역(寧海 府)에 속해 있었고, 오일장(영해장)을 공동으로 이용하며, 지역 주민들이 일체감을 지니고 있는 영해지역(元寧海 – 현재의 영해면, 축산면, 창수 면, 병곡면)과 과거 영덕현의 관할지역이면서 영덕장을 주로 이용하는 영덕지역(元盈德 – 현재의 영덕읍, 강구면, 남정면, 달산면, 지품면)으로 양분되어 있다. 그래서 저자는 영덕군을 하나의 권역으로 보지 않고 원 영해와 원영덕을 구분해서 통혼권을 관찰하고자 하였다.

또한 〈같은 도〉도 혼인의 공간적 범위를 관찰하는 데는 하나의 범주 로 간주하기에는 무리가 있다. 혼인을 가문과 가문의 결합으로 인식하고

혼인을 통해서 가문의 신분적 정체성을 유지 발전시키려고 하는 전통사
회에서는 상대방에 대한 정보를 충분히 파악할 수 있는 범위에서 혼인이
이루어지기 때문에 통혼의 공간적 범위가 무한정 넓어질 수 없는 것이
다. 그런 점에서 도(道)는 통혼의 범위를 관찰하는 단위로서는 그 범위가
너무 넓다고 하지 않을 수 없다. 실제의 많은 조사 자료에서 〈도내 혼(道
內婚)〉은 대개 인접한 시군과 혼인한 경우가 대부분이었다. 군의 위치
가 도의 주변에 위치하여 다른 도와 경계를 접하고 있는 경우에는 지리
적으로 가까운 인근 시군과 혼인하였음에도 〈다른 도〉로 집계되어 원혼
으로 해석되는 예도 흔히 발견되고 있다.

이러한 점들을 고려하여 이 연구에서는 통혼권의 지역적 범주를 〈원
영해〉 〈원영덕〉 〈인근 시군〉 〈기타〉로 구분하고, 〈원영해〉를 다시 〈본
동〉 〈면내〉 〈타면〉으로 세분하였다. 〈원영해〉 〈원영덕〉은 기존 연구의
〈같은 군〉에 해당되며, 〈인근 시군〉은 영해지역과 지리적으로 가까우면
서 통혼이 빈번한 포항시, 청송군, 영양군, 안동군, 울진군을 포함시켰다.
〈기타〉는 〈인근 시군〉을 제외한 여타 지역을 하나로 묶은 것이다.

Ⅲ. 영해지역의 통혼권 개관
-원영해지역에 집중된 혼인-

영해지역의 10개 마을에 혼입한 479명의 혼인 전 거주지(친정)를 정리
해 보면 다음 〈표 10-3〉과 같다.

〈표 10-3〉을 보면 영해지역 주민들은 전체적으로 7.9%가 마을 안에서
혼인하고, 17.5%는 면내 다른 마을과 혼인하였으며, 41.3%가 원영해지
역의 다른 3개면과 혼인하여 이들을 모두 합하면 전체의 약 2/3(66.8%)

〈표 10-3〉 조사대상 마을의 지역적 통혼권

지역구분	대상마을	혼입지역(친정)						
		원영해			원영덕	인근시군	기타	계
		본동	면내	다른면				
어촌	축산면 경정2리(차유)	9 (13.6)	12 (18.2)	21 (31.8)	13 (19.7)	3 (4.5)	8 (12.1)	66 (99.9)
	영해면 사진2리(시나리)	6 (9.4)	11 (17.2)	23 (35.9)	16 (25.0)	7 (10.9)	1 (1.6)	64 (100.0)
	소계	15 (11.5)	23 (17.7)	44 (33.8)	29 (22.3)	10 (7.7)	9 (6.9)	130 (99.9)
일반농촌	축산면 축산2리(염장)	1 (2.2)	9 (19.6)	15 (32.6)	7 (15.2)	8 (17.4)	6 (13.0)	46 (100.0)
	병곡면 각1리(각실)	4 (7.7)	10 (19.2)	20 (38.5)	-	12 (23.1)	6 (11.5)	52 (100.0)
	창수면 미곡1리(너우내)	3 (17.6)	5 (29.4)	8 (47.1)	1 (5.9)	-	-	17 (100.0)
	창수면 미곡1리(양지마을)	1 (4.6)	3 (13.6)	12 (54.6)	3 (13.6)	3 (13.6)	-	22 (100.0)
	창수면 미곡2리(음지마을)	1 (2.9)	10 (28.6)	11 (31.4)	2 (5.7)	10 (28.6)	1 (2.9)	35 (100.1)
	소계	10 (5.8)	37 (21.5)	66 (38.4)	13 (7.6)	33 (19.2)	13 (7.6)	172 (100.1)
저명반촌	영해면 괴시1리(호지말)	2 (5.4)	5 (13.5)	15 (40.5)	3 (8.1)	11 (29.7)	1 (2.7)	37 (99.9)
	영해면 원구1리(원구)	7 (8.5)	8 (9.8)	47 (57.3)	8 (9.8)	6 (7.3)	6 (7.3)	82 (100.0)
	창수면 인량2리(웃나라골)	4 (6.9)	11 (19.0)	26 (44.8)	3 (5.2)	14 (24.1)	-	58 (100.0)
	소계	13 (7.3)	24 (13.6)	88 (49.7)	14 (7.9)	31 (17.5)	7 (4.0)	177 (100.0)
계		38 (7.9)	84 (17.5)	198 (41.3)	56 (11.7)	74 (15.5)	29 (6.1)	479 (100.0)
누계		38 (7.9)	122 (25.5)	320 (66.8)	376 (78.5)	450 (93.9)	479 (100.0)	

가 같은 생활권인 원영해지역에서 혼인하고 있다. 같은 군에 속하고 있
지만 원영덕지역(영덕읍, 강구면, 남정면, 달산면, 지품면)과 통혼한 비
율은 11.7%에 불과하며, 바로 이웃하고 있는 인근 시군(포항시, 청송군,

영양군, 안동군, 울진군)과의 통혼도 15.5%로 매우 낮은 분포를 보이고 있다. 인근 시군을 벗어난 여타 지역이나 대도시와 통혼한 비율도 6.1%로서 매우 낮게 나타나고 있다.

이 지역 주민들의 혼인이 원영해지역에 집중되고 있는 것은 외부사회와 소통이 용이하지 않는 지리적 요인에도 영향을 받았겠지만 보다 근본적으로는 오랜 기간 동일한 행정구역(寧海府)에 속해 있었고, 주민들의 일상생활이 영해장을 중심으로 하는 원영해지역 안에서 주로 영위됨으로써 단일한 생활권을 형성하고 있으며, 원영덕지역에 비해서 문화적으로 우월하다고 생각하는 지역의식이 크게 작용하고 있는 것으로 보인다.

행정구역을 기준으로 통혼권의 지역적 범주를 〈군내 다른 면〉, 〈도내 다른 군〉, 〈다른 도〉로 구분하는 것이 무의미하다는 것이(이창기 2008) 여기에서도 확인되고 있는 셈이다. 기존의 연구들에서 〈군내 다른 면〉과 통혼한 비율이 매우 높게 나타난 것은 군내의 여러 면들에 고루 분포되어 있는 것이 아니라 동일한 생활권을 이루고 있는 몇 개의 면에 집중되어 있기 때문인 것이며, 〈도내 다른 군〉과의 통혼도 도내 전역에 고루 분포되어 있는 것이 아니라 그 대부분은 인접하고 있는 시군과의 통혼이었던 것이다.[5] 이런 점에서 지역적 통혼권은 군이나 도와 같은 행정구역보다는 시장권과 같은 생활권이 통혼권과 훨씬 밀접하게 관련되고 있는 것으로 보아야 한다.

---

5) 이러한 경향은 안동 하회마을을 조사한 김택규(1964: 116), 경주 양동마을을 조사한 여중철(1975: 93), 예천군 백송마을을 조사한 이한방(1987: 171)의 보고에서도 나타나고 있다.

Ⅳ. 어촌마을과 농촌마을의 통혼권 비교

어촌마을과 농촌마을은 생업기반이 다르고 생활양식도 상이하기 때문에 통혼의 범위에 있어서도 많은 차이가 있을 것으로 짐작된다.

〈표 10-3〉에서 어촌마을인 차유마을이나 시나리의 통혼권을 일반농촌이나 저명반촌과 비교해 보면 원영해지역 내에서 혼인한 비율이 어촌 65.6%, 일반농촌 66.8%, 저명반촌 70.6%로서 저명반촌에서 다소 높게 나타나고 있으나 2/3 전후가 동일한 시장권 내에서 혼인한다고 하는 일반적 경향과 큰 차이를 보이지는 않고 있다. 그러나 자료를 좀 더 자세히 관찰해 보면 몇 가지 점에서 어촌 마을의 특징이 나타난다.

첫 번째로 지적할 수 있는 것은 어촌마을에서 촌락내혼의 비율이 다소 높게 나타나고 있다는 점이다. 일반농촌인 창수면 미곡1리 너우내[6]를 제외하면 일반농촌이나 저명반촌에서는 촌락내혼의 비율이 6~7%에 지나지 않는데 어촌마을에서는 11.5%에 이르고 있다(차유마을 13.6%, 시나리 9.4%). 어촌마을에서 촌락내혼의 비율이 높게 나타나는 것은 인근의 다른 어촌에서도 확인된 바가 있다. 영덕군 동포마을(저자가 조사한 시나리와 같은 마을)의 9.6%(쓰에나리 1982), 울진군 후포지역의

---

6) 너우내는 표본수가 너무 적어 그 자체로서는 통계자료로서의 의미를 가지기 어렵지만 17명 중 3명이 같은 마을에서 혼인하여 촌락내혼의 비율이 17.6%에 이르고 있다. 작은 마을임에도 촌락내혼의 비율이 상대적으로 높게 나타난 것은 마을의 취락구성과 관련이 있는 듯하다. 이 마을은 창수면 소재지에서 삼계리로 통하는 계곡의 도로변에 나란히 위치한 세 개의 취락으로 구성되어 있다. 동제를 같이 지내고 과거에 지신밟기도 함께 하는 등 사회적으로는 하나의 자연촌락으로 간주할 수 있으나 일상생활 과정에서 나타나는 근린 친화관계는 취락별로 이루어지는 면이 있다. 이러한 점이 자연촌락 내의 취락 간 혼인을 자연스럽게 수용한 것으로 보인다.

14.0%(한상복 1983), 축산면 경정1리 뱃불의 23.6%(오쿠마 1996) 등으로 마을에 따라 약간의 차이가 있기는 하지만 대체로 10~20%를 보이고 있다.

두 번째로 찾아볼 수 있는 특징은 원영덕지역과의 통혼비율이다. 원영해지역 주민들은 이 지역이 역사적으로 동해안의 정치 문화의 중심지역이었으며, 조선중기 이후 유학이 발달한 예향으로서 스스로 '소안동'이라 칭할 만큼 지역사회에 대한 강한 긍지를 지니고 있다. 이러한 긍지는 원영덕지역에 대한 신분적 우월감으로 자리잡게 되었고, 혼인을 하는데 있어서도 원영덕지역을 좋은 혼반으로 인식하지 않고 향내(원영해지역 내)의 반촌을 선호하는 경향을 보이고 있다. 〈표 10-3〉에서 일반농촌이나 저명반촌에서 원영덕지역과 통혼한 비율이 7~8%로 매우 낮은 비율을 보이고 있는 것은 이러한 주민들의 의식이 반영된 것으로 보인다. 이에 비해서 어촌마을은 원영덕지역과의 통혼비율이 20% 전후로 나타나서 상대적으로 매우 높은 비율을 보이고 있다. 어촌마을에서는 신분적 우월감이나 혼반의식이 그만큼 약화된 것으로 볼 수 있으며, 오히려 뒤에서 살펴보는 바와 같이 어촌간의 혼인이라는 특징이 보다 더 강하게 작용한 것으로 볼 수 있다.

세 번째로 지적할 수 있는 특징으로는 어촌마을에서는 〈인근 시군〉과의 통혼비율이 매우 낮게 나타나고 있다는 점이다. 일반농촌이나 저명반촌에서는 〈인근 시군〉과 통혼한 비율이 20% 가까이 나타나고 있고, 마을에 따라서는 30% 가까이 나타나는 마을도 있는데 어촌에서는 10%에도 훨씬 못 미치고 있는 것이다. 어촌마을 주민들의 사회관계의 범역이 그만큼 좁다는 것을 의미하는 것이면서, 어촌끼리 혼인하는 특성상 포항시(과거의 영일군)나 울진군의 일부 어촌마을을 제외하고 원지의 내륙 농촌지역과 통혼하는 것이 크게 제약되고 있다는 점을 보여주고 있다.

이러한 몇 가지 특징을 찾아볼 수 있음에도 불구하고 행정구역이나 생활권을 중심으로 지역적 통혼권을 통계적으로 살펴보면 대체로 2/3가 동일한 생활권으로 간주할 수 있는 원영해지역에서 혼인이 이루어지고 있다는 대체적인 경향에서는 크게 차이가 나지 않는다.

네 번째, 통혼지역을 어촌지역과 농촌지역으로 나누어서 비교해 보면 어촌마을과 농촌마을 사이에는 현격한 차이가 나타나고 있다. 어촌은 어촌마을끼리, 농촌은 농촌마을끼리 혼인하는 통혼권의 폐쇄성이 확연하게 드러난다. 이 점이 어촌마을과 농촌마을의 통혼권에서 나타나는 가장 두드러진 특징이다.

〈표 10-4〉에서 보는 바와 같이 어촌마을에서는 80~95%가 어촌마을과 혼인하는데 비해 일반농촌이나 저명반촌에서는 축산면 염장마을을 제외하면 어촌과의 통혼이 전혀 없거나 3사례 이하로 극히 드물게 나타나고 있어서 극명한 대조를 이루고 있다. 염장마을에서 어촌과의 통혼이 비교적 많이 나타나는 것은 이 마을의 특수성이 반영된 듯하다. 염장은 동해안의 중요한 어업기지 중의 하나였던 축산항에서 내륙으로 약 2.5km 떨어진 위치에 자리잡고 있는 마을로서 주민들은 대부분 농업에 종사하고 있지만 축산항에 일터를 가지고 있는 주민들도 일부 거주하고 있다. 행정구역상으로는 축산2리로 편제되어 있다. 농업을 주로 하는 마을이지만 해안으로부터 가까운 위치에 있고 축산항에서 수산업과 관련된 일에 종사하는 주민들이 있어서 어촌주민과의 혼인이 다른 농촌마을에 비해 높게 나타난 것으로 판단된다.

어촌마을에서 어촌마을로 시집온 부인네들의 친정마을을 자세히 살펴보면 대부분이 반경 약 20km 이내의 해안마을에 분포되어 있다. 차유마을의 경우에는 북쪽으로 19km 떨어진 병곡면 백석리에서 남쪽으로 11km 떨어진 영덕읍 창포리에 이르는 해안마을에 54명 중 47명이 분포하여 87%에 이르며, 차유에서 북쪽으로 5km 지점에 위치한 시나리는 북쪽으로 21km 거리에 있는 울진군 후포면 삼율리에서 남쪽으로 19km 거리에 있는 강구면 하저리까지 61명 중 57명이 분포하여 93.4%에 이르고 있다. 이 범위를 벗어난 어촌혼인은 극히 적은 수에 지나지 않는다.

<표 10-4> 어촌마을과 통혼한 비율

마을구분		대상지역	어촌마을과의 통혼비율(%)	
어 촌		축산면 경정2리(차유)	55/66(83.3)	116/130 (89.2)
		영해면 사진2리(시나리)	61/64(95.3)	
농촌	일반농촌	축산면 축산2리(염장)	11/46(23.9)	15/172 (8.7)
		병곡면 각1리(각실)	3/52(5.8)	
		창수면 미곡1리(너우내)	1/17(5.9)	
		창수면 미곡1리(양지마을)	0/22(0.0)	
		창수면 미곡2리(음지마을)	0/35(0.0)	
	저명반촌	영해면 괴시1리(호지말)	2/37(5.4)	3/177 (1.7)
		영해면 원구1리(원구)	1/82(1.2)	
		창수면 인량2리(웃나라골)	0/58(0.0)	
계				134/479 (28.0)

어촌마을끼리 통혼하는 이런 현상을 어업활동에 경험이 풍부한 배우자를 맞아들이고자 하는 적응전략으로 설명할 수도 있겠지만 보다 근본적인 원인은 제9장에서 지적한 바와 같이 농촌지역 주민들이 어촌지역 출신들과 혼인하기를 기피하는데서 찾아야 하지 않을까 한다. 이런 점에서 어촌마을끼리의 통혼은 신분내혼제(class endogamy)의 한 양상이라 할 수 있다(이창기 2001, 이 책 제9장).

V. 일반농촌과 저명반촌의 통혼권 비교

한국 농촌사회에서는 양반은 가격(家格)에 어울리는 혼처를 찾아 먼 거리도 마다하지 않고 원혼(遠婚)하는 경향이 있으며, 상민은 가까운 생활권 내에서 근혼(近婚)하는 경향이 있다고 널리 알려져 있다. 특히 김택규가 하회마을의 중심종족과 타성의 통혼권을 비교하여 저명한 양반인 중심종족의 가구주는 동내혼이 전무하고 67%가 도내 타군에서 배우자를 맞이하고 있는데 비해 대부분 천민출신인 토착 비종족원(타성)은 69.5%가 마을 안에서 배우자를 맞이하였으며, 군내혼도 16.5%에 불과한 것으로(김택규 1964: 115~117) 보고한 이후 양반의 원혼설은 하나의 정설처럼 인식되어 왔다. 그러나 이러한 현상이 저명한 양반과 그들에게 신분적으로 예속되어 있던 천민 출신으로 구성되어 있는 하회마을의 특수성에서 기인된 것인지, 아니면 신분배경의 격에 따라 다소의 차이는 있겠지만 한국 농촌사회에 보편적으로 적용할 수 있는지에 대해서는 진지하게 논의할 기회를 가지지 못하였다.

1970년대 중반에 경주 양동마을을 조사한 여중철은 '소위 원혼이라는 것은 양반출신의 종족원 중에서 종손이나 특히 격이 높은 집안에서나 하는 것(여중철 1975: 93)'이라 하여 원혼의 경향은 양반출신의 종족 중에서도 일부에 국한되어 있음을 지적한 바가 있다.

그렇다면 해안지역으로서는 드물게 반촌이 발달되어 있고, 스스로 '소안동'이라 칭할 만큼 예향으로서의 긍지를 지니고 있는 영해지역에서는 반촌의 통혼권에서 어떠한 특징을 찾아볼 수 있을 것인가?

우선 〈표 10-3〉을 보면 어촌의 혼인권이 농촌마을과 상당히 다른 모습을 보이는 반면에 농촌마을 중에서는 일반농촌과 저명반촌 사이에서는 큰 차이가 나타나지 않는다. 원영해지역 내에서 통혼한 비율이 일반농촌은 65.7%, 저명반촌은 70.6%로 거의 비슷하고, 원영덕, 인근 시군, 기타의 비율에서도 별 차이를 보이지 않고 있다.

굳이 차이를 찾는다면 면내 혼인의 비율에서 저명반촌은 13.6%인데 비해 일반농촌은 22.1%로서 일반농촌에서 상당히 높게 나타나고 있으며, 〈원영해지역〉 내의 다른 면과 통혼한 비율에서는 일반농촌이 38.9%

인데 비해 저명반촌은 49.7%로서 저명반촌에서 상당히 높은 비율을 보이고 있는 정도이다. 결국 일반농촌과 저명반촌의 차이는 원영해지역 내에서 저명반촌의 통혼 범위가 일반농촌에 비해 약간 넓은 정도의 차이를 보일 뿐이다.

저명반촌과 일반농촌 사이에 통혼권의 차이가 두드러지지 않는다면 이 지역사회에서는 원래 저명반촌과 일반농촌의 통혼 범위에 차이가 없었던 것인가, 아니면 반촌에 거주하고 있는 타성들로 인해서 반촌적 특성이 회석된 것인가? 이 점을 보다 분명하게 확인하기 위하여 반촌에 함께 거주하고 있는 타성들을 제외하고 각 마을의 저명한 양반 종족으로 간주할 수 있는 호지말의 영양남씨, 원구의 영양남씨·대흥백씨·무안박씨, 웃나라골의 안동권씨·재령이씨·함양박씨·평산신씨 만을 대상으로 통혼권을 분석해 보았다(〈표 10-5〉). 인량리(웃나라골과 아랫나라골)는 영해지역의 열 두 종족의 입향지이며, 여덟 종가가 터전를 잡은 곳으로 유명하지만(제1장 참조) 현재 웃나라골에 비교적 다수가 거주하고 있는

〈표 10-5〉 저명 종족의 통혼권

지역구분	대상마을	혼입지역(친정)						
		원영해			원영덕	인근군	기타	계
		본동	면내	3개면				
반촌의 저명 종족	호지말 영양남씨	0	3	12	2	11	1	29
	웃나라골 안동권씨	0	2	3	1	4	0	10
	웃나라골 재령이씨	1	0	9	0	4	0	14
	웃나라골 함양박씨	1	3	7	1	1	0	13
	웃나라골 평산신씨	0	2	2	0	4	0	8
	원구리 영양남씨	3	2	13	2	2	2	24
	원구리 무안박씨	0	2	13	3	3	1	22
	원구리 대흥백씨	1	2	13	0	1	3	20
	계	6 (4.3)	16 (11.4)	72 (51.4)	9 (6.4)	30 (21.4)	7 (5.0)	140 (99.9)
일반농촌		10 (5.8)	38 (22.1)	67 (39.0)	12 (7.0)	33 (19.2)	12 (7.0)	172 (100.1)

네 종족만을 분석대상으로 삼았다. 이렇게 저명 종족만을 뽑아서 일반농촌과 비교하더라도 그 결과는 〈표 10-3〉에서 나타난 특성이 약간 더 강화되는 정도 이상의 두드러진 차이는 발견되지 않는다.

지역사회 내에서 혼인을 하더라도 마을의 격에 따라 반촌은 반촌끼리 혼인을 하고 일반농촌은 일반농촌끼리 혼인하는 경향이 있는지 확인해 보기 위해 통혼 지역을 마을별로 세분해서 비교해 보더라도 양자 사이의 차이는 별로 나타나지 않았다.

여기서 우리는 세 가지 가능성을 추론할 수 있을 것이라 생각한다.

첫째, 영해지역에서는 저명반촌과 일반농촌 사이에 통혼권의 차이가 원래부터 존재하지 않았을 가능성.

둘째, 전통적으로 이 지역에서도 저명반촌과 일반농촌 사이의 통혼 범위에 뚜렷한 차이가 존재했었는데 원혼을 했던 유수한 종족 성원들이 대거 마을을 떠남으로써 현재는 그 흔적만 희미하게 잔존하고 있을 가능성.

셋째, 여중철이 지적한 것처럼 반촌의 저명 종족이라 하더라도 신분적으로 격에 어울리는 혼반을 찾아 원혼하는 것은 종손이나 유력한 일부 종족 성원에 국한되어 있을 가능성.

이러한 세 가지 가능성 가운데 첫째와 둘째 가능성에 대해서는 과거의 자료가 없는 상황에서 출향한 모든 종족원들을 전수 조사하지 아니하고는 사실상 확인이 불가능하다. 그러나 셋째의 가능성에 대해서는 우회적인 방법을 통해서 어느 정도 추론이 가능할 것으로 보인다.

우선 몇몇 종손들의 혼처를 살펴보면 격에 어울리는 혼반을 찾아 원혼하거나 지역사회 내에서 혼인을 하더라도 대표적인 반촌의 명망가와 혼인하는 경향이 나타나고 있다. 최근 고인이 된 원구리 영양남씨의 종손은 인량리(아랫나라골)에 세거한 일선(선산)김씨와 혼인하였고, 그의 장남인 차종손은 문중 어른들의 중매로 경주 내남면 이조리의 경주최씨 종가(정무공 최진립의 후손)의 여식과 혼인하였다. 웃나라골의 재령이씨 대종손은 안동 도산면 하계리의 진성이씨 퇴계종가에서, 그리고 우계파 종손은 안동 내앞마을(천전리)의 의성김씨 집안에서 배우자를 맞이하였다. 평산신씨 종손은 안동군 임동면 수곡리(무실)의 전주류씨와, 함양박씨 종손은 안동 지례촌의 의성김씨 집안과 혼인하였다. 호지말의 영양남씨 대종손은 영양군 입암면 연당리의 동래정씨 집안과 혼인하였다. 이처럼 저명 종족의 대종손이나 파종손들은 안동이나 영양 등지의 명문가를 찾아 혼인을 하거나 지역사회 내에서 혼인을 하더라도 대표적인 반촌의 명문가와 인연을 맺고 있다.

각 종족의 중요 인물들이 원근의 명문가와 혼인하는 경향은 향교의 유림들에서도 찾아볼 수 있다. 각 종족의 중심인물이면서 영해지역의 유림을 대표하는 영해향교의 전교(典校)와 장의(掌議) 13명의 혼처를 보면 절반에 가까운 6명이 안동 지례촌의 의성김씨, 안동 천전리의 의성김씨, 경주 양동의 여강이씨, 청송 신촌의 평산신씨, 영양 연당리의 동래정씨, 봉화군의 봉화정씨 등 인근군의 명문 종족과 통혼하였으며, 향내에서도 대흥백씨, 안동권씨, 영양남씨, 진성이씨 등 저명 종족과 혼인하고 있다.

이러한 점들을 미루어 보면 영해지역에서도 반촌의 저명 종족 성원들의 다수가 원혼의 경향을 가지는 것은 아니지만 각 종족의 중심인물들은 혼반을 따져서 신분적인 격에 맞는 배우자를 구하려는 의지가 강하게 나타나고 있으며, 이러한 혼인을 통해서 지역사회 내에서 자신들의 신분적 위상을 높이고 유림 활동을 통해서 이를 더욱 강화해가고 있는 것으로 보인다.

VI. 요약과 결론

이상에서 저자는 영해지역 10개 마을에 거주하고 있는 토착 주민들을 대상으로 통혼의 범위를 비교해 보았다. 그 결과 다음과 같은 몇 가지 사실을 확인할 수 있었다.

첫째, 영해지역 주민들은 약 2/3의 다수가 역사문화적 전통을 공유하고 단일시장을 이용하는 원영해지역을 범위로 하여 통혼하고 있다. 지역적 통혼권이 시장권과 같은 생활권과 밀접하게 관련되고 있다는 기존의 연구(이창기 1973; 정승모 1983; 이한방 1987; 박성용 1995)를 재확인할 수 있었다.

둘째, 영해지역의 통혼권은 농촌지역과 어촌지역으로 크게 양분되어 있다. 비교적 규모가 큰 항구에 근접해 있는 특정 마을을 제외한다면 농촌지역에서는 어촌마을과 거의 통혼을 하지 않고 있으나, 어촌 주민들은 80~90%가 어촌마을과 통혼하고 있었다. 통혼에 관한 한 농촌지역과 어촌지역은 거의 교류가 없이 각기 별개의 체계를 형성하고 있는 것이다. 이러한 통혼의 단절현상은 합리적 적응을 위한 어촌주민들의 주체적 선택에 의한 것이 아니라 농촌주민들이 어촌주민들과 통혼하기를 기피하는 결과로서 형성된 것이며, 이런 점에서 신분내혼제의 한 양상으로 해석될 수 있다.

셋째, 농촌사회 내에서는 일반농촌과 저명반촌 사이의 통혼 범위에는 별 차이를 발견할 수가 없었다. 일반농촌은 저명반촌에 비해 〈원영해지역〉 내의 〈면내혼〉의 비율이 비교적 높게 나타나고, 저명반촌은 일반농촌에 비해 〈다른 면〉과 통혼한 비율이 상대적으로 높게 나타나서 저명반촌의 통혼범위가 일반농촌에 비해 약간 넓은 정도의 차이만 확인할 수 있었다.

넷째, 일반농촌과 저명반촌의 통혼범위에 큰 차이를 발견할 수 없었음에도 저명 종족의 종손이나 문중지도자들의 경우에는 혼반의식이 다소 선명하게 나타나서 비교적 먼 거리에 있는 인근 시군의 저명한 가문과 통혼하는 경향이 두드러지며 향내에서도 저명한 종족과 통혼하는 경향이 뚜렷하다. 이런 점에서 영해지역 반촌에 거주하는 주민들의 혼반의식이나 원혼 경향은 일반적 현상이라기보다는 문중의 지도적 위치에 있는 인사들에게 집중된 것으로 보인다.

퇴계의 학통을 계승하여 많은 인재를 배출하고, 동해안과 영해평야의 풍부한 물산을 바탕으로 유수한 반촌을 형성하여 스스로 '소안동'이라 칭할 만큼 예향으로서의 긍지가 강한 영해지역에서 통혼의 범위에 관한 한 반촌으로서의 특징이 선명하게 나타나지 않는 것은 격이 높은 양반들은 원혼하는 경향이 강하다는 일반의 인식과 매우 다른 모습이다. 조사의 시차가 매우 크기는 하지만 안동 하회마을의 중심 종족에서 나타나는 〈도내 다른 군〉과의 통혼율 67%(김택규 1964: 115)나 경주 양동마을의 54%(여중철 1975: 91)에 비하면 영해지역 반촌의 저명 종족에서 〈인근 시군〉과 통혼한 비율이 21.4%에 지나지 않는 것은 상대적으로 매우 낮은 비율이라 하지 않을 수 없으며, 일반농촌과 별 차이를 발견할 수 없었다.

지역 내에 비슷한 가격의 혼처를 구하기 쉬운 유수한 반촌이 많이 존재하기 때문에 원래부터 원지로 통혼할 필요가 적었던 것인지, 아니면 원혼을 한 종족 성원들이 대거 지역사회를 떠났기 때문에 2007년 현재 시점에서 그 차이를 찾아볼 수 없게 된 것인지에 대해서는 향후 좀 더 정밀한 분석이 필요한 것으로 보인다. 그럼에도 불구하고 종손이나 향교의 임원들에서 원혼의 경향을 뚜렷하게 찾아볼 수 있었던 점은 영해지역의 혼반의식과 원혼 경향의 일단을 보여주는 것이라 할 수 있다. 이런 점들에 대한 후속 연구가 이어지기를 기대한다.

참고문헌

고황경·이만갑·이효재·이해영, 1963, 『한국농촌가족의 연구』, 서울대출판부.

김택규, 1964, 『동족부락의 생활구조연구』, 청구대학출판부.

박성용, 1995, 「통혼권의 공간동학적 의미」, 『한국문화인류학』 28, 한국문화인류
　　　학회.

_____, 2000a, 「청도 양반의 혼인전략」, 『민족문화논총』 22, 영남대민족문화연구소.

_____, 2000b, 「한 농촌사회 주민의 통혼권에 나타난 관념적·지리적 경계와 그
　　　변화」, 『한국문화인류학의 이론과 실천』, 소화.

여중철, 1975, 「동족부락의 통혼권에 관한 연구」, 『인류학논집』 1, 서울대인류학
　　　연구회.

_____, 1978, 「한국농촌의 지역적 통혼권」, 『신라가야문화』 9·10합집, 영남대신
　　　라가야문화연구소.

이창기, 1973, 「한국농촌의 혼인권에 관한 연구」, 『사회학논집』 4, 고려대사회학과.

_____, 1999, 『제주도의 인구와 가족』, 영남대 출판부.

_____, 2001, 「동해안 어촌마을의 지역적 통혼권」, 『민족문화논총』 23, 영남대민
　　　족문화연구소.

_____, 2008, 「지역적 통혼권 연구의 비판적 검토」, 『민족문화논총』 40, 영남대민
　　　족문화연구소.

이한방, 1987, 「농촌지역 통혼권의 구조와 변화과정」, 『지리학논총』 14, 서울대지
　　　리학과.

이해영·한상복, 1973, 백령도의 사회학 및 인류학적 조사보고, 『문리대학보』 28,
　　　서울대 문리대.

정승모, 1983, 「통혼권과 지역사회체계 연구」, 『한국문화인류학』 15, 한국문화인
　　　류학회.

조강희, 1984, 「영남지방의 혼반연구」 『민족문화논총』 6, 영남대민족문화연구소.

_____, 1996, 「영남지방 양반가문의 혼인에 관한 연구」, 영남대박사학위논문.

최재율, 1969, 「어촌의 사회구조와 어민의 생활태도에 관한 연구」, 『전남대논문집』
　　　15.

_____, 1975, 「농촌 통혼권의 성격과 변화」, 『湖南文化硏究』 7, 전남대호남문화연
　　　구소.

한경혜·이정화, 1993, 「농촌지역의 통혼권 변화에 관한 연구」 『농촌사회』 3, 한국

농촌사회학회.

한상복, 1983,「후포인근 농산어촌의 통혼권과 초혼연령」,『한국문화인류학』15,
　　　한국문화인류학회.

한상복·전경수, 1992,『한국의 낙도민속지』, 집문당.

쓰에나리 미치오(末成道男), 1982, 東浦の村と祭,『聖心女子大學論叢』(日本) 59.

오쿠마 요코(奧間葉子), 1996, 韓國漁村における'村落統合'の 社會人類學的 研究,
　　　日本東洋大學博士學位論文.

제11장

시나리의 어촌새마을운동
─갯바위 틈에서 일군 낙토─

Ⅰ. 바다와 육지의 틈바구니에서
-어촌새마을운동의 이중고-

어촌은 바다를 삶의 터전으로 삼고 바다로부터 생산되는 수산물을 주요한 자원으로 해서 살아가고 있는 사람들이 모여 사는 곳이다. 그러므로 어촌은 삶의 터전이 되는 '바다'와 생존자원이 되는 '수산물'에 의해서 주민들의 삶의 질과 생활양식이 결정된다. 바다가 평온하고 바다를 일구는 수단이 발전하면 어촌 주민들의 생활도 평온하고 안정된다. 수산물의 생산이 늘고 수산물의 경제적 가치가 상승하면 주민들의 삶의 질도 따라서 여유로워진다. 반대로 바다가 거칠고 수산물의 가치가 떨어지면 주민들의 삶도 그만큼 고달파지지 않을 수 없다.

그러나 어촌 주민들의 삶은 바다와 수산물에 의해서만 결정되는 것은 아니다. 대개의 우리나라 어촌은 어업과 더불어 농업도 겸하고 있어서 어촌을 둘러싸고 있는 육상의 자연환경과 지리적 입지도 어촌 주민들의 삶에 중요한 영향을 미친다. 비록 규모는 작더라도 마을 주위에 작물의 재배가 가능한 농경지가 펼쳐있고 배후지와 소통할 수 있는 통로가 열려 있다면 주민들의 삶은 훨씬 편리하고 덜 외로울 것이다.

그러므로 어촌 주민들의 삶은 바다와 육지를 동시에 상대하고 양면으로 개척해야 하는 이중성을 갖는다. 발전의 가능성이 양면으로 열려있다는 긍정적이고 희망적인 일면이 있기는 하지만 도전하고 극복해야 할 과제가 양쪽에서 기다리고 있다는 점에서 이중의 고통을 감내하지 않으면 안 된다. 어촌새마을운동이 농촌새마을운동과 성격을 달리하고 훨씬 힘든 과정을 거쳐야 하는 이유가 바로 여기에 있다.

어촌의 새마을운동은 여러 가지 면에서 농촌새마을운동보다 더 고된 과정이다. 땅을 개척하고 육상의 자연환경을 개조하는 것만도 스스로 극복하기에 어려운 과업인데 여기에 더하여 험난한 바다를 동시에 개척해야 한다는 것은 참으로 지난한 역정이 되지 않을 수 없다. 바다는 인간의 도전을 쉽게 허용하지 않는다. '존재하고 있는 그대로 이용'하는 것만도 인간에게는 커다란 위험을 감수해야 하는 모험의 과정인데 하물며 그 거대한 자연의 힘과 맞서서 '인간의 생활에 편리하도록 바다를 개발'한다는 것은 얼마나 힘든 일이겠는가. 땅을 개척해야 하는 힘든 과업 위에 험난한 바다까지 개척해야 하는 이중의 부담―이것이 어촌새마을운동을 힘겹게 하는 근본 요인이다.

그럼에도 인간은 변화무쌍하고 거칠기 짝이 없는 바다를 상대로 힘든 싸움을 계속한다. 불가능한 일을 가능하게 만들고자 끊임없이 도전하는 것이 어촌 주민들의 삶이요, 어촌새마을운동의 과정이다. 이러한 투쟁은 맨손으로 가능한 일이 아니다. 자연을 극복하겠다는 순수한 열정만으로 이루어질 수 있는 것이 아니다. 많은 인력이 동원되어야 하고 우수한 장비가 투입되어야 한다. 여기에는 엄청난 재정의 부담이 뒤따른다. 그러나 우리 어촌에는 이러한 사업을 뒷받침할 수 있는 재정능력이 축적되어 있지 못했다. 어업을 천시하고 수산자원의 경제적 가치를 높게 평가하지 않았던 오랜 전통이 어촌 주민들을 가난의 굴레에서 벗어나지 못하게 하였던 것이다. 커다란 재정 부담을 요구하는 어촌개발 사업과 궁핍을 벗어나지 못하고 있는 어촌의 경제 현실―여기에 어촌새마을운동의 현실적인 고민이 있었다.

지역사회를 개발하기 위해서는 최소한의 사회기반시설이 갖추어져 있어야 한다. 등짐을 지고 바다를 메울 수는 없는 일이다. 망치와 정만 가지고 거대한 바위를 깨뜨리려고 시도하는 것은 무모한 일이다. 잘 닦여진 포장도로는 아니더라도 최소한 자재를 운반하고 장비가 이동할 수 있

는 '신작로'라도 있어야 개발의 엄두라도 내 볼 것이 아니겠는가. 새마을
운동이 전개되기 이전의 우리나라 어촌에는 대체로 이러한 기반시설이
제대로 갖춰져 있지 못하였지만 동해안의 어촌은 지형적 특성으로 인해
서 이러한 기반시설이 더욱 취약하였다. 그 중에서도 가장 열악한 조건
을 갖추고 있었던 곳이 이 연구의 대상이 된 '시나리' 마을이다. 차량의
접근이 불가능한 이러한 마을을 개발한다는 것은 일반 농촌에 비해 몇
배의 어려움이 따른다.

어촌새마을운동은 일반 농촌이나 도시지역에서 새마을운동을 전개하
는데 비해 이처럼 어려운 조건을 안고 출발할 수밖에 없지만 반드시 어
려운 조건만 있는 것은 아니다. 농촌지역이나 도시지역에서 찾아 볼 수
없는 나름의 강점도 지니고 있다. 그것은 바로 어촌계(漁村契)의 존재이
다. 어촌계는 어민들의 경제공동체이다. 바다를 공동으로 경영하고, 수
산물을 공동으로 수확해서, 공동으로 분배하는 생산공동체이다(장수호
1980: 1~4). 농촌사회에도 공동체적 전통이 있고, 공동체적인 활동이 있
지만 농촌의 그것은 일시적으로 현재화되었다가 잠재되거나 상징적이고
의례적인 성격을 크게 벗어나지 않는다. 농촌의 공동체라는 것은 엄밀히
말하면 공동체라기보다는 공동체적 유제(共同體的 遺制)라 해야 옳을 것
이다. 그러나 어촌계는 상시적으로 기능하고 있고, 공동으로 소유하고
있는 재산(공동어장)이 있으며, 어민들에게 실질적인 이익이 배분되는
매우 구체적이고 현실적인 경제공동체, 생산공동체이다. 어촌계는 상징
적이고 의례적인 '공동체의 유제'가 아니라 현실 속에서 살아 움직이는
구체적인 실체이다. 더구나 어촌계는 개별 어가(漁家)의 이익만 추구하
는 것이 아니라 공동의 기금을 조성해서 공동의 이익을 위한 사업을 직
접 운영하거나 지원하기도 한다. 이러한 어촌계의 공동체적 전통과 공동
자금은 마을 공익사업을 기획하고, 추진하고, 집행하는데 매우 큰 힘을
발휘할 수 있다. 일반 농촌에서는 찾아보기 어려운 어촌 고유의 저력이

라 할 수 있는 것이다. 실제로 어촌새마을운동을 추진하는데 어촌계는
중추적인 역할을 훌륭하게 수행하였다. 어촌이 숙명적으로 안고 있는 커
다란 어려움 속에서도 어촌새마을운동이 괄목할만한 성과를 거둘 수 있
었던 것은 어촌계가 있었기 때문에 가능하였다고 해도 과언이 아니다.

II. 시나리마을의 자연환경과 주민들의 삶

이 연구의 관찰 대상이 된 지역은 영덕군 영해면 사진(糸津) 2리 시나
리마을이다(앞으로 이 마을을 '시나리'라 부르기로 한다). 영해면 소재지
인 성내리에서 동남쪽으
로 약 4km, 동해안의 주
요 어업 전진기지였던
축산항으로부터 북쪽으
로 약 3km 지점에 위치
한 어촌이다. 여름철 해
수욕장으로 잘 알려진
대진해수욕장은 해안을
따라 북쪽으로 약5km를
가야한다. 이 마을에는
2006년 9월 20일 현재
96가구 190명(남자 89
명, 여자 101명)이 주민
등록부에 등재되어 있다.
시나리는 18세기 말

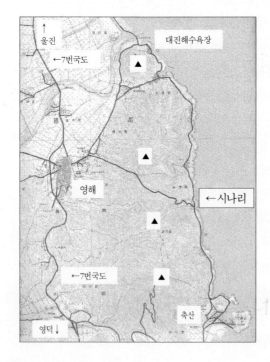

에 평택임씨(平澤林氏)가 마을을 개척하였다고 하며, 그 뒤 수안김씨(遂安金氏)와 평해황씨(平海黃氏)가 입주하여 세 성씨가 나란히 거주하였다(영덕군 1992: 450, 2002: 674). 주민들은 이 마을을 '임씨 터전에 김씨 골목'이라고 한다. 지금도 평택임씨 5가구, 수안김씨 5가구, 평해황씨 13가구가 이 마을에 거주하고 있다. 각기 계파가 다른 김해김씨도 10가구가 거주하고 있다. 시나리란 지명은 나루가 실(糸)처럼 길게 뻗어있어 '실나루' '실나리'라 하다가 음이 변하여 '시나리'가 되었다고 한다(영덕군 2002: 674; 영덕문화원 2004: 458).

시나리는 1980년대 초 해안도로가 개통되기 전에는 사방 십리 안에 차량이라곤 접근할 수 없는 오지였다. 6·25 전쟁 때에 영덕전투가 치열하였지만 적군도 아군도 그냥 지나칠 정도였다. 인근 주민들은 이 마을로 피난을 왔었다. 이 마을에서 차량통행이 가능한 도로까지 가려면 십리가 넘는 큰 고개를 넘어 영해면 소재지로 나가거나 바닷가 벼랑길을 곡예 하듯이 걸어서 축산항이나 대진해수욕장까지 나가야 했다. 가히 '육지 속의 낙도'라 할 만한 고립된 오지였다.

지반이 가라앉으면서 형성된 전형적인 침강해안인 동해안의 대부분 어촌들이 다 그러하지만 특히 이 지역은 대진해수욕장 앞의 상대산(182m)에서부터 망일봉(152m), 망월봉(207m), 봉화산(278m) 등으로 이어지는 높은 산등성이가 바다에 바짝 붙어서 남북으로 뻗어 내리기 때문에 해안은 경사가 매우 가파르다.

이러한 지형은 시나리 주민들의 삶을 매우 고달프게 한다. 차량의 접근이 불가능할 뿐만 아니라 도보로 통행하는 길마저도 험난하기 짝이 없다. 마을 뒷산을 넘어 영해로 통하는 산길은 경사가 얼마나 심한지 맨몸으로도 나뭇가지를 잡아당기며 기어오르듯 했다고 한다. 2002년에 2차선으로 확장해서 포장한 현재의 도로도 초보운전자는 진땀을 흘려야 할 정도로 가파른 S자곡선을 반복하고 있다. 해안 절벽을 따라 이웃으로 통하는 벼랑길도 험난하기는 마찬가지다. 맑은 정신에도 자칫 발을 잘 못 디디면 절벽아래 바다로 굴러 떨어질 판인데 술이라도 한잔 걸치면 위험하기 짝이 없는 길이었다. 실제로 이 길에서 떨어져 목숨을 잃은 사고도 몇 차례 있었다고 한다. 매일 이 길을 걸어서 통학해야 하는 어린 학생들의 고통은 말할 나위 없이 큰 것이었다.

가파른 경사면에 마을을 이루었기 때문에 주변에 논이라고는 단 한 평도 없다. 논농사를 지으려면 십리도 훨씬 넘는 험한 길을 걸어서 영해들이나 병곡들, 송천들까지 나가야 한다. 기름진 영해평야에 논을 장만할만한 경제력도 없었지만 논을 마련한다 하더라도 도로나 수송수단이 마땅찮던 그 시절에 영해평야에서 농사를 짓는다는 것은 불가능한 일이었다. 주민들은 비탈진 경사면에 가까스로 좁은 밭을 일구어 보리와 조, 고구마 등을 재배해서 양식에 보탰다.

주된 생업의 터전인 바다 또한 갯바위투성이였다. 배를 접안시키기가 힘들 뿐만 아니라 수중 암초 때문에 웬만한 선박은 통행하기도 어려웠다. 기껏해야 노를 젓는 0.2~0.3t 정도의 소형 선박으로 원시적인 어업을 영위할 수밖에 없었다.

이러한 환경 속에서 주민들은 가난을 벗어날 수가 없었다. 가난은 시나리 주민들의 숙명이었다. 대를 물리는 숙명적인 가난 속에서 주민들은 체념했다. 삶에 대한 의욕도 장래에 대한 희망도 상실한 주민들은 술에 의존하는 자포자기에 빠졌다. 모든 시름을 술로 달랬다. 마을회의가 있을 때도 주민들은 1.8ℓ들이 소주병을 지참하고 참석할 정도였다. 회의 도중에도 술을 마시기 위해 들락거리기 일쑤였다. 음주를 제재할라치면 술도 못 마시게 한다고 되레 항의하곤 했다. 이들에게 저축은 생각지도 못할 일이었다. 술 마실 돈도 없는데 무슨 돈으로 저축을 하느냐는 것이었다.

1970년대 초반 새마을운동이 막 시작되던 시기에 이 마을에서도 마을 내부의 개량사업이 추진된 적이 있었다. 초가지붕을 슬레이트로 교체하고, 마을 안길을 확장하는 사업이었다. 슬레이트 지붕으로 교체할 때는 아직 차량 진입이 불가능한 시기였기 때문에 영해에서 자재를 구입하여 뒷산 고개를 넘어 지게로 운반하는 고된 작업을 해야 했다. 당시의 마을 안길은 두 사람이 겨우 길을 비켜 다닐 정도의 좁은 길이었다. 워낙 경사가 심하고 면적이 좁아서 크게 넓히지는 못하고 기존의 자연축대를 돌로 개축하면서 리어카가 다닐 수 있을 정도로만 약간 넓히는 정도였다. 자연축대를 돌로 쌓으면서 울타리도 돌담으로 쌓았다. 그 전에는 자연축대 위에 그냥 집을 짓고 살아서 특별히 담이라는 것이 없었다. 싸리나무나 판자로 대충 경계나 표시하는 정도였다. 자연축대는 비가 오면 자꾸 무너져 내려서 위험하기도 할 뿐만 아니라 보수하는데 여간 번거로운 것이 아니었다. 그래서 축대를 돌로 견고하게 쌓으면서 울타리까지 돌담으로 개체하고 길도 약간 넓혔던 것이다. 당시의 허술한 장비와 자체 인력으로는 매우 힘에 벅찬 일이었지만 마을의 모습은 한결 정돈된 듯하였다. 그러나 주민들의 생활수순을 향상시키는 데에까지는 이르지 못하였다.

희망을 잃고 체념 속에 살아가던 시나리 주민들이 새로운 삶에 눈을 뜨기 시작한 것은 70년대 후반에 들어 와서이다. 마을 바깥세상에서는 '잘 살아보자'는 구호를 외치며 새마을운동이 요원의 불길처럼 번지고 있던 시기였다. 온 나라를 뒤흔들던 이 구호가 드디어 이 궁벽한 어촌에까지 전해진 것이다.

시나리에 변화의 물고를 틘 것은 새로이 어촌계장을 맡은 김영창씨(1937~)였다. 이 마을에서 태어나서 군에 복무하던 3년을 빼고는 한 번도 이 마을을 떠난 적이 없는 시나리 토박이였다. 김영창씨는 여러 차례에 걸쳐서 어촌계장을 맡아달라는 주민들의 요청을 받고도 자신의 생활을 꾸려가기에 벅찬 현실 때문에 완강히 거부하다가 강압에 가까운 거듭된 요청을 거절하지 못하고 힘겨운 어촌계장을 수락하였다고 한다. 1976

년의 일이다. 이때부터 1991년 11월말까지 13년 4개월 동안 김영창씨는
마을을 위해 헌신적으로 봉사하였다.

Ⅲ. 저축을 통한 정신운동

김영창씨가 어촌계장을 맡고 가장 먼저 착수한 사업은 저축운동이었
다. 꿈도 희망도 없이 좌절감에 빠져 술로 세월을 보내고 있는 주민들의
생활태도를 보면서 김영창씨는 정신을 개조하지 아니하고서는 어떤 노
력도 성공할 수 없다는 것을 깨달았다. 주민들에게 희망과 용기를 불어
넣고 '우리도 하면 된다'는 자신감을 심어주는 것이 무엇보다 시급한 일
이었다. 여기에서 착안한 것이 저축운동이었다. 우선 어촌계원들 중에서
비교적 성실한 10명을 선발해서 김영창씨가 사비로 1,000원씩 입금한 통
장을 만들어 나누어 주었다. 술을 먹지 말고 저축을 하도록 독려했다.
처음에는 별 호응이 없었다. 모두가 시큰둥했다. 무슨 돈이 있어서 저축
을 하겠느냐고 냉소했다. 그러나 그 중에 몇 몇은 김영창씨의 취지에 공
감하며 열심히 저축을 했다. 이 마을에서 저축을 하려면 3~4km가 넘는
험한 길을 걸어서 축산에 있는 수협이나 영해면소재지의 수협지소까지
나가야 한다. 생업에 매달려야 하는 주민들이 돈이 생길 때마다 이 먼
길을 다니며 저금을 한다는 것은 불가능한 일이다. 이 번거로운 일을 수
시로 축산수협에 드나들어야 하는 김영창씨가 도맡아서 대행해 주었다.
주민들의 통장에 저금액이 소록소록 쌓여가기 시작했고 어느덧 목돈이
마련되었다. 가난한 살림에 저축이라곤 생각지도 않던 사람들이 목돈을
마련하게 되자 저축의 중요성을 인식하기 시작했다. '나도 하면 된다'는
자신감이 생겼다. 이웃에서 목돈을 마련하는 것을 보고 저축운동에 참여

하는 가구수도 늘어나기 시작했다. 누가 얼마를 모았고, 뉘 집에 통장이 몇 개인가 서로 경쟁하기 시작했다. 몇 년 사이에 마을 안에 저축붐이 일어난 것이다. 당시 수협에서는 다양한 금융상품을 개발해서 주민들의 저축을 장려하고 있었기 때문에 각 가구에서는 일반예금, 농어가 목돈만들기 적금, 저축공제, 복지공제 등 대체로 3~4개 정도의 통장은 모두 소유하고 있었다고 한다. 저축운동이 몇 년 지속되자 시나리는 영덕군 내에서 단연 으뜸가는 저축마을이 되었다. 1981년 말 시나리의 저축 총액은 1억5천6백만 원에 이르고 있다. 가구당 평균 173만 원으로 연간 이자소득만도 3천만 원을 웃돌게 되었다(오소백 1982: 150). 이러한 저축의 성과가 인정되어 1981년에는 사진2리(시나리) 어촌계가 영덕군 최우수 저축상을 수상하게 되었다. 갯바위 틈에서 아름다운 꽃을 피운 것이다.

시나리 마을의 저축운동은 많은 금전을 모아 목돈을 만든 금융운동으로서도 큰 의미가 있지만 주민들에게 희망과 용기를 주고 '나도 하면 된다' '나도 할 수 있다'고 하는 자신감을 심어준 정신운동으로서 더욱 높은 가치를 지닌다. 시나리의 새마을운동은 여기서부터 점화되기 시작한다.

저축운동으로 마음을 합하고 자신감이 생기자 바다를 가꾸고 정비하는 각종 사업도 적극적으로 추진할 수 있게 되었다. 자연산 미역서식장을 조성하는 사업, 미역양식장을 소득이 높은 멍게양식장으로 개체하는 사업, 중형 선박이 자유롭게 드나들 수 있도록 어항시설을 정비하는 사업 등 주민들의 생업과 관련된 사업들이 차근차근 진행되었다. 이러한 사업들을 추진하는 데는 많은 자금이 소요되었다. 각종 정부 지원금과 저리융자를 유치하는 일도 중요한 과제가 되었다. 자금유치는 어촌계장의 업무 중에서도 중요한 부분을 차지하게 되었다.

IV. 바위를 깨고 일군 자연산 미역서식장

새마을운동이 확산되면서 수협에서는 운영수익 중 일부를 예산으로 편성해서 각 마을의 어촌계를 지원하는 어촌계 지도사업을 추진하고 있었다. 수익을 어촌계에 되돌려준다는 의미에서 이 사업을 '환원사업'이라 불렀다. 축산수협에서도 산하 13개 어촌계 중에서 매년 3~4개 정도의 어촌계를 선정해서 500만원~1,000만 원 정도를 지원하고 있었다. 이 자금은 상환의무가 없는 지원금이기 때문에 어촌계로서는 매우 유용하게 활용할 수 있는 자금이었지만 의외로 이 자금을 유치하는 어촌계가 많지 않았다. 자금을 지원받으면 공동사업을 해야 하는데 개인에게 별 소득이 있는 것도 아니면서 그에 따르는 업무가 상당히 많아지기 때문에 많은 어촌계장들이 이 자금의 유치를 기피하고 있었던 것이다. 김영창 어촌계장과 시나리 주민들은 이 자금을 적극 유치하여 자연산 미역서식장을 조성하는데 투입했다.

시나리 어촌계에서는 축산수협의 어촌계지도사업 자금을 전후 네 차례나 지원을 받았다. 1973년에 한 차례 지원을 받고 그 후에는 별로 관심을 두지 않고 있었는데 김영창씨가 어촌계장이 되고 난 이후 1978년부터 1980년까지 내리 3년 동안 이 자금을 유치하여 자연산 미역서식장 조성사업에 투입하였다.

미역은 수심이 깊지 않은 바위에 붙어서 서식한다. 미역이 서식하는 이 바위를 주민들은 '짬'이라 부른다. 짬은 어촌계의 공동재산으로서 몇 개의 구역으로 나누어 어촌계원들에게 분배하고, 짬에서 나오는 수익금은 연말에 소속 어촌계원들에게 분배한다.[1] 자연산 미역의 생산량이 많아지고, 생산된 미역의 질이 좋으려면 미역이 서식할 수 있는 짬의 면적이 넓어야 하고, 서식환경을 잘 가꾸어야 한다. 이 점에 착안하여 시나리 어촌계에서는 세 가지 사업을 추진하였다.

첫 번째 사업은 수면 위로 솟아있는 암반을 발파해서 수중 50cm~1m 정도가 되도록 짬의 높이를 조정하는 사업이다. 이렇게 하면 미역이 서식할 수 있는 짬의 표면적이 훨씬 늘어나게 된다. 발파하기 전에는 바위 주변에만 미역이 착근할 수밖에 없었는데 발파해서 짬의 높이를 수중 50cm~1m 정도가 되도록 만들면 짬의 윗면에서도 미역의 서식이 가능하게 되는 것이다. 갯바위가 많은 지역이라 수없이 많은 짬을 이런 식으로 발파해서 서식면적을 넓혀나갔다. 수협의 지원금을 받아서 착수한 사업이기는 하지만 지원금만으로 사업이 다 이루어 질 수 있는 것은 아니다. 주민들의 노력도 엄청나게 동원되었다. 육상의 바위를 발파하는 것도 힘들고 위험한 일인데 수중의 암반을 발파하고 파석을 정리하는 일은 훨씬 더 힘들고 위험한 일이었다. 수중 50cm~1m 정도가 되도록 알맞게 발파되지 않으면 두 번, 세 번 발파하기도 하였다. 이때는 아직 도로가 개통되기 전이라 육로로 장비를 수송할 수가 없었다. 착암기와 콤프레셔를 배로 싣고 와서 공사를 했다. 폭파된 파석도 사람 손으로 일일이 들어내야 했다.

수심을 이렇게 조정하려고 노력하는 이유는 미역 서식에 가장 알맞은 수심이 수중 50cm~1m이기 때문이다. 수중 1m 이내에서 태양광선에 의한 탄소동화작용이 가장 활발하게 이루어진다. 또한 이 정도의 수심에서는 파도나 조류에 의해서 많이 흔들리며 자라기 때문에 미역이 탄력이 있고 맛이 우수해진다. 생산량도 늘고 질도 우수해지는 일석이조(一石二鳥)의 효과가 있다. 바위를 깨고 미역밭을 일군 대역사였다. 최근 서울의 백화점 등 고급 유통업체에 공급되는 '자연산 영덕미역'의 명성은 이렇게

---

1) 돌미역 채취관행에 대해서는 권삼문, 『동해안 어촌의 민속학적 이해』(2001, 민속원) 제1장 참조.

해서 얻어진 것이며 시나리 어촌계가 바로 그 중심에 있는 것이다.

자연산 미역의 생산고를 높이기 위한 또 하나의 사업은 미역이 서식하는 '짬'을 알뜰하게 가꾸는 사업이다. 토질이 산성화되거나 지력이 약해지면 객토를 하고, 잡초가 자라면 김을 매주어야 하는 것처럼 짬에도 미역포자가 잘 붙어서 발아하도록 잡초나 고둥 등을 제거해 주어야 한다. 이런 작업을 '짬매기' 혹은 '갯닦이', '기소제', '기세작업'이라 한다(권삼문 2001: 47~48). 짬매기는 입동 10일 전부터 입동 후 10일 사이에 약 1주일 내지 열흘간 진행된다. 모든 어촌계원들이 동원되어서 일제히 작업을 시행한다. 짬매기를 열심히 한 곳은 미역 생산량도 증가하고 품질도 향상되기 때문에 공동어장 규칙에도 의무화되어 있을 만큼 중요한 작업이다. 시나리에서는 어느 마을보다도 짬매기를 열심히 하는 마을로 정평이 나 있다.

어촌계에서 시도한 세 번째 사업은 짬의 분배방식을 바꾼 것이다. 짬은 어촌계의 공유재산이지만 짬을 관리하고 미역을 수확하는 작업은 짬을 몇 개의 구역으로 나누고 어촌계원들을 몇 개의 조로 편성해서 집단으로 관리하는 것이 일반적인 관행이다. 시나리에서도 이런 방식으로 짬을 운영하고 있었다. 이런 방식은 짬을 분배하기가 비교적 간편하여 운영에 편리한 방법이기는 하지만 관리가 소홀해지거나 수확을 알뜰하게 하지 않는 문제점도 있었다. 당연히 생산성도 떨어질 수 있는 것이다. 이 점을 극복하기 위해서 짬을 세분해서 개인단위로 분배하여 관리하도록 하였다. 집단으로 관리할 때는 남이 해주려니 하고 게으름을 피우던 사람들도 자기 개인에게 배당된 짬에 대해서는 매우 열심히 짬매기를 하게 되었고, 하찮은 미역까지도 알뜰하게 거두어 들였다. 따라서 생산량도 대폭 증가하였다. 당시 어촌계장으로 이 사업을 이끌었던 김영창씨는 약 30% 정도 생산량이 증가한 것으로 추정하고 있다. 짬의 배분방식을 개선해서 어민들의 생산의욕을 크게 자극시킨 것이다.

발파해서 조성한 짬에서 나는 미역은 지금도 우수한 품질을 유지하고 있어서 주민들의 소득향상에 크게 기여하였고, 어촌계의 수익도 그만큼 늘어나게 되었다. 1981년에 어촌계는 자연산 미역에서만 3800만원의 소득을 올렸다. 양식장의 미역 생산까지 합하면 6450만원이나 되었다(오소백 1982: 145~146). 웰빙시대를 맞으며 자연산 '영덕미역'은 전국적으로 인기가 상승하여 가격도 오르고 판로도 넓어졌다. 최근에는 미역 가격이 많이 하락하여 대장각 한 통(대장각은 길이가 약 2m 정도가 되도록 손질한 마른미역을 말하는데 40장을 묶어서 한 통이라 한다)에 100~140만원 정도하지만 2004년까지만 해도 미역 시세가 좋아서 1통에 200만원까지 거래되었다. 시나리에서는 가구당 평균 두 통씩 약 400만원의 수익을 올렸다. 그 중에는 200만원도 못 버는 집도 있지만 1000만원 넘게 버는 집도 있다. 마을 전체의 수익을 모두 합하면 약 4억 정도가 되었다. 최근에 미역 시세가 떨어지는 것은 출산율의 하락과도 관계가 깊은 것으로 보고 있다. 아이를 낳지 않으니까 미역 소비가 그만큼 감소한다는 것이다.

시나리 어촌계에서 갯바위를 발파해서 짬의 면적을 넓히고 질 좋은 미역을 많이 생산하게 되었다는 소문을 듣고 인근 몇 몇 어촌(사진3리, 사진1리, 대진1리)에서도 이런 방법으로 서식장을 조성하기도 했다.

그러나 최근에는 수협에서 지원하는 어촌계의 수도 줄어들고, 자연보호를 위해 암반발파를 규제하고 있어서 자연산 미역서식장 조성사업은 더 이상 진행하기가 어려워졌다. 500만 원 정도의 지원금으로는 추진할 만한 사업도 마땅찮다. 항만을 준설하거나 공동작업장을 조성하는 사업 등에 사용하고 있다.

V. 멍게양식장과 어장개설, 어선건조 사업

각종 자금을 유치해서 주민들의 소득을 증대시키고자 하는 사업은 자연산 미역서식장 조성에만 그치지 않고 미역양식장 조성, 멍게양식장 조성, 어장개설, 어선건조 등의 사업으로 확대되었다.

미역양식장은 아무나 운영할 수 있는 것이 아니라 당국의 허가를 받아서 여러 명이 협업으로 운영하는 것이다. 시나리에서는 1970년대 초반에 당국의 허가를 받아 5곳에 미역 협업양식장을 개설했다. 1972년에 2곳, 1974~75년에 3곳을 개설하였다(총 면적은 21ha에 이른다). 이 미역양식장도 주민의 소득 증대에 크게 기여하였다. 김영창씨도 주민 3명과 함께 협업으로 미역양식장을 운영하였는데 미역양식장에서 연간 200만 원 정도의 소득을 올렸다. 김영창씨는 그동안 영해평야에 마련한 논에서도 1년 양식을 제외하고 약 200만 원 정도의 소득을 얻어 연간 약 400만 원의 수입을 가졌다. 당시의 물가를 감안하면 가난한 어촌에서 400만 원의 순소득을 얻을 수 있다는 것은 매우 큰 성과였다.

미역양식도 어민들의 소득향상에 크게 기여하였지만 미역보다는 멍게(우렁쉥이)를 양식하는 것이 훨씬 더 많은 소득을 올릴 수 있었다. 미역양식장을 멍게양식장으로 개체할 필요가 있었다. 그래서 1982년부터 미역양식장을 멍게양식장으로 개체하기 시작했다. 멍게양식장을 조성하는데는 많은 자금이 소요된다. 규모에 따라서 큰 차이가 있지만 수 천 만원의 자금이 투입되어야 한다. 이 정도의 자금을 자체적으로 동원하기는 벅찬 일이었다. 연 0.5%로 이율이 매우 낮은 수협의 농어촌특별지원사업(농특사업)의 자금을 유치하고, 모자라는 자금은 일반융자금을 대출받아서 충당하였다.

먼저 착수한 것은 금리가 매우 낮은 농특사업 자금을 유치해서 3ha의 미역양식장을 멍게양식장으로 개체하는 사업이었다. 여기에는 자금력이 부족한 12명의 어촌계원들이 참여하였다. 이들은 자금력이 약해서 일반 융자금을 대출받기가 어렵기 때문에 금리가 싼 농특사업 자금을 이용하도록 배려한 것이다. 나머지 4곳은 담보를 설정하고 대출받는 수협의 일반융자를 이용하였다. 농특사업 자금에 비해서는 금리가 매우 높은 것이었다. 4명이 협업으로 조성한 2.5ha 규모의 멍게양식장이 2곳이었고 나머지 2곳은 4.5ha 규모인데 하나는 12명, 하나는 6명이 협업으로 조성하였다. 종래의 미역양식장을 그대로 멍게양식장으로 개체한 것이다.

주민 3명과 함께 2.5ha의 멍게양식장을 운영한 김영창씨의 사례를 보면 개인 토지를 담보로 1,870만원을 융자받아 멍게양식장을 조성했는데 1년 만에 융자금을 상환하고 1인당 1,130만원씩 배당을 하였다고 한다. 당년에 6390만원의 멍게를 생산한 것이다. 이처럼 멍게양식장은 미역양식장에 비해 자금도 많이 소요되고 힘도 훨씬 많이 들지만 소득은 미역양식에 비할 수 없이 높았다.

멍게양식장 개체사업과 병행해서 추진한 사업이 어장조성사업이었다. 어장은 당국의 허가를 취득해서 개인 사업으로 추진한 것인데 여기에도 수협의 저리융자를 유치해서 자금으로 충당했다. 이 때 조성한 어장으로는 협업어장 4건, 연안호망어장(작은 어장) 2건, 대형 정치망어장 1건 등 모두 7건이었다. 이제 시나리는 0.2~0.3t 규모의 노 젓는 전마선으로 미역이나 따고 해삼이나 전복을 따는 원시적 어업에서 멍게를 양식하고 어장을 통해서 다양한 어종을 잡아 높은 소득을 올리는 마을로 변모해 갔다.

이렇게 주민들이 영위하는 어업의 양태가 다양해지자 종전의 소형 어선으로는 여러 가지 어려움이 뒤따랐다. 자연산미역이나 해삼 전복을 채취하던 시절에 운행하던 소형 어선으로는 양식어업이나 자망어업을 영위할 수가 없었다. 멍게양식장만 하더라도 양식장을 설치하고, 관리하고, 멍게를 수확하는데 소형어선으로는 작업하기가 거의 불가능하였다. 멍게가 서식하는 봉줄(모선) 하나를 고정하는데 모래와 자갈을 담은 45kg들이 포대를 25개나 달아야 하는데, 가로 세로 200m×300m 규모의 양식장에는 모선이 약 1000봉 정도 설치되어야 한다. 소형 어선으로는 무거운 포대를 많이 운반해서 수중에 투하할 수가 없다. 이 작업은 적어도 6~7t 이상의 중형선이라야 가능하다. 자망어업도 소형어선으로는 할 수 없었다. 소형 어선을 중형 어선으로 개체하거나 새로 중형 어선을 건조하지 않으면 안 되었다. 어촌계원 가운데서 희망자를 선발하여 수협의 융자를 받을 수 있도록 알선하였다.

자연산 미역서식장을 조성해서 질 좋은 미역을 대량으로 생산하고, 멍게양식장에서 고소득을 올리고, 어장어업이 보급되고 하면서 주민들의 소득은 엄청나게 증가하였다. 대물림하던 가난을 탈피하기가 불가능할 것으로 믿었던 시나리가 이제는 부자마을이 된 것이다.

주민들의 소득이 높아지자 한 집 두 집 논을 사들이기 시작했다. 쌀을 구경하기 힘들었던 주민들은 경제적인 여유가 생기자 경쟁적으로 논을 사들였다. 마을 주변에는 논이 단 한 평도 없기 때문에 뒷산 큰 고개를 넘어 영해들이나 병곡들, 송천들까지 나가야 논을 살 수 있었다. 길이 멀고 교통이 불편해서 직접 경작하기는 불가능하지만 현지 주민들에게 논을 임대해서 대리경작을 시켰다. 이렇게 해서 이 마을에서는 1981년에 벼 2,500가마를 수확하였다(오소백 1882: 147). 마을 주민들의 양도를 위해서는 벼 800가마 정도면 충분한데 식량을 자급하고도 1700가마 이상의 여유가 생긴 것이다.

VI. 바위를 옮기고 마련한 어항
-우공이산(愚公移山)의 현실화-

소형 전마선으로 원시적인 어업에 매달리던 시나리 주민들이 바다를 개척해서 삶의 터전을 가꾸어 가기 위해서는 중형 선박이 자유롭게 드나들 수 있고, 여러 척의 어선이 정박할 수 있도록 어항을 정비하는 일이 무엇보다 시급하였다. 앞서 소개한 바와 같이 시나리 포구는 갯바위가 많고 수중에도 암초가 수없이 널려있어서 소형 선박 이외에는 출입이 불가능하였다. 바위 틈바구니의 좁은 공간에는 소형 선박이나마 몇 척밖에는 정박할 수 없었다. 어로장비와 어획물을 싣고 내릴 수 있는 물양장도 자연 암반을 이용한 원시적인 수준이었다. 먼 바다로부터 밀어닥치는 파도를 막아줄 방파제 시설도 없었다. 자연적으로 형성된 갯바위를 방파제 삼아 의지할 수밖에 없었다. 폭풍이라도 몰아치면 거의 무방비로 당할 수밖에 없었다. 견디다 못한 주민들은 바닷가 오막살이 앞에 돌담을 쌓기도 했지만 거센 파도 앞에서는 무용지물이었다. 이런 상황에서는 어떠한 노력도 성공을 기약하기가 불가능하였다.

이에 주민들은 항구를 정비하고 배를 접안할 수 있는 시설들을 만들기로 하고 1974년에 군비 300만원을 지원받아 약 20m 정도의 북쪽 방파제 기초공사를 시행하였다. 그러나 이 공사는 정부의 재정지원이 계속되지 않아 기초공사만 해 둔 채 수년간 중단되었다.

파도를 막아줄 견고한 방파제를 건설하고, 여러 척의 중형 선박이 자유롭게 드나들며 정박할 수 있도록 항만을 제대로 정비하기 위해서는 많은 자금이 필요하였다. 어촌계장과 주민들은 재정지원을 확보하기 위해 백방으로 노력하였다. 이러한 주민들의 노력이 결실을 맺어 1978년부터

〈사진 2〉 시나리항 내의 암초들('79)

군비와 도비의 재정지원을 받을 수 있게 되었다. 정부의 지원이 이루어지자 방파제를 건설하고 항만을 정비하는 사업은 가속도가 붙기 시작했다. 정부의 지원금은 1982년까지 계속되었다. 북쪽 방파제와 남쪽 방파제를 완공하고 방파제 안쪽의 암반을 들어내서 중형 배가 여러 척 정박할 수 있게 만들었다. 정부 지원금으로 시행한 공사의 내용을 정리해 보면 다음과 같다.

1974년(군비 300만원)
　약 20m 정도의 북쪽 방파제 기초공사
1978-79년(군비 500만원 지원)
　기초공사만 하고 중단되어 있던 북쪽 방파제 1차 연장 공사 진행
1980년(군비 3,000만원 지원)
　북쪽 방파제 2차 연장 공사를 마무리하고 준공.
　항내 암반을 폭파해서 제거하는 항만 정비 공사 착수.
1981년(군비 3,000만원 지원)
　항만 정비 공사를 계속.
　남쪽 방파제 기초 공사 마무리(20m).
1982년(군비 8,000만원 지원)
　남쪽 방파제 완공.

이 중에서도 암초를 폭파해서 제거하는 작업은 주민들이 고생을 가장 많이 했고, 그런 만큼 보람도 가장 컸던 사업이었다. 동해안은 대체로

해안이 가파르고 갯바위가 많지만 강구에서 대진에 이르는 해안에는 그 정도가 특히 심하다. 시나리항도 이 점에서는 예외가 아니다. 항내에는 무수히 많은 암초들이 흩어져 있었고, 3층 건물규모의 대형 암초도 항내에 버티고 있었다. 수중에도 크고 작은 암초들이 깔려 있었다. 오죽했으면 옛사람들이 나루가 실가닥처럼 생겼다고 '실나리'라 이름 붙였겠는가. 주민들이 인력으로 암초를 들어내기도 하였지만 그것은 규모가 작은 일부를 제거하는데 그칠 뿐이었다. 중형 이상의 선박이 자유롭게 드나들고 여러 척이 정박하기 위해서는 근본적인 대책이 필요했다. 주민들은 암초들을 폭파해서 들어내기로 하였다. 여기에는 중장비와 전문기술이 동원되어야 한다. 이를 뒷받침하기 위해서는 많은 재정이 투입되어야 한다. 여기에 정부지원금이 집중 투입되었다.

공사는 전문 업자에게 맡겼다. 군청에서 입찰을 봐서 사업자를 선정하고, 전문사업자에게 공사 일체를 위탁하였다. 전문사업자에게 공사를 위탁하였지만 매우 힘든 난공사였다. 육상의 바위를 폭파해서 제거하는 것도 쉽지 않은 일인데 수중에서 바위에 구멍을 뚫고 폭약을 장치해서 폭파하는 일은 더욱 힘든 작업이다. 폭파되어서 수중에 흩어진 바위들을 들어내서 먼 바다에 버리는 일도 어려운 작업이었다. 인력으로 불가능하거나 전문적인 일은 중장비나 전문기술자가 담당하였지만 주민들이 해야 할 일도 엄청나게 많았다. 주민들은 이 사업이 마무리될 때까지 물속에서 살다시피 하였다. 이 사업을 총괄해야 하는 어촌계장은 개인사업과 가사업무를 팽개치고 이 사업에 매달릴 수밖에 없었다. 주민 모두가 희생을 감수하고 추진한 역사였다.

항만 시설을 정비한 이후 마을은 빠른 속도로 변해갔다. 항만이 정비되기 이전에는 마을 내에 소형 전마선(0.2~0.3t 정도) 11~12척에 불과하던 것이 공사가 끝나고 난 이후에 선박 소유가 크게 늘어났다. 전마선을 그대로 운행하는 사람들도 있었지만 수협의 영어자금을 융자받아서 소형 선박을 중형으로 개체하거나 중형 선박을 새로 건조하는 가구가 많이 늘어난 것이다. 한 때는 90여 가구가 사는 마을에 선박이 72척이나 운행된 적도 있었다. 노동력이 없는 노인가구를 제외하고는 집집마다 배를 소유하게 된 셈이다. 항만을 정비하는 공사는 1982년 이후에도 계속되었다. 양쪽 방파제 어귀에 공동작업장을 만들기도 하고, 항내 수심을 유지하기 위하여 준설공사도 여러 차례 하였다. 선박이 늘어남에 따라 부족한 항만시설을 보완하기 위해서 마을 남쪽 갯바위 사이에도 7척 정도의 소형 전마선이 정박할 수 있는 소규모 선착장을 마련했다. 이 공사는 전적으로 주민들의 자력으로 이루어졌다. 자체 자금으로 시멘트를 구입하고 주민들의 노동력을 동원해서 공사를 진행했다. 제대로 된 장비도 없이 리어카와 지게만으로 공사를 진행할 수밖에 없었기 때문에 주민들의 고통이 매우 컸다. 이렇게 하여 시나리가 오늘의 항만 모습을 지니게 된 것은 1986년 이후의 일이다.

〈사진 3〉 마을뒤 고갯마루에서 내려다 본 시나리항('06)

Ⅶ. 대명천지로 통하는 도로개설
-낙도의 천지개벽-

시나리는 사방 십리 안에 차량이 접근할 수 있는 길이 없었다. 면소재지인 성내리까지 가려면 뒷산을 넘어 십리나 걸어가야 했다. 마을 남쪽에 위치한 축산항까지도 해안 벼랑길을 따라 3km를 가야한다. 북쪽의 대진해수욕장까지는 5km나 되었다. 마치 망망대해에 홀로 떨어져 있는 낙도와 같았다. 물자의 수송은 등짐을 지고 뒷산 고개를 넘거나 소형 선박으로 축산항까지 나가는 수밖에 없었다. 아이들의 통학도 문제였다. 십리나 되는 험한 길을 걸어서 통학해야만 하였다. 이처럼 고립되어 있는 시나리의 주민들에게 가장 절실한 소망은 외부로 통하는 교통로를 개설하는 일이었다. 그러나 험한 고개와 해안 절벽을 뚫고 도로를 개설한다는 것은 엄두도 내기 어려운 일이었다. 주민들은 영해나 축산으로 통하는 도로를 뚫으려고 몇 차례나 시도하였지만 험한 고개와 바위투성이 벼랑길을 주민들의 힘만으로 뚫는다는 것은 불가능한 일이었다. 마을 안길만 손을 보았을 뿐 외부로 통하는 길은 희망이 보이지 않았다.

이러한 시나리 주민들에게 희망을 안겨준 것은 5·16 이후 군사정부에서 추진한 국토개발 사업이었다. 미국 원조물자인 '4·8양곡'을 국토개발 사업에 투입한 것이었다. 영덕군에서 이 '4·8양곡'을 영해-사진간 도로공사에 지원하기로 결정하였다. 1968년 초봄의 일이었다. 호지말 뒤편의 입천정(卄川亭)에서 고개를 넘어 마을에 이르는 약 3.6km의 길을 닦는 공사는 이렇게 시작되었다. 공사는 일괄 도급받은 전문사업자가 인부를 동원해서 진행하고, 정부로부터 수령한 '4·8양곡' 밀가루를 노임으로 지급한 것이다. 인근 지역의 영세한 농가나 극빈자들이 인부로 많이 참여

하였다. 시나리 주민들은 어로작업 때문에 인부로 참여하지는 못하였지
만 도로에 편입되는 산지의 매입대금을 마을에서 부담하였다. 1968년에
착공한 이 공사는 1973년 말에야 준공을 보게 되었다. 소달구지가 겨우
지날 정도의 좁은 도로였지만 5년이라는 긴 시간이 소요된 것이다. 당시
에는 장비가 매우 부실하였기 때문에 망치로 바위를 부수고 삽과 곡괭이
로 흙을 파서 지게로 져 나르는 원시적인 작업이었다.

   이 공사는 정부의 예산을 지원받아서 이루어진 것이지만 주민들의 부
담도 적지 않았다. 도로 편입 부지에 대한 보상을 마을에서 책임지기로
하였기 때문이었다. 산길이라 편입되는 경작지가 많지는 않았지만 규모
가 작은 밭 70평을 기부 받고도 약 500~600평은 보상을 해주고 매입하였
다. 괴시리에 거주하는 영양남씨 소유의 임야도 일부 도로에 편입되어
보상해야 하였다. 여기에 소요된 주민부담금이 약 350만원에 이르렀다.
가난에 찌들었던 당시 시나리 주민들에게는 매우 큰 부담이었다. 총공사
비는 정부지원금 960만원(밀가루대금)과 주민부담 350만원(편입부지매
입대금)을 합해서 1,310만원이 투입되었다. 주민들은 당시 이장을 맡아
서 이 공사를 주도했던 황두하(黃斗河, 비석에는 載河로 기록되어 있다)
씨의 공적을 기려 영해로 통하는 마을 뒤편 도로변에 공로불망비를 세우
고, 비석의 이면에 추진위원 명단과 공사내역을 기록해 두었다.

   그러나 차량 통행이 가능하도록 만들고자 했던 주민들의 염원과는 달
리 공사를 마무리하고 보니까 경사가 너무 심해서 차량 통행이 거의 불
가능하였다. 특히 마을 뒤편에서 고갯마루에 이르는 구간은 경사가 더욱
가팔랐다. 그래서 1986년에 이 구간의 기존 노선을 포기하고 새 길을 뚫
었지만 경사가 다소 완만해졌을 뿐 차량통행이 힘들만큼 험난하기는 마
찬가지였다.

   이 길은 1999년부터 2002년까지 3년여에 걸친 공사 끝에 2차선으로
다시 확장해서 아스콘으로 포장하였다. 경사가 심한 S자 곡선길이지만

이제는 승용차도 자유롭게 넘나들 수 있게 되었다. 특히 고갯마루에서 내려다보는 시나리항의 모습이 참으로 아름다워 지나는 길손들이 즐겨 기념촬영을 하는 명소가 되고 있다.

1973년에 영해로 통하는 비포장도로가 개설된 후 주민들은 해안을 따라 축산항이나 대진해수욕장으로 통하는 도로를 개설하고자 하였다. 해안 절벽을 절개해서 도로를 개설해야 하는 이 공사는 더욱 힘든 일이었다. 이러한 주민들에게 반가운 소식이 전해졌다. 국방부에서 해안방어를 위한 작전도로를 개설하기로 한 것이다. 1980년 5월의 일이다. 5관구사령부와 50사단 공병대에서 장비와 인력을 투입하고, 장비 운행에 소요되는 유류대는 영덕군청에서 담당하기로 하였다. 비탈진 암반을 절개해서 도로를 개설해야 하는 난공사였지만 공사는 빠른 속도로 진행되어서 1981년 11월에 축산에서 시나리까지 1차 공사를 마무리 하고 시나리마을 뒤편 어린이 놀이터에서 성대한 준공식을 거행하였다. 마을이 생긴 이래 최대의 인파가 몰린 축제였다. 시나리에서 대진에 이르는 나머지 공사는 1982년 11월에 준공되었다. 이로써 대진해수욕장에서 축산항에 이르는 8km의 대축도로(大丑道路)가 완공된 것이다. 비록 비포장이었지만 주민들은 대명천지로 통하는 천지개벽을 이루었다고 모두가 한마음으로 기뻐하였다. 이 도로는 1994년에 2차선으로 포장되어 수많은 관광객들이 이용하는 유명한 해안관광도로가 되었다.[2] 이제는 영덕, 영해, 대진, 축산, 강구, 영덕을 순환하는 시내버스가 하루에도 10여 차례 이상 운행되고 있다.

대축도로는 군 공병대와 영덕군이 합심해서 공사를 진행하였지만 주민들도 적지 않은 부담을 나누어 맡아야 했다. 도로에 편입되는 토지와 가옥에 대한 보상을 마을에서 책임을 지기로 한 것이다. 마을 안을 통과

---

2) 확포장 이후 강구에서 대진에 이르는 이 해안도로를 영덕군에서 '영덕대게로'로 명명하였다.

하는 도로에 7가구의 주택이 편입되었다. 이들에 대한 보상 내용을 보면 다음과 같다.

> 2가구 : 보상비를 받아서 타지로 이사.
> 2가구 : 마을 뒤편에 택지를 구입해서 주택 신축.
> 3가구 : 마을 내 주택을 매입해서 이사.

이렇게 7가구를 이주시키거나 주택을 신축해 주는 데는 적지 않은 재원이 소요되었다. 주민들은 여러 차례 회의를 거쳐서 4개의 상여조직(마을에서는 이 조직을 '패'라 부르고 있다)이 소유하고 있던 토지를 매각하고 모자라는 재원은 어촌계의 공동기금에서 충당하기로 하였다. 시나리에는 4개의 상여패가 조직되어 있었다. 한 패에는 20~25가구가 소속되어 있어서 구성원 중에 상을 당하면 모두 의무적으로 동원되어 장례를 치렀다. 각 패는 영해들에 논 400~450평 정도를 소유하고 있었다. 이 토지를 패원들이 교대로 경작해서 매년 쌀 4~5가마를 패에 납입하여 공동경비로 사용하였다. 4개의 패가 소유하고 있던 이 토지를 도로에 편입되는 가옥 및 토지를 보상하기 위해 모두 매각하기로 한 것이다. 그러고도 모자라는 금액은 어촌계의 공동기금으로 충당하였다. 마을의 협동체계가 강고하지 않으면 성사되기 어려운 일이다. 그동안 지역개발을 위해 합심해서 노력해 오는 과정에서 마을 주민들의 협동심이 이처럼 성숙되어 있었던 것이다.

이로서 낙도처럼 고립되었던 시나리는 남쪽의 축산항, 북쪽의 대진해수욕장, 서쪽의 영해면소재지로 포장도로가 통하여 교통이 매우 편리한 마을이 되었다. 해산물을 거래하는 상인들이 각지에서 찾아오고, 마을에는 펜션이 하나 둘 늘어나고 있다. 주말이면 수많은 차량들이 줄을 잇는다. 가히 상전(桑田)이 벽해(碧海)가 되었다고 할 만한 변화이다.

Ⅷ. 후세를 위한 어린이놀이터 조성

마을의 환경이 하나하나 정비되어가고 주민들의 소득이 점차 상승하게 되자 자라나는 후세들의 교육에 대해서 주민들이 관심을 가지기 시작하였다. 먼 길을 통학해야 하는 학생들에게 도로도 개설해 주고, 마을 안에서 마음껏 뛰어놀 수 있는 공간도 마련해 주어 어린이들이 건강하고 활기차게 자라도록 해 주고 싶었다. 그러나 경사진 산비탈에 자리 잡고 있는 이 마을에 어린이들이 뛰어놀 공간은 없었다. 바닷가 갯바위가 주민들의 생업터전이면서 어린이들의 놀이공간이었다. 주민들의 열망을 실현시키기에 마을의 입지는 너무 열악하였다.

이러한 열망을 안으로 삭히고 있을 때 중요한 계기가 찾아왔다. 어촌 계장 김영창씨가 그간의 공로를 인정받아 수협중앙회가 수여하는 1981년 전국 새어민상을 수상하고 부상으로 500만원의 상금을 받게 된 것이다. 김영창씨는 이 상금을 바탕으로 어린이놀이터를 마련하기로 작정하고 우선 서울에 거주하고 있는 출향민들의 친목모임인 〈사진2리 향우회〉를 찾아가서 도움을 청하였다. 향우회원들은 하루가 다르게 발전해가는 고향마을을 생각하면서 흔쾌히 승낙하였다. 향우회 기금으로 마을 뒤편에 있는 경사진 밭 890평을 매입해서 기증해 주었다.

이 땅은 경사가 심해서 그대로 놀이터를 조성할 수가 없었다. 경사진 땅을 고르는 토목공사를 해야만 하였다. 인력으로는 엄두를 내기가 힘든 큰 공사였다. 마침 이 때는 50사단 공병대가 도로 공사를 진행하고 있던 시기였다. 김영창씨는 50사단 공병대를 찾아가 장비 지원을 요청하였고, 군부대에서도 지원을 수락하였다. 땅을 고르는 힘든 작업은 공병대 중장비를 투입해서 마무리 하였다. 그러나 이것으로 놀이터가 되는 것은 아니다. 놀이터 자리가 주택지 위쪽에 자리 잡고 있어서 튼튼한 축대를 쌓아야 했다. 비탈진 곳을 절개해서 터를 조성했기 때문에 산 쪽에도 축대를 쌓아야 했다. 사람 키의 두 세배가 넘는 높은 축대를 쌓는 일도 무척 힘이 들었다. 도중에 축대가 무너져 곤욕을 치루기도 하였다. 중장비로 파헤친 땅을 운동장으로 다듬는 일도 간단한 일이 아니었다. 주민들이 주야로 매달려 공사를 진행했다.

축대가 높아서 아이들이 놀다가 실족할 위험도 있고, 공놀이 하다가 주택으로 공이 날아들 수도 있었다. 운동장 둘레를 철책 울타리로 둘렀다. 놀이터에는 놀이기구가 있어야 한다. 시소, 철봉, 말타기, 사다리타기, 그네, 축구골대, …… 등등 다양한 놀이기구를 설치하였다. 500만원 상금으로는 어림도 없는 규모의 많은 예산이 소요되었다. 군청에 도움을 청해서 250만원을 지원받았다. 수협중앙회장도 250만원을 찬조해 주었다. 그래도 모자라는 자금은 영덕지역 독지가들에게 호소해서 10만원, 20만원씩 모금을 했다.

이렇게 해서 비탈진 바닷가 궁벽한 어촌으로서는 놀라울 정도의 멋진 어린이놀이터 겸 운동장이 마련되었다. 이 운동장에서 공차기를 즐겨하던 젊은이들이 영해면 체육대회에서 여러 차례 우승하기도 했다.

그러나 세월이 흐르고 젊은이들이 마을을 떠나면서 놀이터에서 뛰어 놀 아이들이 없어졌다. 오랫동안 지속적으로 보수를 하지 않아 기구들도 녹이 슬고 많이 망가지게 되었다. 그래서 2003년에 놀이기구를 철거하고 마당은 시멘트로 포장을 했다. 지금은 일 년에 한 차례 마을 주민들의 축제장소로 활용하고, 평소에는 넓은 터를 필요로 하는 농산물 건조장이나 그물 작업장으로 활용하고 있다.

IX. 지도자의 비전과 헌신봉사
-어촌계장 김영창씨의 삶-

새마을운동이 성공적으로 추진된 마을에서는 어느 곳에서나 지도자의 헌신적 노력이 중요한 동력이 되고 있다. 시나리의 새마을운동도 예외가 아니었다. 고립되고 거친 자연환경 속에서 가난을 벗어난다는 것이 불가능한 것으로 여겼던 주민들이 '우리도 할 수 있다'는 자신감을 가지고 지역개발에 발 벗고 나설 수 있었던 것은 미래에 대한 비전을 제시하며 주민을 설득하고 마을을 위해 헌신적으로 봉사한 어촌계장 김영창씨의 적극적인 노력이 결정적인 힘이 되었다. 군대에 복무했던 3년을 제외하고는 한 번도 마을을 떠난 적이 없었고, 1977년부터 13년 4개월 동안 어촌계장을 맡아 중요한 개발 사업을 주도했던 김영창씨의 삶에는 시나리의 현대사가 고스란히 묻어있다.

김영창씨는 1937년에 시나리에서 태어났다. 전쟁에 광분하던 일제는 젊은이들을 전쟁터로 내몰았고, 김영창씨의 부친도 두 번이나 징용으로 끌려갔다. 한 차례 징용을 다녀왔지만 면서기와 구장(지금의 이장)이 작당해서 다른 사람이 가야할 자리에 가난한 부친을 다시 차출했던 것이다. 두 번째 징용에 끌려간 부친은 광복을 보지도 못하고 1945년에 징용 현장에서 사망하였다. 김영창씨가 아홉 살이었고, 여섯 살과 두 살 된 남동생이 있었다. 당시 30세이던 모친은 시어머니와 어린 세 아들을 부양해야 하는 가장의 역할을 담당해야 했다. 바다 밖에는 바라볼 것이 없는 거친 해촌에서 여성의 몸으로 가정을 책임진다는 것은 여간 고달픈 일이 아니었다. 찢어지게 가난한 생활을 했다. 구호물자 배급으로 연명하였다.

부친이 돌아가시고 해방이 되었던 그 해 김영창씨는 뒷산 고개를 넘어 십리나 가야하는 영해초등학교에 입학했다. 상급학교 진학은 엄두도 내지 못하였다. 초등학교를 졸업하고 서당에 다니면서 타인의 밭 500평을 임대해서 농사를 지었다. 보리, 고구마, 조 등을 경작했으나 다섯 식구 연명하기도 힘들 정도였다. 어머니와 할머니는 어부들이 고기잡이 준비를 하거나 잡아온 고기를 정리하는 뒷일을 거들면서 생계를 보탰다.

김영창씨가 바다 일을 시작한 것은 18세 때부터다. 소형 전마선을 한 척 준비해서 소라, 전복, 해삼, 멍게, 미역 등을 채취하였다. 농사만 지을 때에 비하면 한결 형편이 나아졌다. 그 때만 해도 바다 속에는 자원이 비교적 풍부하였고, 수산물 시세도 괜찮은 편이었다. 거기에다가 김영창씨는 마을에서 처음으로 수경을 이용해서 수산물을 채취하는 방법을 도입했다. 상단부를 자른 사각뿔 모양의 나무통 밑바닥에 유리를 끼운 것이다. 물 밖에서는 잔물결 때문에 물속이 잘 보이지 않는데 이 수경을 사용하면 수중 10m까지도 훤히 투시할 수가 있다. 이북에서 피난 온 분이 사용하는 것을 보고 배웠는데 어획량이 현저하게 늘어났다. 이렇게 해서 가정을 꾸리고 동생들을 상급학교에 진학시켰다. 바로 밑의 동생은 안동농고를 졸업했고, 막내 동생은 청구대학 화공학과를 졸업했다. 지금은 모두 서울에서 유복하게 살고 있다.

1958년(22세)에 군에 입대했다. 가정을 책임지고 있던 가장이 군에 입대하게 되니까 가정 형편이 몹시 어려워지는 것은 당연하다. 영장을 받고나니 학교 다니던 동생들이 먼저 울었다. 그러나 다행스럽게도 군복무를 하면서 보직을 잘 받아 휴가도 자주 나오고 동생들 학비도 보탤 수 있었다. 영외에서 거주하는 중사급 이상 부사관이나 장교들에게 매월 쌀 14.4kg을 지원하는 보급을 담당했었는데 휴가 올 때마다 부인들이 여비를 보태주었다. 이 돈들을 모아서 동생들 학비에 보탰다. 1961년 4월에 제대했다.

1961년에 군에서 제대하고 돌아와 5년 동안 돈을 모아서 1966년에 지금의 주택을 신축했다. 신축 당시에는 마을에서 가장 잘 지은 집이었는데 이제는 마을에서 가장 낡은 집이 되어 버렸다. 그만큼 마을이 달라진 것이다. 지금은 집 앞에 2차선 포장도로가 지나가고, 도로 너머에 마을회관과 주택이 몇 채 있지만 당시에는 집 앞이 바로 바다였다. 뒷 골짜기에서 흘러내려온 계곡과 바다를 메워서 도로를 내고 집을 앉힌 것이다. 주말이 되면 수많은 관광버스와 자가용이 집 앞을 지나간다.

김영창씨는 술을 전혀 못 마신다. 그래서 술만 마시고 허랑방탕하게 생활하던 마을 사람들과도 어울리지 않았다. 어릴 때 너무 가난하게 살았고 고생을 너무 많이 해서 오로지 가난을 벗어나는 일만 생각했다. 가난하게 산다고 사람대접도 못 받고 멸시받았던 삶이 뼈에 사무쳤다고 한다. 가난을 극복하기 위해 악착같이 돈을 모았다. 지독한 가난 속에서도 가난을 극복하기 위해 동생들을 교육시켰다.

그러나 허튼 짓 안하고 알뜰하게만 산다고 발전이 있는 것은 아니었다. 재래식 어업에서 새로운 탈출구를 찾아야만 했다. 70년대 들어서 이웃 주민 3명과 협업으로 미역 양식을 시작했다. 스스로 공부하고 연구하면서 열심히 했다. 미역 포자를 배양하는 시설을 갖추고 현미경으로 포자의 생장을 관찰하면서 미역 종묘를 직접 생산했다. 조개나 해초를 채취하던 시절에 비하면 수입이 훨씬 많아졌다. 연간 약 200만 원 정도의 수입이 생겼다. 그 동안 조금씩 모아두었던 돈으로 영해들에 사 두었던 논에서도 양식을 제하고 약 200만 원의 수입이 있었다. 이렇게 자신의 생활에 골몰하느라 마을 일에는 마음 쓸 여유도 없었고 관심도 없었다. 어촌계장을 맡아달라는 청을 받고도 완강하게 거부하였다. 별 소득도 없이 자기 생업에 지장만 가져올 것 같았기 때문이었다.

그러나 축산수협 조합장과 마을 주민들이 거듭 요청하는 것을 계속 거부하기도 어려웠지만 자기만 생각하는 이기적인 사람이라고 비난하는 소리를 듣고는 충격을 받았다. 지나온 삶을 되돌아보는 계기가 되었다. 스스로 생각해도 너무 이기적으로 살았다는 반성이 되었다. 1977년 7월에 사진2리 어촌계장에 취임했다.

어촌계장에 취임하고서 가장 먼저 착수한 사업은 저축운동이었다. 그동안 마을 주민들의 생활을 보면서 정신개조 없이는 아무 것도 할 수 없다는 것을 절감하였기 때문이다. 처음에는 모두 시큰둥하고 냉소적이었지만 그래도 자기를 이해하는 몇 몇 주민들이 호응해 주어서 마을에 저축 붐이 일어나게 했다. 4년만인 1981년에 시나리 어촌계가 영덕군 최우수 저축상을 수상하게 되었다.

그 다음에 신경을 쓴 것은 자금을 유치하는 일이었다. 무슨 일을 하든지 예산이 확보되어야 하는데 가난한 어촌에 돈이 있을 리 없었다. 수협으로 군청으로 분주하게 쫓아 다녔다. 남들이 이자부담과 업무가중으로 기피하는 각종 지원금, 융자금 등을 적극적으로 유치했다. 이 자금으로 자연산미역서식장을 조성하고, 허가를 받아서 협업어장을 개설하고, 항만정비 사업을 추진하였다. 이러한 사업들은 주민들을 매우 고생스럽게 하기는 하였지만 마을은 하루가 다르게 변모되어 갔다.

김영창씨는 성격이 너무 곧아서 사교적이지 못하다고 스스로를 평가했다. 원리원칙대로 살아가다 보니까 좀체 타협하지 못한다. 그러나 한번 옳다고 판단하면 끝까지 포기하지 않는 집념과 고집이 있다. 짧은 기간에 많은 자금을 유치해서 연속적으로 큰 사업을 추진할 수 있었던 데에는 김영창씨의 이런 집념과 고집이 바탕에 깔려 있다. 마을 사람들을 동원해서 주야로 작업을 진행할 때에는 '공산주의 사회도 아닌데 너무 심한 것 아니냐'는 주민들의 불평 아닌 불평도 많이 들었다고 한다. 다른 한편으로는 평생 성실하고 근면하게 살아온 그를 주민들이 믿고 따라주었던 것도 시나리의 새마을운동이 성공적인 결과를 가져올 수 있었던 주요한 요인이 되었다. 지도자가 모범이 되고 솔선수범해야 한다는 평범한

진리를 여기에서도 확인할 수 있다.

김영창씨의 이러한 헌신적 봉사가 널리 알려져서 1981년에는 수협중앙회에서 수여하는 전국 새어민상을 수상했고, 같은 해에 전국농어민대상을 수상하기도 했다. 1982년에는 새마을훈장 협동장을 수여받게 되었다.

이때부터 시나리는 전국적으로 유명한 마을이 되었다. 시나리의 성공사례를 벤치마킹하기 위해 전국 각지에서 많은 사람들이 몰려왔다. 고위관료와 저명인사들의 방문도 줄을 이었다. 궁벽한 어촌에 도지사가 시찰을 오고, 국회의원이 방문하고, 수협중앙회에서 간부들이 수시로 방문하였다. 수협중앙회에서는 유명 탤런트 세 명을 대역을 시켜서 시나리 새마을운동을 소개하는 다큐멘터리를 제작하기도 하였다. 이 영상물은 수협중앙회에서 교육홍보용으로 활용하였다.

김영창씨 또한 유명인사가 되어 수협중앙회 교육 강사로 열 한 차례나 출강하였고, 구룡포 수협과 영덕군 군민회관에서 성공사례도 발표하였다. KBS TV에도 출연하여 약 15분간 생방송으로 성공사례를 소개하기도 하였다.

산적한 마을의 개발 사업을 추진하면서 수없이 많이 찾아오는 손님들을 맞이하고, 경향 각지를 돌아다니며 성공사례를 전하는 사이 자신의 생활을 챙길 여유가 없어서 가사와 생업에 많은 어려움이 따랐지만 김영창씨의 공익활동을 이해하고 끊임없이 성원해준 부인의 착실한 내조에 힘입어 어려움을 극복할 수 있었다.

김영창씨의 삶은 열악한 환경 속에서 가난을 극복해 가는 고난에 찬 시나리의 근대 역사이면서, 육지 속의 낙도(落島)를 인간의 숨결이 느껴지고 사람이 살만한 낙토(樂土)로 만든 위대한 인간승리의 기록이라 하지 않을 수 없다.

X. 어촌새마을운동의 성공요건

지금까지 우리는 외부사회로부터 철저히 고립되고 가난을 대물림하던 한 어촌이 경제적으로 자립하고 많은 사람들이 즐겨 찾는 아름다운 마을로 성장해 가는 과정을 살펴보았다. 이제 시나리는 더 이상 궁벽한 어촌이 아니다. 아스콘으로 포장된 2차선 도로가 사방으로 통하고 하루에도 10여 차례의 시내버스가 운행될 만큼 교통이 편리해졌다. 주민들의 소득 또한 매우 높아져서 어촌계를 통한 2005년의 가구당 평균소득이 1,690만 원을 기록하고 있다. 이 소득은 축산수협 관내 13개 어촌계 중 2위에 해당한다. 어촌계를 통하지 않는 소득까지 합한다면 주민들의 소득은 이보다 훨씬 높은 수준이 될 것이다. 2005년 수협중앙회의 어촌계 분류평정에 의하면 시나리 어촌계는 〈복지어촌계〉로 평가받고 있다. 복지어촌계는 '지속적인 성장결과 경영기반이 우수하여 계원의 복리증진을 위한 사업수행 능력을 가진' 어촌계로서 전국 1,952개 어촌계 중 228개(11.7%)만 평가를 받은 모범적인 어촌계를 말한다.

열악한 환경과 온갖 고난을 극복하고 인간의 숨결이 살아 숨 쉬는 낙토로 가꾸어 온 시나리의 역정은 어촌새마을운동의 하나의 전범이 되기에 충분하며, 어촌새마을운동이 성공적인 결실을 맺기 위해서 어떤 조건을 갖추어야 할 것인지에 대해서 많은 교훈을 전해주고 있다.

첫째로 꼽을 수 있는 것은 앞날을 내다보는 지도자의 비전과 헌신적인 봉사이다. 시나리의 새마을운동은 김영창이라는 새로운 지도자의 등장과 더불어 시작되었고, 미래에 대한 희망을 제시하며 실현가능한 방법을 찾아 끈기 있게 추진하는 그의 지도력에 크게 힘을 입었다. 정신개조 없이는 미래에 대한 희망이 없다는 그의 진단은 매우 평범하면서도 상황을 정확하게 파악한 예리한 진단이었다. 의식의 개혁이란 대체로 가시적 성과로 표출되기 어려워서 실천적 방법을 찾지 못하고 추상적 구호에 머무를 가능성이 매우 큰 과제이다. 그럼에도 김영창씨는 저축운동을 통해서 구체적 성과를 도출하였고, 여기서 얻어진 주민들의 자신감을 바탕으로 다음 단계의 실천운동을 차근차근 이끌어 가고 있다. 현실 상황을 정확하게 진단하고 문제해결을 위한 실천전략을 단계적으로 추진한 것이 성공의 밑거름이 된 것으로 보인다.

이러한 이성적이고 냉철한 현실인식과 더불어 난관에 부딪치더라도 좌절하지 않고 끝까지 밀고나가는 지도자의 집념과 투지 또한 성공의 중요한 요건이 되고 있다. 밤낮으로 동원되어야 하는 고달픈 주민들의 고통을 이해하고 감싸면서 통합된 에너지로 결집하는 것은 여간 힘든 일이 아니었을 것이다. 지도자에 대한 주민들의 믿음이 없으면 불가능한 일이다. 평소에 성실한 삶을 통해서 모범을 보였던 그의 생활태도와 주민들의 공동이익을 위해 자기이익을 버리는 헌신적 봉사정신이 주민들로 하여금 전폭적으로 신뢰하게 만들었다.

두 번째로 중요한 것은 주민들을 조직화하는 일이다. 새마을운동은 지도자의 노력만으로 성공이 보장되는 것은 아니다. 주민들이 지도자를 믿고 따라 줄뿐만 아니라 발전가능성에 대해서 공감하고 서로 긴밀하게 협동할 수 있어야 한다. 자신의 작은 이익에 집착하지 않고 미래의 보다 큰 이익을 위해 고통을 감내하며 서로 협동하는 정신적 자세와 이를 하나로 결집하는 조직적인 체계가 구축되어야 한다. 이러한 협동체계를 구축하는데 어촌계의 존재가 큰 힘이 되고 있다.

어촌계는 1962년에 제정된 수산업협동조합법에 근거를 두고 어업에 종사하는 어민들이 결성한 이익집단이지만 전통적인 계(契)를 기반으로 하는 협동체이며, 어민들의 삶과 밀착된 경제공동체이다(장수호 1882: 1~4). 그러므로 어촌계는 현실적이고도 구체적인 목표를 추구하고 있으

며, 오랜 세월 동안 협동적인 생활의 경험을 축적하고 있어서 농촌의 어
떤 협동체계보다도 훨씬 견고한 조직력을 지니고 있다. 이러한 어촌계의
협동조직을 개발 사업에 적절하게 활용한다면 매우 강한 추진력을 가질
수 있을 것이다. 어촌의 새마을운동이 어촌계를 중심으로 추진되는 이유
가 여기에 있는 것으로 보인다. 시나리의 경우에도 어촌계가 마을의 개
발 사업에 적극 참여하고 있었다. 저축운동이 어촌계원을 중심으로 출발
하였고, 자연산 미역서식장 조성사업, 멍게양식장 및 어장 조성사업도
어촌계가 중심이 되었다. 도로를 개설하는 과정에 편입주택의 보상비를
마련하는 데에도 어촌계의 공동기금이 투입되었다. 주민들이 일치단결
해서 어려운 작업을 공동으로 추진할 수 있었던 것도 어촌계가 오랜 세
월 동안 구축해 온 협동적인 생활의 경험이 밑바탕에 깔려 있다. 이처럼
시나리의 새마을운동이 성공적인 결실을 맺은 것은 어촌계의 조직적인
참여가 큰 힘이 되었던 것이며, 김영창 어촌계장의 지도력이 그 중심에
자리를 잡고 있었다.

　세 번째로 지적할 것은 행정관서의 적극적인 지원과 자금 동원 능력
이다. 어촌 개발 사업은 일반 농촌의 개발 사업에 비해서 어려움이 훨씬
더 크고, 그에 따라 재정적인 뒷받침의 필요성도 훨씬 절실하다. 환경이
매우 열악하고 경제력이 매우 미약한 어촌의 실정에서는 어민들의 자력
으로 개발 사업을 추진하고 성공적인 결실을 맺는다는 것은 불가능에 가
까운 일이다. 적절한 시기에 적절한 지원이 이루어지지 않으면 안 된다.
이 점에서 시나리는 지도자의 현명한 판단과 적극적인 노력으로 적절한
시기에 적절한 지원을 유치할 수 있었다. 단위수협과 수협중앙회의 각종
지원은 물론 군청과 도청의 활용 가능한 예산을 적극 유치하였다. 이와
더불어 마을을 떠난 출향민들의 지원과 지역사회의 독지가들의 협찬도
적극 활용하였다. 지도자의 적극적인 노력과 마을 주민들의 왕성한 개발
의욕이 이러한 자원을 유치하는데 큰 힘이 되었음은 물론이다.

시나리의 새마을사업은 지도자의 헌신적 봉사와 주민들의 조직적 협동, 그리고 당국의 적극적인 지원이 함께 일구어 낸 어촌새마을운동의 표본이다.

참고문헌

권삼문, 1991,『동해안 어촌의 민속학적 이해』, 민속원.
수협중앙회, 각년도,『어촌계분류평정』.
영덕군, 1992,『영덕군향토사』,
_____, 2002,『영덕군지(하)』.
영덕문화원, 2004,『영덕의 지명유래』.
오소백(편), 1982, 낙도(落島)를 낙도(樂島)로,『움 돋아 바위 뚫고』(새마을운동성
        공사례집), 새마을운동중앙본부.
장수호, 1980,『어촌계에 관한 연구』, 태화출판사.

참고문헌

『國譯陶溪精舍事蹟』, 2013, 도계정사사적국역간행위원회.

『南氏大同譜』, 1993.

『務安朴氏寧海派世譜』, 2007.

『白氏大同譜』, 1982.

『世宗實錄』, 地理誌(寧海都護府條).

『어촌계분류평정』, 각년도, 수협중앙회.

『盈德郡誌(上)』, 2002, 영덕군.

『盈德郡誌(下)』, 2002, 영덕군.

『영덕의 지명유래』, 2004, 영덕문화원.

『盈德郡 鄕土史』, 영덕군, 1992.

『인구주택 총조사 보고서』, 각 연도, 경제기획원(통계청).

『載寧李氏寧海派譜』, 2006.

『朝鮮の 聚落(後篇)』, 1935, 朝鮮總督府.

『平山申氏仁良門中世系事蹟』, 2010, 仁良門中世系事蹟編纂委員會.

『한국인물대사전』, 1999, 한국정신문화연구원.

강성복, 2011, 계룡산 국사봉 주변마을의 송계 관행, 『충남지역 마을연구』, 민속원.

강신표, 1981, 한국 전통문화에 나타난 待對的 認知構造, 『金香文化』 1, 광주김향
       문화재단.

강신표·주남철·여중철·장철수, 1979, 『양동마을 조사보고서』, 경상북도.

고황경·이만갑·이해영·이효재, 1963, 『한국농촌가족의 연구』, 서울대학교출판부.

권삼문, 1991, 『동해안 어촌의 민속학적 이해』, 민속원.

권순일, 1992, 『務安朴氏寧海派研究』.

권태환, 1992, 인구변동과 농촌사회의 변화, 『농촌사회』 2, 한국농촌사회학회.

김경수, 2006, 결성장씨 종족마을의 형성과 문중운영, 『고문서연구』 28, 한국고문
       서학회.

김두헌, 1969, 『한국가족제도연구』, 서울대출판부.

김미영, 1999, '제사 모셔가기'에 나타난 유교이념과 양반지향성, 『민속연구』 9, 안
       동대민속학연구소.

김성우, 2001, 밀양박씨 소고공파의 청도 정착과 종족활동의 변화, 『진단학보』 91.

김순모, 1993, 나라골 팔종가의 연대에 관한 연구, 안동대석사학위논문.

김창민, 2006, 마을조직과 친족조직에 나타난 혈연성과 지연성,『민족문화논총』
    33, 영남대민족문화연구소.

김태영, 1973, 농촌가족의 혼인관행,『여성문제연구』 3, 효성여대여성문제연구소.

김태헌, 1993, 인구 및 직업구조, 문옥표 외 공저,『근교농촌의 해체과정』, 한국정
    신문화연구원.

_____, 1996, 농촌인구의 특성과 그 변화: 1960~1995,『한국인구학』 19-2, 한국인
    구학회.

김태헌·이창송, 1995, 도시와 농촌 인구현상의 격차와 심화: 충북 인구현상의 변화
    (1960~1990)를 중심으로,『농촌사회』 5, 한국농촌사회학회.

김택규, 1964,『동족부락의 생활구조연구』, 청구대출판부.

김필동, 1992,『한국사회조직사연구』, 일조각.

_____, 1999, 종족조직의 변화, 김일철 외 공저,『종족마을의 전통과 변화』(개정
    판), 백산서당.

_____, 2000, 한국종족집단의 형성과 변동,『농촌사회』 10, 한국농촌사회학회.

_____, 2006, 민촌적 배경을 갖는 종족마을의 종족집단과 그 변화,『농촌사회』
    16-1, 한국농촌사회학회.

_____, 2009, 17세기 사족문중의 형성: 파평윤씨 노종파의 사례,『사회과학연구』
    20-3, 충남대사회과학연구소.

남훈(南渾), 2004,『寧海遺錄』, 향토사연구회.

_____, 2006,『蘭皐 南慶薰 先生』, 영양남씨난고종파.

박성용, 1995, 통혼권의 공간동학적 의미,『한국문화인류학』 28, 한국문화인류학회.

_____, 2000, 청도 양반의 혼인전략,『민족문화논총』 22, 영남대민족문화연구소.

_____, 2000, 한 농촌사회 주민의 통혼권에 나타난 관념적·지리적 경계와 그 변
    화,『한국문화인류학의 이론과 실천』, 소화.

박정석, 2005, 마을내 동족집단간 혼인과 계(契)조직 － 화순군 쌍봉리의 사례－,
    『지방사와 지방문화』 8-1, 역사문화학회.

백상태, 2014,『담암 백문보 평전: 단군기원을 말하다』, 주류성.

안동대학교대학원민속학과 BK21사업팀, 2007,『셋이면서 하나인 원구마을』, 민속원.

양회수, 1967,『한국농촌의 사회구조』, 고려대아세아문제연구소.

여영부, 1970, 한국 동족집단 갈등에 관한 사회학적 연구, 고려대석사학위논문.

여중철, 1974, 동족집단의 제기능,『한국문화인류학』 6, 한국문화인류학회.

_____, 1975, 동족부락의 통혼권에 관한 연구,『인류학논집』 1, 서울대인류학연구회.

_____, 1978, 한국농촌의 지역적 통혼권, 『신라가야문화』 9·10합집, 영남대신라 가야문화연구소.

_____, 1980, 제사분할상속에 관한 일고, 『인류학연구』 1, 영남대문화인류학연구회.

예병주, 1999, 『무의공 박의장 장군』, 도서출판 겨레.

오소백(편), 1982, 낙도(落島)를 낙도(樂島)로, 『움 돋아 바위 뚫고』(새마을운동성 공사례집), 새마을운동중앙본부.

유명기, 1983, 기제사 분할의 의미, 제15회 문화인류학 전국대회 발표논문(미간 행).

이광규, 1974, 사회, 『한국민속종합조사보고서(제주도편)』, 문화재관리국.

_____, 1975, 『한국가족의 구조분석』, 일지사.

_____, 1980, 도시친족조직의 연구, 『학술원논문집: 인문사회과학편』 19, 학술원.

_____, 1989, 한국문화의 종족체계와 공동체체계, 『두산 김택규박사 화갑기념 문 화인류학논총』.

이동환, 2001, 하나의 갈암론 -갈암집해제-, 『17세기 한 영남 도학자의 생애 - 갈암 이현일의 연보 외-』, 嶠文會.

이만갑, 1960, 『한국농촌의 사회구조』, 한국연구도서관.

이성해, 1978, 도시근교농촌의 혼인에 관한 연구, 『사회문화논총』 창간호, 부산대.

이세나, 1999, 괴시마을 당신화의 성립과 변화에 관한 연구, 안동대석사학위논문.

이수건, 1979, 『영남사림파의 형성』, 영남대학교출판부.

_____, 2001, 密菴 李栽 家門과 嶺南學派」, 『密菴 李栽 硏究』, 영남대학교출판부.

이수환, 2003, 조선후기 영해지역 재지사족의 향촌지배, 『울릉도·독도·동해안 주 민의 생활구조와 그 변천 발전』, 영남대학교출판부.

이연숙, 2006, 동족마을의 서당 설립과 근대적 변화, 『조선시대사학보』 37, 조선시 대사학회.

_____, 2007, 양반마을의 문중의례와 종족의식, 『사회와 역사』 75, 한국사회사학회.

_____, 2009, 조선 후기 양반가의 문중교육, 『역사와 담론』 52, 호서사학회.

이완섭, 2004, 영덕군의 연혁과 성리학의 융성, 『영덕문화의 원류』, 영덕군.

이창기, 1973, 한국농촌의 혼인권에 관한 연구, 『사회학논집』 4, 고려대사회학과.

_____, 1977, 한국동족집단의 기능변화에 관한 연구, 『한국사회학』 11, 한국사회 학회.

_____, 1980, 동족조직의 변화에 관한 연구, 『한국학보』 21, 일지사.

_____, 1990, 양동의 사회생활, 『양좌동연구』, 영남대출판부.

_____, 1991, 한국동족집단의 구성원리, 『농촌사회』 창간호, 한국농촌사회학회.

_____, 1991, 제주도의 제사분할, 『한국의 사회와 역사』(최재석교수정년퇴임기념 논총), 일지사.

_____, 1992, 제주도 제사분할의 사례연구, 『민족문화논총』 13, 영남대민족문화 연구소.

_____, 1999, 『제주도의 인구와 가족』, 영남대출판부.

_____, 2001, 동해안 어촌마을의 지역적 통혼권, 『민족문화논총』 23, 영남대민족 문화연구소.

_____, 2002, 동해안 어촌마을의 인구이동, 『농촌사회』 12-2, 한국농촌사회학회.

_____, 2002, 동해안 어촌마을의 제사분할, 『사회와 역사』 62, 한국사회사학회.

_____, 2004, 대도시지역 부계혈연집단의 조직, 『민족문화논총』 29, 영남대민족 문화연구소.

_____, 2006, 삼성(三姓) 종족마을의 혼인연대 ‐영해 원구리의 사례‐, 『역사와 사회』 71, 한국사회사학회.

_____, 2006, 종족구성과 마을조직 ‐영해지역 세 반촌의 비교‐, 『지방사와 지 방문화』 9-2, 역사문화학회.

_____, 2007, 갯바위 틈에서 일군 낙토 ‐시나리의 어촌새마을운동, 『경북학의 정립과 정신문화사 연구』(하권: 동학·새마을운동편)』, 한국국학진흥원.

_____, 2008, 지역적 통혼권 연구의 비판적 검토 ‐행적구역별 분석의 문제점‐, 『민족문화논총』 40, 영남대민족문화연구소.

_____, 2009, 영해지역 반촌·농촌·어촌의 통혼권 비교연구, 『민족문화논총』 42, 영남대민족문화연구소.

_____, 2010, 성리학의 도입과 한국가족제도의 변화 ‐종법제도의 정착과 부계혈 연집단의 조직화 과정‐, 『민족문화연구』 46, 영남대민족문화연구소.

_____, 2011, 영해 원구리 영양남씨의 문중조직과 종족활동, 『민족문화논총』 49, 영남대민족문화연구소.

_____, 2014, 영해 도곡리 무안박씨의 문중조직과 종족활동, 『민족문화논총』 57, 영남대민족문화연구소.

이창기 외, 2003, 『울릉도·독도·동해안 어민의 생존전략과 적응』, 영남대학교출판부.

_____, 2008, 『동해안지역 반촌의 사회구조와 문화』, 경인문화사.

이창언, 2005, 청주정씨의 경산 정착과 종족활동의 변화, 『대구사학』 79, 대구사학회.

_____, 2006, 동해안지역 반촌 동제의 지속과 변화에 관한 연구, 『비교민속학』 31, 비교민속학회.

_____, 2007, 밀양박씨 송정파의 울산 정착과 종족활동의 전개. 『민족문화논총』

35, 영남대민족문화연구소.

이한방, 1987, 농촌지역 통혼권의 구조와 변화과정,『지리학논총』14, 서울대지리
학과.

이해영·한상복, 1973, 백령도의 사회학 및 인류학적 조사보고,『문리대학보』28,
서울대 문리대.

이화숙, 1986, 한국농촌통혼권의 요인별 지역성, 경북대대학원석사학위논문.

인동환, 1987, 동족부락의 형성과정과 통혼권에 관한 지리학적 연구, 청주대대학
원 석사학위논문.

장수호, 1980,『어촌계에 관한 연구』, 태화출판사.

전경수, 1977, 진도 하사미의 의례생활,『인류학론집』3, 서울대인류학연구회.

_____, 1984, 동족집단의 지위상향이동과 개인의 역할: 안동 거주 영양천씨를 중
심으로,『전통적 생활양식의 연구(하)』, 한국정신문화연구원.

정승모, 1983, 통혼권과 지역사회체계 연구,『한국문화인류학』15, 한국문화인류
학회.

조강희, 1984, 영남지방의 혼반연구,『민족문화논총』6. 영남대민족문화연구소.

_____, 1988, 도시화과정의 동성집단연구,『민족문화논총』9, 영남대민족문화연
구소.

_____, 1996, 영남지방 양반가문의 혼인에 관한 연구, 영남대박사학위논문.

최재석, 1960, 동족집단의 결합범위,『논총』1, 이화여대한국문화연구원.

_____, 1965, 동족집단,『농촌사회학』, 진명출판사.

_____, 1966, 동족집단의 조직과 기능,『민족문화연구』2, 고려대민족문화연구소.

_____, 1968, 동족집단조직체의 형성에 관한 연구,『대동문화연구』5, 성균관대대
동문화연구소.

_____, 1972, 조선시대의 상속제에 관한 연구,『역사학보』53·54합집, 역사학회.

_____, 1975,『한국농촌사회연구』, 일지사.

_____, 1983,『한국가족제도사연구』, 일지사.

_____, 1987, 이촌과 문중조직의 변화,『한국사회사연구회논문집』8, 한국사회사
연구회.

최재율, 1969, 어촌의 사회구조와 어민의 생활태도에 관한 연구,『전남대논문집』
15.

_____, 1975, 농촌 통혼권의 성격과 변화,『호남문화연구』7, 전남대호남문화연구소.

_____, 1986,『농촌사회학』, 유풍출판사.

최진호, 1997, 인구이동 패턴의 변화: 1960~1990, 한국인구학회 편,『인구변화와

삶의 질」, 일신사.

한경혜·이정화, 1993, 농촌지역의 통혼권 변화에 관한 연구,「농촌사회」 3, 한국농촌사회학회.

한남제, 1986, 한국도시주민의 통혼권에 관한 연구,「사회구조와 사회사상」(황성모교수회갑기념논총), 심설당.

한상복, 1977,「Korean Fisherman」, 서울대출판부.

＿＿＿, 1983, 후포인근 농산어촌의 통혼권과 초혼연령,「한국문화인류학」 15, 한국문화인류학회.

한상복·전경수, 1992,「한국의 낙도민속지」, 집문당.

현용준, 1973, 사회,「제주도문화재 및 유적종합조사보고서」, 제주도.

＿＿＿, 1977, 濟州島の 喪祭,「民族學硏究」 42-3, 日本民族學會.

Brandt, Vincent(김관봉 역), 1975,「한국의 촌락」, 시사문제연구소.

다께다 아키라(竹田 旦), 1984, 韓國における祖先祭祀の分割について,「民俗學評論」 24. (강용권 역「한국에 있어서의 조상제사의 분할에 대하여」,「石堂論叢」제10집, 1985, 東亞大學校)

사토오 노부유끼(佐藤信行), 1973, 濟州島の 家族, 中根千枝 編「韓國農村の家族と祭儀」, 東京大出版會.

오쿠마 요코(奧間葉子), 1996, 韓國漁村における「村落統合」の 社會人類學的 硏究, 日本東洋大學博士學位論文.

이토오 아비토(伊藤亞人), 1973, 韓國農村社會の一面, 中根千枝(編),「韓國農村の家族と祭儀」, 東京大出版會.

＿＿＿, 1982,「契조직에 나타난 '친한 사이'의 분석」, 최길성(편),「한국의사회와 종교」, 아세아문화사.

쓰에나리 미치오(末成道男), 1982, 東浦の村と祭,「聖心女子大學論叢」 59, 日本聖心女子大學.

＿＿＿, 1985, 東浦の 祖先祭祀 －韓國漁村調査報告－,「聖心女子大學論叢」 65, 日本聖心女子大學.

찾아보기